作者简介

熊明辉

  国家社科基金重大项目首席专家,现任浙江大学光华法学院求是特聘学者(文科领军人才)数字法学教授,浙江大学数字法治实验室主任,数字法学专业博士研究生导师组组长,浙江大学光华法学院学术委员会委员,浙江大学-卢森堡大学高级智能系统与推理联合实验室(ZLAIRE)成员,兼任教育部人文社会科学重点研究基地中山大学逻辑与认知研究所教授和逻辑学专业博士生导师,中山大学法学院法学理论专业博士研究生导师,意大利博洛尼亚大学法学院"法律、科学与技术"(LAST-JD-ExtroVerse)国际联合博士点合作导师,中国政法大学"2011计划"司法文明协同创新中心教授。2009年"教育部新世纪优秀人才支持计划"入选者。主要社会兼职有:欧盟法律、科学与技术联合博士项目(LAST-JD-RIoE)顾问委员会成员,葡萄牙新里斯本大学法学院论证中心(NOVA Argumentation)合作者,Argumentation(SSCI、AHCI收录)杂志编委会成员(2013-),《逻辑学研究》(CSSCI收录)杂志编委会成员(2007-),Internation Journal of Digital Law and Governance编委会成员(2024-),中国逻辑学会副会长(2020-),中国逻辑学会形式逻辑专业委员会副主任委员(2010-),中国人工智能学会会员服务工作委员会副主任委员(2018-),中国人工智能学会人工智能逻辑专业委员会副主任委员(2023-),中国计算机学会计算法学分会常务委员会委员(2021-)。

李 融

  澳大利亚邦德大学职业法律博士(Juris Doctor),中南财经政法大学法学学士,澳大利亚执业律师,现任北京幂律智能有限责任公司解决方案总监、数字化转型支持中心负责人、邦德大学法律科技课程常驻Guest Speaker。曾任北大法宝智能立法研究员、北理工法律人工智能班实习导师、"十四五"司法部智能立法国家课题项目组骨干成员。

法律与人工智能

2024年卷
· 第 1 期 ·

熊明辉　李融　主编
许天问　执行主编

LAW
AND
ARTIFICIAL
INTELLIGENCE

—

Vol. 1 No. 1

—

中国 · 武汉

图书在版编目(CIP)数据

法律与人工智能.2024年卷.第1期/熊明辉,李融主编;许天问执行主编. -- 武汉：华中科技大学出版社,2024.7. -- ISBN 978-7-5680-7523-7

Ⅰ.D920.4-39

中国国家版本馆CIP数据核字第202417DH84号

法律与人工智能：2024年卷 第1期

Falü yu Rengong Zhineng:2024 Nian Juan Di 1 Qi

熊明辉 李 融 主编

许天问 执行主编

策划编辑：郭善珊

责任编辑：郭善珊 张 丛

封面设计：伊 宁

责任校对：李 琴

责任监印：朱 玢

出版发行：华中科技大学出版社(中国·武汉) 电话：(027)81321913
　　　　　武汉市东湖新技术开发区华工科技园 邮编：430223

录　　排：华中科技大学出版社美编室

印　　刷：文畅阁印刷有限公司

开　　本：787mm×1092mm 1/16

印　　张：16.25 插页：2

字　　数：328千字

版　　次：2024年7月第1版第1次印刷

定　　价：138.00元

本书若有印装质量问题,请向出版社营销中心调换

全国免费服务热线：400-6679-118 竭诚为您服务

版权所有 侵权必究

编 委 会

主 编：
熊明辉　李　融

执行主编：
许天问

编辑部主任：
许天问

编委会成员（以姓氏拼音为序）：
陈　岑　陈　焰　杜文静　顾　佳　郭　昕　黄金华　贾广芳
黎　娟　刘　茜　卢俐利　孙常龙　孙鹏程　孙志鹏　汪　政
汪宏杰　王春穗　王琛鑫　魏　斌　魏忠钰　吴世杰　谢　耘
晏　翀　张延来　周　蔚

法律与人工智能

2024 年卷
· 第 1 期 ·

2024, No. 1

卷首语

从逻辑上讲,"法律与人工智能"与"人工智能与法律"是两个外延相同的概念,但实际上并非如此。"人工智能与法律"源自英语世界的"Artificial Intelligence and Law"学术共同体,其标志有三。 一是国际法律人工智能学术大会(International Conference on Artificial Intelligence and Law),其中,首届大会于 1987 年在美国波士顿东北大学召开,两年一届。 到目前为止,已成功举办了十九届。 自 2025 年起,该系列会议将改为一年一届。 二是国际法律人工智能学会(International Association for Artificial Intelligence and Law)。 该学会成立于 1991 年,是一个非营利性国际学术组织,其中一项重要工作是组织国际法律人工智能学术大会。 三是《法律人工智能》杂志(Artificial Intelligence and Law)。 该杂志由施普林格出版社出版,目前已收录于科睿唯安旗下的 SSCI 法学类 Q1 区、SCIE 计算机科学类 Q2 区。 从历史观点来看,人工智能与法律这个学术群体主要关注的是人工智能在法律中的应用,如我国的数字法院、数字检察、数字公安等工程均属于人工智能在法律中的应用。 因此,人工智能与法律本质上系人工智能和计算机科学的一个子领域。 鉴于此,我们更倾向于将"Artificial Intelligence and Law"译为"法律人工智能"。 事实上,国际主流学界已开始用"Legal Informatics"来取代"Artificial Intelligence and Law"。 为了方便起见,我们可将这一领域称为"法治世界的数字化"。

近几年,随着人工智能技术的广泛运用,一批法学家开始关注人工智能技术运用所引出的新法律问题,如"数据案例""隐私保护""数据确权""数字人权"等。 从法学层面探讨人工智能的数字治理成为当代法学研究的一大热点问题。 许多国家和地区也纷纷出台了《人工智能法案》。 在我国,"互联网法学""人工智能法学"

"数据法学"等新兴法学概念也应运而生。与前面提及的"人工智能与法律"不同的是，这些范畴本质上属于法学而非人工智能研究。换句话说，研究这些问题的学科应当归属于法学而非人工智能或计算机科学。为了方便起见，我们可以将这一研究方向称为"数字世界的法治化"。

然而，不管是法治世界的数字化还是数字世界的法治化，它们似乎并不能截然区分开来。在我国兴起了"数字法治""数字法学"等概念，在英语世界也出现了"Law and Artificial Intelligence"这一术语。汉英两个世界的术语有异曲同工之妙。为了汉英两个世界术语的同步，我们将本书定名为"法律与人工智能"。同时为了推动该领域的进一步繁荣，浙江省哲学社会科学试点实验室——浙江大学数字法治实验室特别联合华中科技大学出版社，组织编写《法律与人工智能》。编写宗旨是：一方面为来自各个领域的法律人工智能研究者建立一个交叉学科论坛，从法学、人工智能、逻辑学、认知科学、社会学等视角，发表和交流关于法律、科学与技术之间关系的信息和思想；另一方面兼顾法律人工智能的理论和实际，力求反映法律人工智能在法律实务中的应用情况，为理论界和实务界提供相互了解的窗口。设置的主要议题包括：

(1)法治世界数字化，主要探讨人工智能技术在法律中的应用，如法律信息学、计算法学、数字法院、数字公安、数字检察、数字合同等；

(2)数字世界法治化，主要探讨人工智能技术应用所引出的法律问题及其治理，如数字治理、人工智能法学、数据保护、数据确权等。

首期推出6篇论文与4篇译文，以及第二届中新数字经济与人工智能高峰论坛的会议实录。在6篇论文中，既有来自法院、检察院的多位资深法官、检察官，分享他们在数字法院、数字检察方面的实践经验与理论思考；也有来自律师行业的多位律师，从实务视角探讨生成式人工智能对于法律职业的影响以及生成式人工智能带来的知识产权争议。4篇译文则汇集了国际法律人工智能主要刊物上的前沿文章，从自动法律推理、法律论证建模、法律人工智能研究脉络等多个角度，反映法律人工智能近十年的主要研究趋向与当前理论焦点。第二届中新数字经济与人工智能高峰论坛由中国人工智能学会、新加坡南洋理工大学人工智能研究院主办，于2024年4月29日在新加坡举行。本期收录了论坛上的6篇主题发言与圆桌对话实录,为读者带来关于人工智能数字机遇与挑战的深度洞见。作为本书主编,我衷心期望《法律与人工智能》能为学界与实务界同仁带来新鲜的洞见和交流的契机,共同为法治世界的数字化与数字世界的法治化贡献智识的力量。

目 录

数字法院 Digital Court

信息化赋能审判质效提升的路径和实践
——以江西法院为例
/ 柯军 ... 3

未成年人犯罪治理与权益保护数字平台的审视与完善
/ 徐琛 ... 25

数字检察 Digital Prosecution

数字检察的清远模式
——以广东省清远市实践为研究样本
/ 陈岑 ... 43

数字赋能司法管理体系现代化的进路观察
——以检察机关案件管理体系为视角的研究
/ 陈焰 褚韵 ... 60

理论探索 / Theoretical Exploration

生成式人工智能对法律职业的替代 / 69
/ 汪政

AIGC时代版权保护新标准与平台责任 / 82
/ 张延来　周波

国际前沿 / International Frontier

基于论证挖掘的法律文本摘要 / 99
/ 徐徽徽　贾罗米尔·萨维尔卡
凯文·阿什利　著　黎娟　邱凡芩　译

法律解释论证及其论证型式 / 112
/ 法布里齐奥·马加诺　道格拉斯·尼尔·沃尔顿　著
卢俐利　译

《法律人工智能》三十年：第三个十年 / 147
/ 塞雷娜·维拉塔　米哈尔·阿拉什基维奇　凯
文·阿什利　特雷弗·本奇－卡彭　L.卡尔·布兰廷
杰克·G.康拉德　亚当·怀纳　著　方豪　译

逻辑英语遇见法律英语：以金融掉期与衍生品为例 / 173
/ 罗伯特·科瓦尔斯基　阿克伯·达图　著　池骁　译

论坛实录

数智化时代的机遇与挑战 / 221
/ 孙富春

面向量化交易的深度强化学习 / 225
/ 安波

从数字文明的视点看自然人·机器人·数字人协同共舞 / 229
/ 任福继

人工智能进步：前沿、经验与机遇 / 235
/ 葛树志

健康医疗数据的确权与流通 / 239
/ 高阳

地理空间实体表征学习和城市基础模型 / 242
/ 丛高

圆桌对话：大模型技术发展和产业应用 / 246

数字法院

法律与人工智能

2024年卷
· 第 1 期 ·

2024, No.1

Digital Court

信息化赋能审判质效提升的路径和实践
——以江西法院为例
/ 柯军

未成年人犯罪治理与权益保护数字平台的审视与完善
/ 徐琛

信息化赋能审判质效提升的路径和实践
——以江西法院为例

柯 军[*]

摘 要

审判质效是司法公正与司法效率价值追求在法院司法审判工作中的具体体现，法院各项工作都围绕审判质效提升的目标展开。近年来，中国法院信息化发展迅速，形成了"全业务网上办理、全流程依法公开、全方位智能服务"的数字法院发展格局，有力支撑诉讼服务、审判执行、管理监督等各项工作的开展，在赋能审判质效提升、促进审判体系和审判能力现代化方面，取得了显著成效。本文以江西法院为例，从法院信息化的时代背景和历史困境出发，分析了法院信息化赋能审判质效的江西理念和江西路径，总结了江西法院信息化建设的成效，并对江西法院信息化赋能审判质效的典型实践展开详细论述。通过对江西法院信息化建设的全面梳理和分析讨论，反思法院信息化发展面临的问题，并展望其未来发展的方向。

关键词

信息化　审判质效　审判管理　智能化辅助　辅助事务集约化　集约送达　无纸化办案

---

[*] 柯军，江西省高级人民法院党组成员、副院长。

审判质效，顾名思义即审判质量、审判效率，是司法公正和司法效率的总和。法院在审判工作中践行公平正义的价值追求，"努力让人民群众在每一个司法案件中感受到公平正义"①，其内在核心要求是注重审判质效。从这一角度来说，在服务政治、经济、社会等各方面大局的基础上，提升审判质效是法院内部各项工作共同的核心价值取向，对于法院信息化当然也不例外。中国法院从世纪之交开始进行信息化建设，历经近30年形成了数字法院体系，信息化已全方位、全流程深入司法审判工作，并在实践中取得了显著成效。充分运用现代科技，推进信息化技术与司法审判各项工作的深度融合，是人民法院转变审判及管理方式的必然要求，也是助推审判质效提升的有效手段。

一、信息化赋能审判质效提升的背景需求与困境

（一）法院信息化的时代背景和现实需求

1. 全面依法治国与司法体制改革

全面落实依法治国，推进法院工作现代化，不光要在人民法院全方位工作和全业务流程中融合应用先进信息技术，并且要充分利用其在程序流转、数据交互、智能辅助等方面的突出优势，以此突破传统手段制约、提升司法审判质效、保障司法公正和司法效率。

深化司法体制改革，是全面依法治国的内在要求。《最高人民法院关于全面深化人民法院改革的意见——人民法院第四个五年改革纲要（2014—2018）》（法发〔2015〕3号）指出，"必须依托现代信息技术，构建开放、动态、透明、便民的阳光司法机制，增进公众对司法的了解、信赖和监督。"最高人民法院印发的《关于深化人民法院司法体制综合配套改革的意见——人民法院第五个五年改革纲要（2019—2023）》（法发〔2019〕8号）进一步明确将全面推进数字法院建设作为改革的一个重要目标。

---

① 《"努力让人民群众在每一个司法案件中感受到公平正义"——习近平推进司法公正的故事》，载中国政府网 2021 年 7 月 6 日，https://www.gov.cn/xinwen/2021-07/06/content_5622770.htm，2024 年 3 月 8 日访问。

2. 信息科技革命与数字法院

"没有网络安全就没有国家安全，没有信息化就没有现代化。"①当今信息技术革命迅猛发展、方兴未艾，全面深入渗透社会生产生活，推动社会生产方式和生活方式的革命性变化。移动互联网、大数据、云计算、人工智能、区块链等新兴信息技术陆续涌现，信息技术对人类社会各领域的影响日趋明显，以前所未有的态势推动经济社会的转型，左右综合国力的竞争。

随着信息技术的快速发展，以信息化促进应用系统融合和数据共享，并进一步推动业务流程变革以降低成本提高效率，已经成为世界各国法院建设的共识。②我国从20世纪末开始探索法院信息化，2016年2月最高人民法院印发的《人民法院信息化建设五年发展规划（2016—2020）》正式提出了建设数字法院的要求，同年7月数字法院建设被纳入《国家信息化发展战略纲要》，提出"建设'智慧法院'，提高案件受理、审判、执行、监督等各环节信息化水平，推动执法司法信息公开，促进司法公平正义"③。经过近30年的发展，我国法院工作的信息化特征逐步鲜明，信息化建设成果有力推动了审判体系和审判能力的现代化，为审判质效提升提供了强有力的支撑。

3. 人民群众日益增长的多元司法需求

随着改革开放和社会发展变化，我国社会的主要矛盾已经转化为"人民日益增长的美好生活需要和不平衡不充分的发展之间的矛盾"④。对于法院工作，人们的美好生活需要也表现为日益增长的多元司法需求。随着社会快速发展和全面依法治国的深入人心，人民群众对司法审判活动的知情、参与、监督愿望日益高涨，对诉讼的便利性、全面性、互动性和沟通监督的及时性、有效性需求日益增长且多元化。同时，办案数量增长迅速、不同类型案件层出不穷，审判专业化、精细化要求越来越高，法院诉讼、审判、管理、监督、行政等各部门干警的工作需求日益多元。法院是

---

① 《中央网络安全和信息化领导小组第一次会议召开》，载中华人民共和国中央人民政府门户网站2014年2月27日，https://www.gov.cn/xinwen/2014-02/27/content_2625112.htm，2024年3月8日访问。
② 参见许建峰、孙福辉、陈奇伟：《智慧法院体系工程概论》，人民法院出版社2021年版。
③ 《中共中央办公厅、国务院办公厅印发〈国家信息化发展战略纲要〉》，载中华人民共和国中央人民政府网2016年7月27日，https://www.gov.cn/xinwen/2016-07/27/content_5095336.htm，2024年3月8日访问。
④ 《习近平：决胜全面建成小康社会 夺取新时代中国特色社会主义伟大胜利——在中国共产党第十九次全国代表大会上的报告》，载中国政府网2017年10月27日，https://www.gov.cn/zhuanti/2017-10/27/content_5234876.htm，2024年3月8日访问。

社会治理的重要环节,承担为国家安全、社会稳定、经济发展等大局提供有力司法服务和保障的重要使命,法院服务大局的多元新需求日益增长。

(二)江西法院信息化建设和审判质效双落后的历史状态

1. 信息化建设落后的历史状态

2016年以前,江西法院的信息化建设较为落后,严重制约了江西法院工作的开展。一是整体规划和顶层设计相对缺乏。信息化建设缺少长期的发展规划,信息化技术标准体系不完善,信息化建设效能评估指标缺失,信息化建设管理机制不完善。二是基础设施建设整体落后。计算和存储资源分散,虚拟化技术覆盖范围较小,资源利用率比较低;专网面临快速增长的业务需求压力,网络性能及可靠性不足;诉讼服务大厅软硬件设施条件不佳;网间信息交换效率低,难以充分支持业务协同。三是应用系统整合水平和业务支持能力不够。各类应用系统零散孤立,没有体系化服务能力;诉讼服务没有覆盖全流程,没有形成线上线下业务整合;司法公开信息资源整合不足,且缺乏有效监管手段;12368服务热线功能覆盖面不全、服务内容有限;办案系统不能满足审判执行工作的实际要求;司法政务业务应用信息化程度不高。四是信息资源管理和服务存在薄弱环节。缺少对全省法院各类数据的采集与汇总,已集中的审判、执行数据质量不高,数据分析应用多止于统计应用,内部数据共享交换体系尚未建立。

2. 审判质效落后的历史状态

2016年以前,江西法院审判质效在全国排位同样落后。一是案件办理质量不高。专业化办案人才缺失,裁判尺度不够统一,差错案件时有发生。整体办案质量在全国处于落后位置,一审服判息诉率不到90%,一审案件被改判发回重审率、民事生效案件申请再审率居高不下。二是案件办理效率较低。立案登记制施行后,面对受理案件数的连年增长,案件办理效率短板明显,2016年案件平均审理周期长达200多天,结案率不到80%,人均结案数仅有76.3件。三是案件办理效果不佳。在案件办理任务剧增的压力下,片面追求结案数量和速度、不当处理调解与诉讼关系、忽略外部沟通协调要求等现象部分存在。四是办案信息化水平不高。破解案多人少矛盾的办法不多,如何给法官减负赋能、提升案件质效,成为全省法院亟待解决的问题。

二、江西法院信息化赋能审判质效的理念路径与成效

（一）江西法院信息化赋能的发展理念

进入"十三五"时期，江西法院从信息化薄弱的状态出发，奋起直追，推进信息化整体提升、跨越式发展，逐渐形成了适合江西实际的建设理念和方法。

1. 坚持高位推动

江西法院信息化建设坚持高位推动，不仅仅是各级法院一把手关注、领导层重视，还体现在规划设计、财政保障、组织协调等具体操作层面。在规划设计上，坚持全省"一盘棋"，对全省法院信息化做统一规划、统一设计，并在规划的落实上严格统一建设、统一应用、统一运维。在财政保障上，江西省高级人民法院（以下简称"省高院"）主动担当作为，协调并取得省财政的支持，统筹全省法院信息化建设预算，集中有限经费推进关键建设，在经费保障上做到全省"一盘棋"。在组织协调上，根据法院信息化建设的部门职能关联度，注重信息技术、审判管理、立案诉服、装备财政等关键部门的人员配置，强化部门协调力度，从需求、建设、应用、保障等关键环节出发进行全方位协同，在组织协调上做到全省"一盘棋"。例如，2016年启动的全省法院网上办案工作，就是全省法院统一规划部署，各条线、各部门整体协同，全省"一盘棋"推动，经过半年时间全省法院网上办案水平上了一个大台阶。

2. 坚持全域全员

按照江西法院信息化建设"十三五"规划提出的整体提升、进入全国第一方阵的要求，必须在全辖区范围、全业务面向上整体推进，不留死角，坚持全域全员理念。其一是坚持试点先行，再全省推广。按照规划设计内容，对涉及全省法院的核心业务领域、普遍性业务瓶颈进行统筹推进，先在个别法院进行试点探索，经过培育打磨形成成熟模式经验，再在全省法院全域全员推广。其二是坚持品牌创建，带动整体发展。通过抓品牌来抓工作，能够起到凝聚共识、汇聚力量、事半功倍的作用。江西法院要实现跨越赶超，必须明确主攻方向，树立品牌意识，形成自己的特色品牌。其三是保护创新动力，培育创新环境。坚持全域全员整体提升，要与保护培育创新生态相结合。全域全员推进的前提是必须具备发现问题、分析问题、解决问题的创新思维和能力，只有解决方案和工作模式的创新不断涌现，才能保持全域全员整体推

进的不竭动力。例如，2017年全省全面推广的"收转发 e 中心"，就是在前期构思调研的成果上，选择三家中院辖区部分法院先行试点，经过试点评估总结后，再在全省法院全域全员推广，最终打造成了江西法院信息化的特色品牌。其中，"收转发 e 中心"的司法送达模块的最初创意和原型来自南昌高新区法院的基层创新。

3. 坚持问题导向

审判质效是公正效率的具体体现，也是法院信息化的价值导向。坚持问题导向，就是坚持公平正义的价值导向。法院信息化建设必须从提升审判质效出发，从实际业务问题出发，不能为建设而建设、为技术而技术。其一是注重业务应用。信息化的起点是业务应用于实际，要从具体业务问题瓶颈出发，进行规划设计、建设推广；又要以业务应用为终点，用业务应用的成效好坏来评价和调整建设进程和结果。其二是注重使用体验。能不能用取决于业务需求的紧迫性、行政要求的强制性，好不好用取决于实际使用体验。一个能带来良好使用体验的信息化平台必然会在法院工作实践中有长久的生命力。其三是注重业务与技术的融合创新。信息化建设不是简单的传统业务流程数字化、网络化重现，而应该是从促进审判流程和审判能力现代化的高度，从提升审判质效的角度，以问题为导向，结合审判业务与信息技术两种思维，对业务流程和模式进行创造性的重塑。例如，江西法院集约送达中心的建设，形成了审送分离的集约化送达业务模式，打造了送达方式、送达流程全覆盖的技术平台，解决了江西法院的"送达难"业务痛点，获得了法院干警和当事人的一致好评。

（二）江西法院信息化赋能的发展路径

按照信息化赋能审判质效的发展理念，江西法院信息化走了一条适合江西实际的体系化创新之路。

一是夯实网上办案基础。网络化是法院信息化的内在要求，也是重塑审判工作模式、优化司法资源配置的必然路径。从信息技术应用的条件来说，各类生产数据要素的电子化、数字化呈现和网络化流通是生产应用的基础。2016年以前，江西法院网上办案普及率很低，除少部分法院外，大多数法院的案件采用的是传统的线下办理。2016年底省高院首先启动，2017年初全省法院全面推行，严格落实"不网上审批不盖章，不制作电子卷宗不结案，不网上结案不归档，上诉案件不网上移送不收案"，要求实现五个全部：全部案件自动分案、全部案件网上流转、全部文书网上审批、全部卷宗网上制作、全部案件网上移送。

二是确立"收转发 e 中心"枢纽。在夯实网上办案基础的条件下,江西法院开始了具有江西特色的信息化建设体系构建,其中"收转发 e 中心"是体系枢纽。审判执行工作的基础是案件卷宗,电子卷宗的随案同步生成和深度应用,是法院信息化建设的重要基础,也是数字法院建设的核心内容。"收转发 e 中心"以诉讼材料为中心,从外部材料的接收扫描到电子卷宗的生成流转应用,再从内部文书材料的生产流转到送达,形成了诉讼材料流转的闭环,在重塑材料、卷宗、送达等相关业务模式的同时,打造了全省法院标准统一且开放互通的综合材料处理流转枢纽,为后续业务的拓展延伸奠定了基础。

三是构建完善"e 体系"。"e 体系"以"收转发 e 中心"为基础和枢纽,围绕诉讼材料流和案件信息流的双向流转应用,以"收转发 e 中心"为中心向法院业务全面拓展延伸,是具有江西特色的数字法院建设体系。向前面向公众、当事人、单位和团体,赋能诉讼服务,打造"微法院"、跨域立案、网上立案、全省法院集约送达中心、"多元化解 e 平台""分调裁""赣法民意中心"等应用平台;向后面向办案法官、审判管理、法院内部管理,赋能审判执行、管理监督,打造"法官 e 助理""审判 e 管理""档案 e 管理""赣法廉韵"等应用平台。

(三)信息化建设与审判质效双提升的江西成效

在全国数字法院建设的热潮下和司法责任制改革的大背景下,江西法院锚定数字法院建设和审判质效双提升的目标,通过改革创新和信息化赋能,实现了法院案件质效和数字法院建设评价连续多年位居全国第一方阵,有力促进了审判体系和审判能力现代化。

1. 信息化建设提升

江西法院信息化建设从"十三五"时期开始进入了快速发展阶段。2016 年以来,江西法院通过"网上办案""收转发 e 中心""法官 e 助理"、集约送达中心、"审判 e 管理""档案 e 管理"等重点信息化工作,打造了以"收转发 e 中心"为代表的江西特色数字法院体系,树立了江西数字法院发展模式,整体建设应用水平显著提升,取得了显著成效。在 2017 年全国数字法院评价中,江西上升至第七名,2018 年上升至第三,并在后续年度评价中稳定保持在前列位置。

江西法院打造了"法媒银""收转发 e 中心""法官 e 助理""全省法院集约送达中心""多元化解 e 平台""审判 e 管理""司法风险动态防控系统""赣法民意中心"等一批在全国法院具有影响力的品牌,相关建设成果获得最高法、省委、省政府多次肯定,荣获系列优秀案例、改革创新奖、全国推广等荣誉和支持。连续八年以不同案例入选《法治蓝皮书·中国法院信息化发展报告》。江西法院集约送达新模式改革创新经验入选《人民法院司法改革案例选编(六)》和《中国法院的互联网司法》白皮书,"法官 e 助理"建设案例入选"十三五"期间数字法院建设优秀案例,"审判 e 管理"改革创新经验入选《人民法院司法改革案例选编(八)》并获评首届"人民法院改革创新奖"。江西法院电子卷宗随案同步生成集中模式被最高法确定为标准模板并向全国法院发文推广。江西法院基层基础可视化管理平台向全国推广,并在最高法的指导下依托江西省高院建设人民法庭工作平台向全国法院提供应用服务。"基于司法大数据的江西经济社会运行情况评估报告"连续三年获省委、省政府批示肯定。

数字法院江西模式得到了最高法和全国多地兄弟法院的认可,湖南、湖北、辽宁等地全省法院均引进了江西法院集约送达模式及平台,并且该模式已入驻江苏、河南、河北、安徽、吉林、海南各省及广东省深圳市等地共 1000 余家法院。2020 年在最高法指导下,江西省高院全面援建湖北数字法院建设,充分利用江西数字法院优秀建设成果和成功经验,为湖北法院提供基础设施支撑、核心业务系统体系、建设经验模式和应用推广做法等全方位数字法院建设应用模式。

2. 审判质效提升

与"e 体系"信息化建设的跨越式发展基本同步,江西法院审判质效也实现了从全国落后到稳居全国第一方阵的显著提升。通过对诉讼服务、办案辅助事务集约、多元调解、法官办案、案件监管和案件归档的信息化改造,实现了信息化对案件办理全生命周期的赋能,给全省法院的审判质效带来了翻天覆地的变化。

2016 年以后,全省法院未结案件数量连年下降,未结案件数量从 2016 年末的 110702 件下降至 2023 年末的 25409 件,长期未结案件数量持续保持低位。全省法院办案质效有效提升,案件平均结案时间由 2016 年的 283.8 天下降到 2023 年的 34.96 天,法官人均结案数由 2016 年的 76.3 件上升至 2023 年的 251 件,结案率由 2016 年的 77.70%上升至 2023 年的 98%。结案率连续六年位居全国前两名,一审服判息诉率等主要质效指标位居全国前列,全省法院主要质效核心指标稳居全国法院第一方阵。

2023 年底,最高法制定了新版审判质量管理指标体系,依据新的评价标准,由于基础扎实,江西法院审判质效整体表现仍然位居全国前列。2023 年全省法院 28 项指标有 14 项排名全国法院前 10,其中诉前调解成功分流率、审限内结案率等 4 项指标排名第1,一审服判息诉率排名第3。江西法院办案质效稳中向好,生效案件被改判发回重审率、执行完毕率、平均结案时间等多项审判质量管理指标排名全国前10,二审开庭率不断进位提升,上诉案件移送时间环比持续缩短,充分体现了信息化赋能审判执行工作取得的新成效。

三、江西法院信息化赋能审判质效的典型实践

江西法院信息化赋能是系统性的,其实践包含了诉讼服务、审判执行、管理监督甚至综合行政等方方面面,篇幅有限不能详尽介绍,笔者拣选部分概略介绍如下。

(一)"收转发e中心":构建江西法院"e体系"核心节点

1. 问题:诉讼材料的困境

一是辅助性事务长期困扰办案工作。审判团队办案不仅需要完成开庭、合议、文书撰写等核心审判事务,还需要完成卷宗扫描、制作、流转、文书送达等辅助性事务,大量辅助性事务长期困扰办案工作的问题亟待解决。

二是电子卷宗随案生成无法得到保证。网上办案实践中发现,结构化案件信息能够做到随案填写,但电子卷宗无法保证全部随案生成,部分案件在结案时才进行卷宗制作。

三是诉讼材料管理不规范。传统模式中材料管理标准不一、随意性大,材料递交不便捷、流转效率较低。特别是在诉前的材料管理中存在盲区,多次补充材料情况时有发生;诉讼材料管理不规范,无法为发现问题、提高效率提供数据支撑。

2. 措施:诉讼材料流转交换的流程再造

"收转发e中心"借助信息化支撑手段,通过诉讼材料"收、转、发"事务集约化管理模式,实现"收、转、发"流程智能化管理。一是"收"的集约化、智能化。对立案阶段材料统一登记管理、前置集中扫描、智能识别回填,从而完成相关立案流程;对审理过程中提交的材料也必须经过"收转发e中心"扫描、流转。二是"转"的集约化、智能化。当事人递交的纸质材料通过智能材料收转柜,实现纸质材料递送、跟踪、签收等全程留痕、智能化流转,完成当事人与业务庭室、立案庭室与承办庭室、各部门之间的材料流转,同时推进上下级法院之间、法院与检察院之间案卷材

料的流转向"收转发 e 中心"归口。三是"发"的集约化、智能化。利用"收转发 e 中心"的送达服务平台实现统一规范的送达服务模式,全面落实送达集约化管理。送达文书自动推送至送达服务平台,优选电子送达方式,电子送达不成功则按照优先级转换送达方式,自动记录送达过程中所有的节点信息、反馈结果、送达回证、证据材料等,自动生成送达日志和送达报告,返回审判系统、电子卷宗系统并同步公开给当事人。公告送达作为"兜底"的送达方式,在充分尊重当事人意愿的基础上,全面实行网络公告送达。

诉讼材料"收转发 e 中心"围绕诉讼材料产生、接收、处理、流转的全生命周期,融合司法送达服务平台、智能材料收转柜等成果,通过在各级法院诉讼服务大厅设立诉讼材料接收、流转、送达统一处理中心,实现诉讼材料"收、转、发"事务的全流程集约化、智能化管理,将诉讼材料接收、扫描、流转、送达等辅助性事务从审判执行工作中剥离出来,实现了全省范围的应用模式全覆盖,保证了所有材料出入口规范统一和电子卷宗的随案同步生成,为以材料为主线的各类智能化应用提供实现可能。[①]

3. 成效:确立电子卷宗随案同步生成的江西模式

"收转发 e 中心"于 2017 年 10 月在全省推广,是江西法院主动应用信息化思维、推动法院核心业务模式转型升级的开端,也是江西数字法院"e 体系"的枢纽。2018 年 1 月,"收转发 e 中心"得到最高法的高度评价并发文推广,被认为是"电子卷宗随案同步生成的标准模板,是辖区建制推广应用的典范,全业务网上办理的基础"。江西法院以"收转发 e 中心"为枢纽构建的现代化诉讼服务体系在全省范围内提供了均质、普惠、便捷的网上立案、跨域立案、电子送达等服务,不但具备强大的线上应用支撑能力,更是服务人民群众、方便群众诉讼的线下标准化窗口。至今"收转发 e 中心"应用已取得显著成效。截至 2018 年底,平台共完成材料的接收和扫描 8932147 页、材料流转 1256027 次、案件送达 337256 件,平台统一接收、流转、送达的案件分别占全省法院总案件数的 72%、63% 和 61%,随着应用的深入,至 2019 年底基本实现了全省全覆盖。

"收转发 e 中心"的成功建设经验不断向全国众多兄弟法院辐射,2020 年 8 月,在最高法的指导下,江西法院启动了对湖北数字法院援建的任务,确定以江西数字法院"收转发 e 中心"体系落地为核心,助推湖北法院一站式多元解纷和诉讼服务体系建设,援鄂相关信息化工作顺利落地并取得良好成效。

[①] 参见陈甦、田禾主编:《中国法院信息化发展报告 No.3(2019)》,社会科学文献出版社 2019 年版。

（二）"法官 e 助理"：法官办案的加速器

1. 问题：面向法官办案的服务缺失

一是重管理轻服务的发展缺陷。由于历史发展的客观原因，信息化发展前期的系统大多是从管理角度出发设计和建设，以实现关键数据的收集、关键节点的留痕、关键事项的监控为主，较少考虑对作为审判执行工作主体的法官和法官助理的服务支撑。

二是烦琐割裂的系统流程缺陷。传统办案系统普遍存在操作复杂、流程烦琐、界面不人性化等问题，江西法院也同样如此。法官在办案过程中需要面对繁杂的多种系统和界面风格，影响工作效率和使用体验。

三是团队化办案协作的功能缺失。司法改革后，法官员额制、司法责任制、团队化办案等改革新形势，对法院信息化建设提出了新的要求。在法院传统工作模式下建设推广的系列业务系统与司法改革后的新要求存在差距，在实践中各种角色的功能混淆，团队化沟通协作困难，严重影响应用效率。

2. 措施：突出法官主体地位的智能化办案平台重构

在前期网上办案、电子卷宗随案同步生成与深度应用、"收转发 e 中心"有效运行等工作成效的基础上，江西法院打造了适应司法改革背景下办案业务需求的"法官 e 助理"办案平台。"法官 e 助理"从服务审判执行、服务法官的理念出发，通过对案件信息和电子卷宗的全面整合和深度分析，借助信息技术手段提供审判能力输出，为法官的核心审判工作提供智能化辅助，进一步减轻法官的工作负担，提高审判质效。

一是突出智能，实现模块化构建。智能化是"法官 e 助理"建设的核心要求，通过以"四个自动"为代表的智能化能力构建，为法官团队办案提供辅助能力支撑，确立法官在办案场景中的主体地位。自动归目，即针对材料分类归目环节，利用文字识别、图像分析等技术，采用标题检测、篇章检测、图像识别等方法，对诉讼材料进行自动分类和自动归目。自动关联，指针对立案、审判、执行中法官关注的虚假诉讼、系列案、关联案等，通过关注案件与全库案件的数据比对、分析，实现关联案件的自动识别和主动推送。自动生成，指的是文书自动生成功能，通过对电子卷宗材料，尤其是起诉状、答辩状、庭审笔录、一审裁判文书等材料的文字识别、语义分析、归纳总结，自动生成相关法律文书。自动类推，即利用自然语言处理技术，对案件及卷宗信息进行深度分析，主动为法官推送法律法规、指导案例、相似案例、图书期刊等知识服务，并能实现询问指引、裁判指引等案件深度指引功能。以"四个自动"为主的智能化办案能力辅助,为办案人员提供了卷宗管理、阅卷、案情梳理、文书生成、类案参考、案件关联分析等多方位的智能化能力辅助,同时具有优良的可扩展性。

二是贴近实际,重塑办案流程。突破传统办案软件以流程为中心的做法,围绕实际应用问题形成专题场景,在保证满足关键节点管理需要的前提下,以事件为驱动,以消息为纽带,营造一个由使用者完全控制的应用环境。传统办案软件为"强流程"模式,从管理角度出发,强调办案流程的网上记录,软件流程未能考虑或适应各类应用场景,办案法官必须以软件设定的流程进行案件流程的登记,系统才能记录案件办理过程,这不仅未能提升法官的办案质效,在一定程度上反而增加了办案人员的工作量。"法官e助理"坚持以服务法官为出发点,通过扁平化的处理方式,弱化流程,由用户掌握流程动向,系统则自动记录用户使用的真实流程情况,从而有效提升了审判效率。

三是注重协作,支撑团队化运作。借鉴优秀互联网应用简洁、灵活的设计理念,通过场景凝炼、事件驱动等技术手段,为办案提供便捷的团队协作支撑,比如文书生成、制作、送达等工作,可在统一应用场景中通过团队多个角色之间的互动,灵活地按照团队内部需要完成,支持多角色共同参与、团队长全程灵活管理、无限定流程事件驱动。无论是承办法官,还是助理、书记员,每一个角色都能够在相应的场景中处理自己的工作。

3. 成效:形成智能辅助办案的江西特色

"法官e助理"平台从司法改革背景下法官办案实际出发,形成了信息化赋能审判的江西特色:通过以"四个自动"为主的能力支撑,突出了智能化;通过对办案流程环节的场景化改造,突出了审判应用中的法官主体性;通过事件化设计和角色管理互动,突出了审判业务实际中的团队协作。[1] 2017年,江西法院开始着手信息化赋能审判业务,并为审判工作提供智能化办案辅助做了相关准备;2017年7月,鹰潭市两级法院启动了智能辅助办案前期试点;2018年4月,试点扩大,"四个自动"先后在试点法院上线应用;2018年12月,全省法院"法官e助理"推进会在赣州召开,启动"法官e助理"全面上线应用工作;上线后一年,即2019年全年,全省法院共登录"法官e助理"1053916人次,自动生成格式化文书923396篇、辅助生成裁判文书125659篇、自动智能类推共50714次、自动案件关联查看24331次、完成339571个案件的卷宗自动归目、处理图片共9168417张,应用全面深入。

---

[1] 参见陈甦、田禾主编:《中国法院信息化发展报告 No.4(2020)》,社会科学文献出版社2020年版。

（三）集约送达中心：送达集约化的进阶和成熟

1. 问题：送达难的困境

传统工作模式下，送达事务挤占了基层法院 40％至 50％的审判资源①，送达难的问题突出。

一是文书送达量大。随着案件受理数量的快速增长，法院送达工作量连年剧增。2013 年至 2017 年，全国各地各级人民法院受理案件 8896.7 万件，同比上升 58.6％。② 江西法院新收案件数量同样急剧增长：2015 年新收 361990 件，2016 年新收 395613 件，2017 年新收 460153 件，2018 年新收 581850 件，2019 年新收 668488 件。同时，单个案件的平均送达次数多，诉讼涉及多方当事人③的案件占比高达 41.5％。④

二是送达成本高。传统送达方式消耗的人力、物力、财力成本居高不下。法官、助理、书记员等直接负责案件的送达，挤占了法院审判执行工作的大量审判资源。直接送达、邮寄送达是传统送达的主要方式，邮寄费用、直接送达派车派人的必要支出，以及兜底的公告送达的公告费用，经济成本不菲。

三是送达难度大。法律规定的几种现有送达方式中除公告送达外，送达成功的前提是法院提前知悉受送达人信息，包括地址、联系方式等。但是随着社会的发展和案件复杂程度的加大，受送达人信息不明的情况多发。很多案件正是因为已经无法找到债务人才会选择通过法院解决。找人难导致的送达难客观上推高了公告送达的滥用。

2. 措施：打造以"审送分离"为特征的集约化送达新模式

江西法院集约化送达打破送达工作传统模式，以集约化的思路对送达事务进行剥离整合，通过信息化的平台支撑和智能化的辅助工具，实现送达模式的再造⑤，寻求解决"送达难"问题的新路径。

一是集约化工作模式。突破送达工作分散的传统模式，通过对送达工作全流程的改造实现送达工作的集约。打造统一送达平台，实现对送达工作全流程、全部送

---

① 参见宋娟：《民事诉讼送达难及其对策研究》，郑州大学 2017 年硕士学位论文。
② 参见《最高人民法院工作报告——2018 年 3 月 9 日在第十三届全国人民代表大会第一次会议上》，载中华人民共和国最高人民法院公报，http://gongbao.court.gov.cn/Details/69d3772d9e94aae3ea2af3165322a1.html，2024 年 3 月 8 日访问。
③ 参见伏瑚：《基层法院民事送达存在的问题及对策》，载《人民法院报》2015 年 1 月 25 日，第 7 版。
④ 参见王群：《民事送达制度的解构与重建——基于某基层法院 120 件民事案件的实证分析》，载《山东审判》2014 年第 1 期。
⑤ 参见李林、田禾主编：《中国法院信息化发展报告 No.1（2017）》，社会科学文献出版社 2017 年版。

达方式、所有送达材料的全覆盖；再造送达工作集约模式，实现对送达工作的归口统一管理运作、统一规范标准。

二是审送分离业务模式。通过流程再造和技术创新，将送达事务性工作从审判日常工作中剥离。办案流程中审判人员需要关注的仅仅是对送达工作发起指令和对送达结果的接收和判断，其他送达事务性工作从审判流程中完全剥离，由专门的事务性工作人员通过送达平台运作。

三是社会化外包事务模式。集约后的送达事务采用社会化服务运行方式，进行事务外包。通过审送分离和送达集约，将送达工作从审判工作中分离，为送达工作的社会化服务提供了良好的条件。新送达模式从平台设计建设到流程梳理再造，都充分考虑了社会化送达服务的模式设计。

四是智能化技术支撑。新送达模式充分利用信息化、智能化手段，对传统送达方式进行升级改造，提高了送达工作的信息化运用水平。运用全新的电子送达方式，形成完善的电子送达体系；提升邮寄送达的信息化水平，对物流、投递信息与送达信息实施全面交互利用，提升邮寄送达质效；公告送达全面转换为网络方式，利用权威网站或政府机关官网实现网络公告；对送达工作进行全面在线操作，实现对送达数据的全面统计分析。

3. 成效：彻底解决江西法院的送达难

江西法院解决"送达难"走了一条信息化驱动的集约化之路。2015年江西法院开始探索送达工作平台化运行，开发建设了司法送达服务平台并在基层法院进行了试点应用。2017年，将司法送达服务平台整体融入"收转发e中心"，将送达工作与诉讼材料收转工作整合一体并进行集约化改革。"收转发e中心"中的"发"就是司法送达服务平台代表的"送达"。2017年10月23日全省三级法院全部完成"收转发e中心"的上线应用，作为其中"发"的部分，以院为单位的集约送达模式初步形成。2018年年底，为进一步拓展集约深度，江西省启动"全省法院集约送达中心"的建设，并于2019年3月上线应用，逐步实现了电子送达、邮寄送达、公告送达的全省集约，开创了送达工作全省集约的新模式。

集约送达中心的推进标志着江西法院送达集约化模式的成熟。2023年，江西法院集约送达共完成4864753人次，成功送达3373861人次，送达成功文书4554574份；其中电子送达3633796人次，成功送达2966631人次，电子送达成功占比87.9%，邮寄送达占比8.6%，公告送达占比3.1%；送达成功文书4554574份，48小时送达成功率76.58%，电子送达成功平均耗时6.97小时。集约送达在显著提高送达工作质效的同时，还大幅降低了送达成本。以2023年为例，根据电子送达取代邮寄送达成为主要方式、公告送达全面网络化且免费的应用数据，按照一次邮寄送达

25 元、一次纸质媒体公告 200 元的标准,仅以成功送达任务数保守估算,节省送达费用达 9500 余万元。江西法院每年在送达上节省的费用就超过了全省法院信息化建设投入的经费。

(四)审判 e 管理:信息化思维下审判管理的蜕变

1. 问题:审判管理向精细化进阶的瓶颈

经过前期建设,江西法院通过审判流程管理系统、审判事务管理中心、数字审委会等应用系统,实现了对案件数据、流程、事务的体系化管理,但在案件质效和重大案件监管等精细化管理上还留有空白。

一是裁判尺度不一影响审判质量。改判和发回重审案件的监管一直是审判管理的重点、难点和痛点。现实中存在的部分法院发改率居高不下、少数一审法官案件经常被发改、一些二审法官滥用权力随意发改等问题,不仅增加司法成本、影响审判效率,还严重影响人民群众对公平正义的感受,法院迫切需要对发改案件进行精细化监管。

二是久拖不决影响审判效率。控增量去存量、努力减少旧存案件数量,是审判管理的重要课题。随着社会发展,法院收案数量急剧上升,各地法院人案矛盾突出,客观上导致部分案件处理不及时;此外,审判程序不规范导致的一些案件久拖不决的现象,也严重影响审判效率、增加人民群众诉累。

三是重大疑难案件监管缺乏抓手。司法责任制改革后,如何在保障法官办案主体地位的同时,加强对重大疑难案件的监管,是审判管理面临的新课题。现实中重大、复杂、疑难案件的监管,依靠的仍然是立案、审理各环节中相关人员的主动报告、问题上交,缺乏智能化的甄别、预警机制。

2. 措施:长期未结案件、"发改再"案件、四类案件等关键案件智能化监管

"审判 e 管理"平台以网上办案、电子卷宗同步生成为基础,充分利用案件信息和卷宗数据的信息化、电子化,针对审判程序规范、裁判尺度统一、重点案件监管等核心审判管理业务,提供多维度、立体式的智慧审判管理辅助,是具有江西特色的审判管理智能体系。①

一是"发改再"案件模块赋能办案质量监管。利用平台对目标案件的自动抓取、自动跟踪,对案件进行事中监管与事后评析,促进案件办理质量提升,建立健全

---

① 参见陈甦、田禾主编:《中国法院信息化发展报告 No.5(2021)》,社会科学文献出版社 2021 年版。

案件质量动态监管体系；通过平台全程记录、梳理裁判观点和分歧，发掘典型案例，总结裁判经验，为法官后续办理类似案件提供参考，提升审判质效。

二是长期未结案件模块赋能办案效率监管。与办案系统数据对接关联，自动抽取案件信息构建长期未结案数据库并可视化动态展现，根据监管规则自动触发监管流程，实现对长期未结案件的实时监测、动态管理和跟踪督办，对长期未结案件发展态势和成因进行深度分析和多维度呈现，提升案件监管效率。

三是四类案件模块赋能办案效果监管。贯彻落实最高法的要求，压紧压实院、庭长监督管理职能，加强对四类案件的监督与管理，明确院、庭长对四类案件进行事中监督管理的职责，协助审判组织更方便地识别、查找、确认和监管四类案件，提升办案质量效果。

3. 成效：审判管理体系化和精细化的智能化统一

"审判 e 管理"以"发改再"案件、长期未结案件、重大复杂疑难案件为建设重点，融合司法风险动态防控系统、案件信息数据质量监控系统，促进审判管理体系化、精细化、智能化，打造了集流程管理、数据管理、质量管理、效率管理、态势分析和个案精细管理为一体的特色审判管理应用体系。体系化体现为"审判 e 管理"平台的建设，为审判管理部门和院、庭长提供审判管理一体化解决方案，实现案件数据质量管理、审判流程规范管理、案件质量评查、案件效率监管、司法风险防范等审判管理工作的集约化。精细化体现在依托电子卷宗同步生成等数字法院成果，对审判管理流程进行合理化重塑，完善对审判管理重要业务及环节的技术支撑，充分发挥大数据优势，实现"用数据说话、用数据管理、用数据决策、用数据创新"的科学化、精细化审判管理目标。智能化是将大数据、人工智能技术与审判管理相融合，通过数据自动抓取、自动比对、智能分析，运用关注案件识别标识、风险智能预警、关键环节智能核查、案件评查智能推送等智能化手段，为审判管理提供精准高效的智能化辅助能力。

2019 年以来，江西法院创新审判监督管理机制，打造"审判 e 管理"体系，以信息技术赋能重点案件监管和案件质效管理，推动对法律适用分歧的发现和解决，对大量"四类案件"和发改案件进行监管。建设"四类案件"院、庭长监管平台，明确"四类案件"的范围和监管流程，为院、庭长监督管理提供制度指引，着力解决院、庭长监管不力等问题；建设长期未结案监管平台，有效清理和防范长期未结案件，以信息化助力解决案件久拖不决问题；建设"发改再"案件监管平台，在全国首创发改案件线上异议反馈机制，推动案件监管过程内部公开，对发改异议案件开展线上评析和线下重点评查。"审判 e 管理"创新做法被最高法办公厅、审管办、中央司改办等多部门推介,"中央政法委长安剑"、《人民法院报》、"中国法院网"、《法治日报》、"数字法院进行时"等媒体也多次报道"审判e管理"平台成效及经验。

作为"审判e管理"体系的核心平台,"发改再"案件监管平台开创了下级法院对上级法院审判权的逆向监督,引入原审法官异议、改发法官反馈和第三方法官评析机制,实现了对发回重审和改判案件的精准监管,强化了裁判文书说理,畅通了业务交流渠道,促进了内部司法公开,提升了法官业务水平。在此机制下,案件办结后当事人服判息诉的无须监管,经二审审理维持原判的也不纳入监管,两审法官经异议反馈达成一致意见的不进行评析。"发改再"平台重点监管二审、再审发回重审和改判后,原审法官明确提出异议的案件,自动生成评析案号,在线跨域随机从专家库抽取评析法官,由同一业务领域的三名法官开展线上异步评查并形成评析结论,实现了对发改案件的精准精细监管。

当前,该平台的全面运行已经带来三方面的成效。一是一审裁判质量更有保证。江西法院受理的案件90%在基层,大量的矛盾纠纷通过一审程序化解,一审裁判最直接关乎人民群众对公平正义的感受。通过平台的运行,一审案件质量以看得见的方式被精准识别和专业评价,倒逼一审法官提升办案质量,确保案件经得起检验和审视。二是二审法官改发更加审慎。二审裁判体现了终局性和更高的权威性,当二审改发出现错误时,当事人权利更难得到救济。发改案件纳入监管后,随意改发或者改发错误将直面一审法官的异议和质疑,同时将随机接受三位圈内专业法官的评价,评析过程和结果全程留痕,倒逼二审法官树立质量意识、精品意识,加强与一审法官沟通,以更高质量办理二审案件。三是共同裁判理念愈发形成。维护公平正义是全体法官的共同追求,理不辩不明,平台支持法官在深度互动的基础上探讨法律适用和裁判理念。一审、二审和第三方法官通过平台有效沟通、互相切磋、各抒己见,有利于厘清事实,精准适用法律,以高质量的裁判共同促进裁判行为的规范和裁判尺度的统一。

随着发改案例的增多和案件数据的汇聚,平台正逐步实现两个价值。一是案例价值。各级法院针对异议案件启动线上第三方评析和线下评查,重点围绕经评析认定改发不当的案件,转化异议反馈及评析成果,挑选典型案件进行重点评查,形成评查报告并发布典型案例。二是数据价值。汇聚各类办案及监管数据,通过对法院、条线、法官的办案数量和质量的大数据分析及多维度对比,形成对办案数量和质量的精准描绘和刻画,为审判管理监督和法官业绩评价提供全面有力的技术支撑和令人信服的数据支持。

创新从未止步,江西法院不断丰富"审判e管理"模块,于2021年打造了审判管理可视化平台,推出"审判e管理2.0",自动计算、动态展现全省主要办案质效指标,提升了审判管理工作效率,为质效管理和调度提供了强有力的工具。2022年

3月，江西省在部分法院试运行法律适用疑难共析平台，运用信息化创新知识管理和分享模式，汇聚业务专家智慧，固化工作经验和办案思路，赋能一线法官，强化业务能力建设，丰富业务指导载体，为"法答网"上线运行提供了有力支撑。2023年11月，江西法院对标新版审判质量管理指标体系，在九江等地法院大数据应用的基础上升级"审判e管理3.0"，增设了久押不决案件监管模块，建设了审判质量管理指标体系可视化平台，以实时确切的质效数据助力审判管理考核更精细，以多维可视的质效分析助力审判管理决策更科学，以合理有效的监督预警助力案件管理调度更及时，该平台作为重点建设项目已于2024年3月在全省法院上线推广。

（五）"档案e管理"：江西数字法院"e体系"的收官

1. 问题：线上线下"两张皮"瓶颈

线上线下"两张皮"现象在全国各地法院网上办案推进中普遍存在，江西法院也不例外。在实际工作中，不同区域、不同案件类型仍然存在不同程度的对纸质材料和线下流程的依赖，线上办案与线下办案同时进行。"两张皮"现象与数字司法理念背道而驰，不利于审判信息交换的流通、信息应用范围的拓展和信息利用能力的提高，阻碍了审判质效的进一步提升。

线上线下"两张皮"现象在三方面凸显，一是阅卷、开庭、合议等办案内置环节上的"纸质依赖"，电子卷宗在上述环节利用率低；二是上诉立案、案件移交环节上的"纸质依赖"，即使有电子卷宗，仍有一定比例纸质移送存在；三是结案归档环节的"纸质依赖"，电子卷宗直接整理归档比例不高，先整理纸质卷宗再二次扫描归档的情况普遍存在。

线上线下"两张皮"现象出现的原因在于，一是信息系统融合和卷宗利用的辅助支撑不够，阅卷、开庭、合议、移交等关键场景的辅助服务不足；二是业务应用的标准不统一，在卷宗制作规范、归档规范、案件移送规范上存在多种做法；三是法院对信息化办案认识不足，传统纸质办案的习惯影响较为普遍。

2. 措施：档案"单套制"思维下的全流程无纸化办案升级再造

针对传统办案模式中纸质文件与电子文件双轨并行导致的线上线下"两张皮"现象，将档案电子"单套制"思路向办案全流程拓展，以卷宗与档案双重"单套制"为改革方向，以"e体系"应用为基础，以无纸化卷宗系统为纽带，通过融合改造办案系统、多功能云柜、电子档案系统、"收转发e中心"和"法官e助理"等平台，推动审判数字改革的进阶。

一是电子卷宗重构。按无纸化办案要求对原有电子卷宗进行重构，实现电子卷宗在案件办理过程中全案由、全流程的网上生成及流转，通过从原告提交第一份立案起诉材料开始至案件办结的全过程电子卷宗的生成，实现电子卷宗智能编目、智能阅卷、文书生成以及智能辅助办案功能。

二是无纸化立案重构。按无纸化要求对立案业务进行重构，包括为当事人答疑解惑、立案材料接收及审查、收案登记、缴费明细核对、立案送达、立案卷宗整理等，通过数字化升级和智能化完善来进一步提升和优化。

三是无纸化办案重构。依托"法官e助理"平台完善无纸化办案场景功能，将"法官e助理"升级成无纸化办案的信息化"容器"。在此基础上，针对每个办案关键节点细化专业支撑模块，一方面法官可以统管审判全局，快速获取每个事项的办理结果、发起协办；另一方面清晰定义各个审理阶段团队成员的应办事项，可以重点提升全案管理、类案识别、文书制作、无纸化开庭合议等能力支撑，优化审批办理和团队任务协同流程场景。

四是无纸化结案归档重构。严格规范在线结案，实现网上发起结案申请、结案要素条件自动核查、在线审批。实现电子卷宗一键转化归档，完成电子卷宗整理、正副卷要件自动核查，在线归档申请、审核、入库，并融合必要纸质材料的归档管理。

五是建立集约事务辅助中心。以中院为单位建立集约事务辅助中心，在前期材料集约化接收流转的基础上，进一步对卷宗的编目制作、二审立案事务辅助、判后事务等进行集约处理。集中编目包括集中智能编目与集中人工校验两部分，在智能编目的基础上，通过人工校验，将图片质量辅助、文件命名辅助、文件归目辅助、信息提取辅助、卷宗全面检查辅助等工作进行集约化运作和管理，提升卷宗质量。二审立案辅助事务集约针对二审立案"久拖不立、久拖不移、职责不清"的问题，将二审立案的缴费、送达、移送等事务性环节集中并通过信息平台进行规范化处理。结合判后回访机制推进判后回访事务集约化，归口处理当事人、律师及其他法律工作者对院务公开、诉讼服务、案件审理、法官执法等方面的需求。

3. 成效：全流程无纸化办案模式和电子"单套制"归档模式的全面确立

"档案e管理"以全流程无纸化办案和电子档案"单套制"归档为目标，推动办案业务从立案、结案到归档的全生命周期的数字化融合改造，从形式上突出了"单套制"思维在办案全流程上的拓展应用，在能力支撑上突出了"数字化""智能化"思维在办案业务场景上的升级改造，取得了良好的建设应用成效。

一是推动全流程无纸化办案模式全面确立。在2017年网上办案实现在线文书制作、签批、盖章、送达的基础上，进一步实现了卷宗制作、流转、查阅、整理、归档的无纸化，并以电子卷宗全面代替纸质卷宗在办案各环节的支撑作用，全面确立了涵盖立案、办案、结案全流程的无纸化办案模式。

二是推动电子档案"单套制"归档模式全面确立。通过"收转发 e 中心"、智能识别、自动归目、无纸化卷宗、电子档案规范前置等提升电子卷宗同步生成的完整性、及时性、规范性；通过数字卷宗中台、电子档案融合实现一键归档操作，打通在线归档流程，实现案件信息、电子材料在线移送；通过纸质材料最小化原则、材料接收电子化原则、必要纸质材料统一管理原则来兼顾纸质材料与电子材料的应用。

三是助推"全国示范数字档案室"的创建。2023 年，江西省高院在"档案 e 管理"工作的基础上推进创建数字档案室，对案件档案和公文档案的收集、整理、保管、利用、鉴定、统计、管理及移交等全流程进行数字化改造。2024 年初，江西省高院数字档案室通过国家档案局的综合评定，成为全国法院首批、全省首家"全国示范数字档案室"。

2022 年，全省法院"档案 e 管理"工作全面推广，至 2023 年年底，共办理无纸化案件 1195785 件，形成无纸化卷宗 1195785 宗，数字化处理卷宗文件 54034412 个；共完成格式文书制作 5230505 份，裁判文书制作 850277 份；无纸化结案案件总数量 1198470 件，无纸化卷宗归档总数量 613299 宗。其中，2023 年度，全省法院无纸化案件 613821 件，无纸化结案 611060 件，无纸化归档 481611 宗，民事与行政类案件无纸化办理覆盖率达到 98.11%。

四、思考和展望

（一）问题思考

当前，最高人民法院正在大力建设集审判管理、人事管理、诉讼服务等司法业务于一体的全国法院"一张网"，实现四级法院数据库贯通，建成诉讼服务信息化体系。法院信息化已逐渐全面覆盖司法审判活动，以信息化融合审判全流程业务的发展趋势逐渐明朗。然而，我们也应该看到，当前法院信息化在诸多方面尚有不足，新兴技术在带来审判质效提升的同时，也面临种种不确定性问题。

一是数据的难题。数据是信息化应用的核心，其可用性、流通性、安全性关系到信息化环境下工作生产的效率和质量。其一是非结构化数据管理应用问题。非结构化数据在法院积累数据中占比超过 80%，现有的非关系型数据库技术对于非结构化数据的存储管理和应用，在存储查询效率、数据交换标准、数据溯源核实、数据蕴含信息利用等方面都存在技术瓶颈，极大限制了非结构化数据的价值体现。其二是数据孤岛问题依然普遍存在。目前来看，现有的司法信息系统大多是由各地各级法院独立建设，不同层级不同部门的信息化系统采用的数据标准不同，数据的采集、分类、存储差异较大，同时也缺乏对外数据共享的标准化接口和通道。其三是数据公司的垄断问题。由于法院内部缺乏专业的数据处理和分析能力，其信息化建设及工具使用长期依赖于司法数据领域的企业，实际上导致了数据公司对司法数据的垄断。

二是人工智能的困境。人工智能在司法领域的应用，客观上推动了法院工作质效的大幅提升，为简单的重复性劳动找到了有效的替代路径，为类案裁判提供了全面的参考，为海量数据的管理提供了有益的辅助。但是，我们依然要看到人工智能的广泛、深入应用所面临的困境。其一，数据依赖局限。人工智能技术尚存在技术瓶颈，数据质量仍是其依赖的基础。实践中司法数据的汇聚清洗和管理分类仍然存在不足，数据质量参差不齐，在此情况下人工智能应用的兼容性受到制约。其二，不可解释性。不可解释性是人工智能领域研究的重点，否定人工智能可解释性的观点认为，模型从若干看似不相关的数据中建立关联并得出结论，但无法对过程进行解释。由于司法领域对决策或行为的可理解性和透明性要求，这一特征更容易被诟病。

三是区块链的不足。当前，全国各地法院都纷纷开展区块链应用尝试，主要集中在电子证据、诉讼材料、多方交互过程等场景，但是从目前的应用情况来看，还存在很多不足。其一，合规性有待提升。合法合规性是司法的内在要求，在具体应用中，涉及了区块链节点运营主体的合规性、数据生成采集传输的合规性、取证工具渠道手段的合规性。其二，数据的强一致性要求有待提升。数据一致性是区块链可信共享的基础，其逻辑基础是去中心化的多方共识，必须保证有足够多的节点为信息可靠性进行共同背书。在当前实践中，很多区块链建设只包含少数几个节点，且这些节点往往由同一个运营主体控制，使得去中心化仅仅体现在技术运用上。

（二）形势展望

没有信息化，就没有现代化。信息化时代背景下，法院工作必须主动拥抱信息化发展的历史大趋势，积极投入信息化发展的大浪潮，清醒地认识其发展趋势，准确地把握其作用机制，顺势而为、主动作为。

1. 数据要素作用将在法院工作中越来越凸显

经过前期的发展，法院信息化水平不断提高，业务数据积累越来越多，对数据的应用也越来越深入、频繁。但是，由于主观意识、技术工具和需求牵引等方面的不足，数据的潜能还没有被完全发掘，相关应用还处在初级阶段。随着工作的推进、技术的发展和观念的转变，法院信息化的重心正逐渐从以流程为中心向以数据为中心转变。未来，数据要素在法院业务工作中的作用将会越来越凸显。近年来，江西法院一直致力于推进"数脑创新"数据中台的研究，以非结构化的法律文书解析为基础，全力打造融合全维度、全要素、全标签和全指标的知识型数据中台，加强知识协同、知识关联和知识共享能力。

2. 智能化辅助办案将成为法院工作新常态

随着通用人工智能技术的突破性发展，人工智能必将加速向各领域渗透融合，激发工具、能力、制度等各方面的创新，也必将对法院的工作模式产生巨大冲击。江西法院积极跟进人工智能发展，与国内一线人工智能公司建立战略合作关系，联合创建人工智能创新实验室，在继续深入图文、语音等人工智能应用创新的同时，探索通用人工智能与司法实践的融合，其中人工智能大模型已在江西部分法院拓展了应用场景。结合前期法院信息化中的智能化建设成果，未来在诉讼材料智能化生成整理、电子卷宗智能化分析研判、案例智能化匹配推送、文书智能化生成等领域将产生一批跨越式的应用产品，带动工作模式的颠覆性变化。

3. 移动办案应用领域将越来越广泛

移动互联网发展迅速，移动终端的社会普及率和使用率越来越高。同时移动互联网的内容和服务能力也在不断增强，这些都将大力推动法院工作向移动端拓展。远程办案、不见面办案的应急建设和工作实践也为移动办案提供了良好的基础。未来移动互联网技术将在立案、材料递交、在线质证、远程开庭、调查取证、外出执行、移动阅卷、文书制作、远程签章等领域广泛应用。

4. 区块链司法应用将取得突破性进展

区块链技术的不可篡改、不可抵赖、多方参与的特性，天然存在与审判工作融合的潜能。区块链技术在电子证据方面的应用是未来最有可能全面进入法院审判流程的应用方向。2022年至2023年，江西省高院承担并顺利完成了国家区块链试点任务，在"区块链+审判"领域开展应用创新探索，积累了经验，为后续工作打下了良好基础。在解决了区块链司法应用的权威规范建立、区块链运营主体与诉讼各参与方的关系界定、司法应用方面的安全性和便利性等问题后，区块链在司法审判中的应用必将取得突破性进展。

未成年人犯罪治理与权益保护数字平台的审视与完善

徐琛*

摘　要

未成年人的成长环境及其身心健康直接影响着国家未来的发展潜力。在预防和打击未成年人违法犯罪行为的同时，加强对未成年人的权益保障已成为国家治理体系和治理能力现代化进程中不可忽视的关键环节。随着数字化转型的加速推进，社会治理模式也在发生深刻变革，司法领域亦在积极推动技术创新与应用，以适应新的社会治理需求。各地正在尝试利用大数据、人工智能等技术手段，强化数字平台预防未成年人犯罪、保护未成年人权益的功能。尽管该实践取得了初步成效，但部分数字平台在资源整合、配套制度建设和多方协同方面仍存在短板。因此，需要进一步明确和落实"数字共治"的理念，通过顶层设计和具体实践相结合的方式，打造具备高效协同、数据驱动、全程覆盖等特点的未成年人保护数字平台。这意味着要建立健全数据互通共享机制，消除信息壁垒；强化跨部门、跨区域的联动机制，形成齐抓共管的强大合力；并通过精细化的数据分析模型，提升对未成年人犯罪预防和权益保护的预见性和精准度，从而真正实现对未成年人的全面、有效保护。

关键词

未成年人　犯罪治理　权益保护　数字平台

---

* 徐琛，上海市第二中级人民法院法官助理。

《中华人民共和国未成年人保护法》(以下简称《未成年人保护法》)、《中华人民共和国预防未成年人犯罪法》及相关法律法规共同构建了严密的未成年人权益保障体系,对各级政府、社会团体及企事业单位在未成年人保护方面的责任与义务做出了详尽且高标准的规定。这些规范强化了对未成年人身心健康和权益的全方位保护,以及对未成年人犯罪的预防。在审判过程中,人民法院只有坚守对未成年人的特殊、优先保护原则,追求准确识变、科学应变、主动求变,探索构建未成年人犯罪治理与权益保护数字平台,才能担负起全面守护未成年人健康成长的职责使命。

一、未成年人犯罪治理与权益保护数字平台发展的现实契机

(一)未成年人司法工作特性为数字平台提供了发展空间

未成年人身心发展未臻健全,人生阅历少,其自然的身心发展程度往往无法匹配复杂的人际关系。同时随着互联网的不断发展,未成年人接收的各类信息呈爆炸式增长,其违法犯罪或遭受违法犯罪侵害案件数量逐年走高,犯罪主体低龄化趋势明显,这表明未成年人保护工作还远没有做实做好。"少年司法关注的是行为人而不是行为,关注的是行为人的回归而不是对行为的惩罚"。[①] 少年司法制度中的儿童最大利益、国家亲权、儿童参与、个别化处遇等原则和理念,均不同于成人司法,这些原则的践行需要大数据支持。儿童最大利益原则要求法院在处理案件时,应当权衡司法决定与保护未成年人权益的关系,保证在充分保护未成年人合法权益的前提下依法做出司法决定。这一过程需要经验判断,更需要科学的评估、案例和数据的支撑,以及对结果的模拟分析。国家亲权原则视国家为未成年人在最高层级上的终极监护者,当父母无法尽职导致孩子失教、失养或陷入贫困时,国家将以法定监护人的角色直接进行干预与监督。然而,这一原则也为国家行为设定了审慎和节制的底线,强调除非发生必要情况,应尽量减少对家庭监护的直接介入,原则上不轻易干涉,而需严谨评估是否有必要实行监护监督。个别化处遇原则同样适用此逻辑,涉案的未成年人群体,其涉事原因具有多样性特征,需要逐一进行个性化分析,并依据实际情况灵活制定相应对策,力求实现"一人一策"乃至"一人多策"。在考量羁押、矫正及起诉等决定的必要性时,必须综合评判诸如犯罪动机、成长历程、个性特质等多种因素。鉴于未成年人性格可塑性强且易受外界影响,根据发展心理学理论,对其矫治的方案应当适时调整优化,这就要求我们必须基于科学分析来正确应对每一名未成年

---

① 宋英辉:《从六个方面着手推进少年司法社会支持体系》,载中华人民共和国最高人民检察院 2015 年 6 月 27 日,https://www.spp.gov.cn/llyj/201506/t20150627_100338.shtml,2024 年 3 月 11 日访问。

人的具体状况，否则将难以达到理想的教育效果。随着工作覆盖面的持续扩大与人力资源相对有限这一矛盾日渐突出，利用科技手段，尤其是开发与应用数字化平台，成为缓解该矛盾的有效策略，同时也是推进未成年人审判工作现代化、高效化发展的现实需求。通过搭建数字平台，我们可以实现信息资源的整合优化，提升工作效率，增强服务能力，确保未成年人审判工作能够覆盖更广范围、服务更多群体，同时也能够更好地满足新时代对于未成年人司法保护的精细化、智能化的需求。

涉未成年人犯罪还具有隐蔽、取证不易、法律介入有限等特点，数字平台的建立能更好地预防、治理涉未成年人犯罪。以未成年人涉性犯罪为例，其并不容易被发现，隐蔽性较高。在司法实践中，未成年人被性侵害的案件，特别是十四周岁以下幼女被性侵害的案件，绝大多数是由家长发现并报案，而此时距离未成年人受到侵害往往已有较长时间。报警的原因通常为偶然发现未成年人手机聊天记录，或者是发现子女异常的开房记录，更有甚者是因未成年人怀孕流产，被医生发现并报警。同时，这类案件办理过程取证也不容易。一方面，被害未成年人因心智不成熟，认知能力低，在受到侵害后往往没第一时间寻求帮助，导致证据丢失，有些未成年人甚至不知道这些侵害行为属于违法犯罪行为，原有痕迹遭到破坏；另一方面，有的未成年人被诱导或欺骗，以"谈恋爱"的名义被侵犯后，出于情感，不愿意告发对方，也不愿意配合调查。此外，这类案件发生后法律介入的能力也有限。《未成年人保护法》第一百一十三条第一款明确规定："对违法犯罪的未成年人，实行教育、感化、挽救的方针，坚持教育为主、惩罚为辅的原则。"在实践中，囿于法律法规的规定，并不是所有的性侵害未成年人案件都可以通过刑事手段来解决。例如在某个案例中，涉嫌猥亵未成年人的嫌疑人本身也是十四周岁的未成年人，根据现行法律规定，其无须对猥亵行为承担刑事责任。在此背景下，数字平台能够建立起全流程的事前预防机制，在事前起到纠纷化解与预防的有效作用，同时充分发挥寓教于学的法治理念，将未成年人犯罪预防与矫正的必要知识送入课堂，能够在一定程度上将未成年人犯罪消灭于萌芽阶段，切实筑牢预防未成年人犯罪的防火墙，加大对未成年人的保护力度，遏制未成年人犯罪的蔓延态势，有效解决未成年人犯罪综合治理难的困境。

（二）现代社会治理格局赋予了数字平台新的价值内涵

在深化社会治理现代化进程的实践中，需要不断提升治理效能，创新治理工具，智慧化手段对于提升治理效能的核心支持作用愈发重要。这迫切要求我们依托数字化转型，驱动治理模式发生深层次、宽领域、结构性的变革。特别是在关乎未成年人健康成长的问题上，由于未成年人成长过程受到家庭、学校以及社会整体环境的塑造，加强未成年人保护工作就必须强调全程、全域的紧密联动和协同治理，推动未成年人保护综合治理体系和治理能力建设的转型升级。2024年修正的《未成年人保护法》第九条规定："各级人民政府应当重视和加强未成年人保护工作。县级以上人民政府负责妇女儿童工作的机构，负责未成年人保护工作的组织、协调、指导、督促，有关部门在各自职责范围内做好相关工作。"以此全面构建起了涵盖家庭、学校和社会各个层面，贯穿未成年人成长全过程的立体化、全方位保护网络。立法初步构建具有中国特色的"家庭、学校、社会、网络、政府、司法"未成年人保护体系和保护机制。① "实践中，涉少刑事案件中的未成年人，多数来自残缺家庭、问题家庭。"最高法认为，要深入研析案件反映出来的家庭保护、学校保护、社会保护、网络保护、政府保护等方面存在的深层次问题，以更加有力有效的司法保护促推、助力"家庭、学校、社会、网络、政府"保护，做深做实未成年人保护和犯罪预防的治本工作。② 未成年人权益保护工作往往需要投入大量时间和精力于案件之外的各项事务中，它是一项跨越多个环节、涉及众多部门、涵盖多元领域的综合性任务。此类工作面临的挑战包括但不限于线索来源繁杂多样、数据信息庞大、沟通协作成本高昂等，因此，尤其需要借助数字化技术的支持，以智慧化治理的方式来推动工作的深度展开和高效运作。

未成年人保护一体化改革包含机构职能一体化、司法一体化和社会治理一体化，经过多年发展，机构职能一体化已经实现，社会治理一体化也有重大的突破，但司法一体化还是有短板，未形成有效的闭环治理体系，相关打击、宣传、治理的责任部门没有达成信息互通，缺乏有效协作。运用智能化平台对未成年人权益保护的风险预警与司法决策进行支持，推动相关部门和组织更好地按照各自职能分工协作，提供更为精细化、个性化的未成年人综合保护服务，已然成为当前亟待攻克的关键议题。

（三）数字化改革成果为数字平台提供了资源支持、技术基础

"技治主义"兴起于20世纪30年代的美国，致力于将政策实施、社会改革等过程全面改造为类似于物理学领域中的计算分析的规程，包括公共利益等在内的各种因素都被视为某种客观存在。③ 在"技治主义"的理念下，司法工作通常包含两大核心环节：一是基础数据信息的收集与梳理；二是基于这些基础数据进行深入的价值评判与规律总结。基础数据的整理，多是重复性强、附加值低的工作，但却占用了司法工作人员大量的时间和精力，需要借助高科技手段解放生产力；价值判断和总结归纳

---

① 参见佟丽华：《未保法突破性规定与未检工作创新发展》，载《检察日报》2020年11月2日，第3版。
② 罗沙：《我国法院将全方位加强未成年人司法保护》，载新华网2024年1月14日，https://www.news.cn/legal/20240114/b03d30ae934445a8866fc6f7e4afbbfa/c.html，2024年3月11日访问。
③ 参见向玉琼：《论公共政策的"公共性"》，载《浙江社会科学》2016年第2期。

也需要技术手段来辅助,这与"技治主义"理论天然契合。① 因此,在司法实践当中,对"智慧化"技术与应用的需求变得日益迫切。20世纪70年代,美国的沃尔特·珀普和本哈德·施林克研发了用以提高法律服务质量和效率的JUDITH律师推理系统。美国兰德公司民事司法中心的研究人员D. A. 沃特曼和M. 皮特森开发出一套审判辅助系统（Legal Decision-making System）。美国一些州法院在庭前保释或判后假释的风险评估中也开始应用人工智能技术。② 随着21世纪第二个十年的技术革新步伐加快,法律实践广泛应用人工智能技术,已将其拓展至包括合同文本智能审查、产权纷争案件精确诊断等多个专业领域。特别是云计算、大数据及人工智能科技的蓬勃跃进,对现代司法体系及其运作机制提出了多维度的变革需求。这其中,大数据的核心价值并非单纯体现在数据存量层面,关键在于如何深度挖掘并有效利用浩瀚的数据资源。举例来说,早在2011年,荷兰国家警察署便与美国知名科技企业Palantir展开合作,借助先进的大数据分析工具精准出击,成功在打击儿童色情犯罪活动中取得了显著成效,此案例被视为大数据技术在执法实战中高效应用典范。

当前,数字治理的理念、思路、方法正逐渐深入人心,社会治理的体制机制、组织架构、方式流程等得到全方位重塑,数字化改革被提到了"新发展阶段全面深化改革的总抓手"的高度。③ 我国数字化改革正深刻影响各行各业,也深刻改变着司法的运行方式。建设数字法院对深化我国司法体制改革的重要意义不仅体现在司法应用层面,更是一种制度性创新与方向性突破。矗立于司法改革潮头的数字法院,必须探索如何运用"新技术",使数字法院沿着规范化、稳定化的方向发展,使得新技术这一变量成为司法进步的增量。只有如此,才能真正实现数字法院应有的时代价值。我国高度重视大数据与人工智能相关产业的培育与发展。一方面,政府各部门及司法系统、社区治理、教育机构、医疗机构、交通管理部门等,正在全社会层面积极构建智能化和信息化体系,大量宝贵数据在此过程中不断积累,中共中央、国务院2023年3月印发的《党和国家机构改革方案》中也明确提出组建国家数据局。另一方面,公众生活的深度数字化趋势明显,电商平台如淘宝、腾讯、京东等通过交易、社交互动以及金融服务等活动,聚集了海量用户数据,从而具备了精准描绘用户特征的能力。同时,行政部门依托数字执法平台,汇集了包括行刑衔接、风险预警、公益诉讼线索在内的海量行政执法数据;法院系统的智能审判管理平台则累积了数量庞大的民事、行政案例资料,共同构成了数字治理的重要信息源泉。此外,各社团组

---

① 参见丛林、郑蕾:《智慧未检建设的路径探讨》,载《中国检察官》2021年第21期。
② 参见季卫东:《人工智能时代的司法权之变》,载《东方法学》2018年第1期。
③ 参见袁家军:《全面推进数字化改革　努力打造"重要窗口"重大标志性成果》,载《政策瞭望》2021年第3期。

织和社会力量也各自开辟了独特的数据采集路径,历经多年积淀,已建立起具有自身特色且针对性强的数据仓库。针对未成年人保护领域,建设中的未成年人数字平台理应与上述各类平台紧密合作,构建起协同机制,借助社会各方资源形成合力。如此一来,该平台不仅能在保障未成年人权益的工作中扮演关键的连接器和支点角色,更能有力地支撑审判机关全面履行其职能职责。

二、未成年人犯罪治理与权益保护数字平台应用的现状检视

我国部分地区如杭州、绍兴、金华、温州等地已经开展了未成年人权益保护数字化建设的重要实践,取得了一定的进展和突破,是我国未成年人保护工作在新时代发展中鲜活、生动的体现,为我国新时代未成年人保护数字平台发展起到了实践层面的推动作用,通过积累运用数字化手段助力预防与治理未成年人犯罪的实践经验,为今后深化改革、实现更高层次的转型升级提供了宝贵的经验。

(一)既有平台的主要特点

经深入探究,各类数字平台的核心特征已明确显现:当前平台普遍实现了线上跨部门协同办公的高效整合,能够对涉及未成年人犯罪案件的全过程进行无缝跟踪与追溯管理,展现了线上与线下深度融合的可能性及实际应用效果。这些平台的基础架构均包含了行为干预与针对性援助的有机结合,通过实时地理定位系统配合远程智能监控手段,有效监控可能诱发未成年人犯罪的高风险区域,从而从源头遏制此类犯罪事件的发生。此外,平台还推行了一系列线上线下联动的帮教项目,专门针对有涉案记录的未成年人群体,提供专业心理咨询服务、定制化教育矫正课程等一系列综合支持措施。同时设立考核激励制度,旨在感化并引导涉罪未成年人积极转变观念,改正错误行为,最终促进他们顺利重返家庭生活及学校教育的正常轨道,达成个人和社会的和谐重构。

(二)既有平台的问题检视

1. 资源整合较为有限

涉未犯罪治理工作涵盖了从线索发掘、早期介入、协调处理、教育矫正到回归社会五个紧密关联的环节,然而目前部分平台仅覆盖了其中的部分环节。数字平台的有效运作高度依赖于数据资源与治理资源的双重整合,前者构成了治理的基础和前提条件,而后者则为治理提供了工具与驱动力。总体评估显示,当前未成年人犯罪治理数字平台建设尚存在部门间壁垒未能完全打破的问题,整合的广度、深度与效率均

有待提升。具体表现为数据资源整合尚未实现全面打通，部分平台仍停留在单向支持阶段，或者局限于小范围内的数据融合，如线索信息、入住记录、帮教课程等内容。同时，愿意共享数据的部门数量有限，即使有意愿分享，实际提供的数据范畴和总量也相当有限。在治理资源整合层面，跨部门协同治理的程度相对较低，甚至在某些情况下并未实现真正的跨部门协作，仅提供查询服务或单一的线索流转，或者只与极少数政法单位或未保单位进行协同治理，这从根本上限制了对治理资源的深度整合。即便在那些已实现一定范围治理资源整合的平台中，有些也只是共同定制并上传课程内容，与理想中的协同治理模式还存在一定差距。这些平台虽能起到信息分流的作用，但在实际操作中并未实质性突破传统的治理格局。究其根源，一方面在于许多地区尚未构建起针对未成年人治理的一体化格局，各部门对于在各自业务条线之间整合资源、形成合力以预防未成年人犯罪及保护未成年人权益的重要性还未达成普遍共识；另一方面，审判机关在组织协调方面的能力有所局限，难以有效调动各个部门积极参与协作、优化资源配置以及重塑工作流程，同时也缺乏强有力的协同权威来统筹协调各方行动，从而导致其他部门的合作意愿不足。

2. 配套机制不够完备

平台作为一个复杂的自组织体系[①]，其稳定而常态化的运行离不开一套全面、可行且精细的运作机制。当前，各地构建的数字平台多数聚焦于案件辅助处理或信息资源交换，普遍存在的问题是配套机制设计相对粗放且不健全。部分平台涉及跨部门的复杂协同业务，然而其机制设计往往只是将线下传统工作模式简单线上化，主要承担信息传递角色，对于其他协同机制则仅停留在原则性规定层面，缺乏具体明确的操作细则。以教育矫治服务为例，在罪错未成年人矫治这一关键领域中，需要多个职能部门紧密协作，其成效甚至可以作为附条件不起诉、缓刑考察的重要考量因素，要求审查机关与各部门共同进行综合性评估。遗憾的是，现存平台在搭建这些工作流程时较为简化，未能充分展现各部门间的联动方式，对牵头部门和配合部门各自的责任权限界定亦不够详尽，同时，关于应由特定部门主导综合施策抑或各部门各自独立行动的问题，目前尚未得到清晰的解答。

此外，各大平台在激励机制与督考机制方面的建设也显得尤为薄弱，而这二者恰恰是长效治理体系中的重要组成部分。一方面，无论是体制内各部门为适应新平台、改变原有工作模式所需的动力激发，还是体制外社会力量提供线索、参与帮教等活动所期待的实际激励，都不能仅依赖道德驱动；另一方面，大部分平台并未针对审

---

① 从系统论来说，自组织是指一个系统在内在机制的驱动下，自行从简单向复杂、从粗糙向细致方向发展，不断地提高自身的复杂度和精细度的过程。

判机关考核设置专门的权限及功能模块。完善业务机制的核心在于加强部门间更深层次的协同共识与合作关系,而目前平台设计者在宏观治理视角上略显不足,对公共管理中激励机制与督考机制的关键作用认识不深。

3. 内外协同不够有力

当前的平台大多集中于利用数字技术赋能既有组织架构和工作流程,或在有限范围内实现协作,优化组织结构与再造流程。主流实践是通过数字化手段强化传统的科层制度,这种做法本质上是将信息技术作为对传统生产工具的一种技术革新升级,采用信息技术和工具大多局限于复制和巩固现有的组织架构与规章制度,而并未彻底颠覆或重构这些传统体系。

此类做法在实际应用中暴露出一些局限性。首先,由于部门间的本位主义,层级隔阂严重,不同部门协作意愿和效率不高,尤其在处理涉及多部门的复杂事务时,呈现出效率较低、治理方式单一等问题。其次,碎片化的治理方式引发了"信息孤岛"效应,组织运行呈现显著的"碎片化"特点,内部信息来源各自独立、信息平台互不兼容、信息关联互动难度大,无法有效实现信息互联共享。① 最后,横向制约机制不足,为权力寻租行为提供了空间。各治理主体间横向协同程度不够,信息互通及流程衔接尚有欠缺且互相制约,而在纵向科层制下,权力监督与制衡机制不健全,进而加剧了寻租、设租等腐败问题。②

未成年人犯罪治理和保护工作的实施,需要统筹体制内外资源,深度挖掘地方特色与潜力,构建协同保护的整体格局。目前,现有的平台主要由体制内单位开发,服务于未成年人犯罪治理,部分平台虽得到未成年人保护社会组织的支持,但总体上缺乏体制外单位、组织或企业的广泛参与,其互联网实时互动的功能也相对薄弱。部分平台依赖社会公众主动填报案件线索,由于缺乏有效的激励保障和制度支撑,这一模式难以持久稳定。同时,各地具有独特的社情民意和多元化的治理需求,应通过体制内外单位定期沟通交流,将有价值的意见融入平台设计中以提升其实用性和针对性。然而,目前大部分平台在设计思路层面尚存在提升空间,尤其在体现内部与外部协作的紧密性和一体化方面略显不足,具体表现为体制内的单位与未成年人保护组织之外的社会团体及相关企业之间的沟通协作仍有待强化,还未完全构筑起一个既能贯穿体制内外,又能实现信息共享与多方协作的有效机制。

---

① 参见陈文:《政务服务"信息孤岛"现象的成因与消解》,载《中国行政管理》2016年第7期。
② 参见程永林:《政策失灵、科层制损耗与治理机制研究》,载《广东外语外贸大学学报》2010年第6期。

4. 信息手段尚缺智慧

通过数智技术的赋能，降低人工成本、提升问题处理效率，并实现全流程线上操作，这是建设未成年人犯罪治理与权益保护数字平台的核心目标。目前，该平台与理想的运行状态仍存在一定差距，具体体现在以下几个方面。首先，任务分配机制尚处于初级阶段，采用的分级处遇算法和数据分析模型精度有待提升。其次，由于部分业务系统的数据未能完全接入，平台无法自动地将问题线索或任务精准推送至对应的处理部门业务系统中，现阶段仍过度依赖人工操作完成此环节。这种滞后且人力密集的任务分配方式，在一定程度上阻碍了协同处理流程的高效运作。再次，平台在对线索追踪以及监控其实际处理进程，乃至案件办理效果的呈现等方面，也暴露出一定的不足。也就是说，从线索发现到处理执行，再到结果反馈的全流程监控效能，还有待提高和完善。另外，大数据分析能力有待增强，信息化不等于智能化，虽然已采用信息化手段来规范工作流程并提升工作效率，基本实现了数据的采集、管理和信息查询分析功能，但由于数据类型繁多且数量庞大，目前平台缺乏深度的数据分析和抓取能力，部分数据还需人工输入，精准识别效能有限。当前使用的平台在分级处遇算法和数据分析模型方面智能化程度有限，大多仍停留在初级应用层次。这类平台只能针对预先设定算法所包含的问题线索类型进行识别和分类操作，在面对新颖、复杂或者模型训练尚未涉及的问题线索时，平台自动化识别能力明显不足，不得不依赖人工介入以作出正确判断。最后，部分平台甚至还未部署相应的分级处遇算法和数据分析模块，所有线索筛选、分类及后续处理几乎全靠人工操作来完成。这种现象凸显出当前一些数字平台设计思路和技术更新的滞后性，反映了不同信息系统间的数据共享障碍，以及信息技术工具数字化程度的不足现状。因此，迫切需要对这些平台进行全面升级，强化其智能化特征，打破"数据孤岛"，提升自动化作业效能，并使其朝着更高程度的开放化和智能化方向发展。

5. 区域发展尚不协调

虽然目前我国部分地区已经开始尝试构建地区内部的数字平台，但是这只是我国在数字平台领域的初步尝试，仅仅是属于地区内部的基层治理实践，并不适用于区域外部，尚未得到全国的统一认可与实施。同时，统一的数字平台的缺乏也直接导致地区发展不平衡的问题。独立分散的开发模式不可避免地催生了"数据孤岛"现象，尽管各地正积极进行相似系统的自主研发，但由于研发主体各异，各个系统间的接口标准、数据结构、项目类别乃至文档格式均可能存在显著差异，这直接造成了不同系统间的数据无法实现无缝对接与整合，进而严重影响了跨系统的数据对比、清洗与深度利用工作的实施。

6. 评估体系有所欠缺

在我国的大部分地区，未成年人数字平台建设评估的主要指标仍处于空白阶段与起步阶段。目前我国部分地区初步确认了未成年人数字平台建设评估的主要指标，然而在中央层面尚未实现主要指标的统一，因此各地主要指标仍然存在较大差异，仍然存在地区发展不平衡的显著困境，这需要我国不同地理区域、不同监管领域的机关的共同努力。同时，我国部分地区也并未意识到数字平台的量化评估指标体系建设的重要性，并未将量化评估指标体系的建设提上日程。总之，我国部分地区的数字平台量化评估指标处于空白状态，而已有的数字平台量化评估指标又因为不同地方与不同机关统计口径的差异，将会造成即使已有相关数据也难以进行相互比较的困境，这也就导致我国难以统一地将数字平台建设的量化评估指标纳入机关的绩效考核内容中。

三、未成年人犯罪治理与权益保护数字平台完善的实现路径

数字治理，即以数字技术为支撑的治理，"旨在运用前沿数字技术重塑治理结构、优化政府[①]职能、革新治理理念""以数字化转型整体驱动治理方式改革"[②]，推动治理方式的基础性、全局性和根本性的改变。平台化治理是"数字共治"的机制载体。数字平台用于整合分散资源，利用内嵌工具模块实现调用便利，同时也设置统一的数据交换和存储标准，以降低协同治理的交易成本。[③] 未成年人权益保护的难点在于社会合力不足、家庭监护缺失、矫治力度不够等。人民法院应该坚持全面视域，创新履职，融通家庭、学校、社会、网络、政府、司法"六大保护"[④]，坚持最有利于未成年人原则，在涉未成年人刑事、民事、执行案件"三合一"审判执行模式的基础上，融合"专业审判＋协同保护"，将未成年人权益保护工作从原本单一、传统的线下模式，拓展升级到全区域、一体化、集成化、信息化的云端模式，坚持"儿童利益最大化原则"，不断增强人民群众的司法获得感。围绕案件诉前、诉中、诉后的诉讼全周期，推动协同单位数据共享和业务协同，实现诉求一体协同、进度一码掌

---

① 此处的"政府"指广义的社会公共治理主体，包括参与社会治理的各级党委、政府、司法机关、事业单位及人民团体等。
② 《中华人民共和国国民经济和社会发展第十四个五年规划和 2035 年远景目标纲要》，2021 年 3 月 11 日第十三届全国人民代表大会第四次会议通过。
③ 参见曾渝、黄璜：《数字化协同治理模式探究》，载《中国行政管理》2021 年第 12 期。
④ 参见周丹：《以能动司法构建对未成年人多面立体的网络保护体系》，载微信公众号"湖南高院"，2024 年 1 月 3 日发布，2024 年 3 月 11 日访问。

控、信息一档归集、帮扶一跟到底，全方位保障未成年人权益保护工作。通过对已有平台的经验总结和问题检视，我们看到，传统数字治理实践在呼唤着治理理念的更新，呼唤着治理格局的升级。笔者依托公共管理学和协同学理论，结合实践需要，提出"数字共治"理念，旨在构建数字平台，初步实现各职能部门互相衔接、数据共建共享、家校社同享的未成年人犯罪治理与权益保护新格局。

（一）整合数据资源，实现全链保护及精准帮教

应进一步厘清大数据赋能未成年人司法保护的理念、功能与运行机制。从理念上看，大数据可以为司法工作提供全局思维，精准定位问题；从功能上看，大数据可以从多层面帮助司法机关发现问题进行研判，并提供评估决策依据；从实践运行上看，可以将司法大数据拓展到公共大数据，从而形成常态化的数据共享平台。平台设置了全量数据库的分类管理和统计分析功能，能够对数据按照不同标准分类管理，或者进行统计学分析。但在海量数据整合、应用的过程中，应注重数据安全问题，尤其是涉及未成年人的个人信息保护，因此还需建立常态化的大数据运用风险评估机制。对于社会上海量数据的真实性、有效性的把控，则应当建立严谨的审核过滤机制以及初步的数据清洗流程。通过设立科学合理的数据质量评估体系，对各类数据源进行严格筛查，剔除无效、错误及不实信息，确保纳入系统分析利用的社会数据具备高度的真实性和可靠性。同时，通过初筛清洗机制，能够有效去除冗余、杂乱的数据噪声，为后续的深入挖掘和精准分析奠定坚实基础。

各级法院可协同当地政法委、宣传部、检察院、公安分局、司法局等成员单位，归集人口信息、户籍信息、教育学籍信息、婚姻登记信息等数据，并进行自动更新，实现以下两大功能。

一是实现涉案未成年人权益全链保护。重塑未成年人权益保护流程，构建"立案调查、委托调解、案件审理、案件执行、精准帮扶"的全流程管理机制，以线上"智办"逐渐取代传统的查询、申请、上诉和执行等实现权益保护的方式，提高未成年人权益保护的效率。在立案阶段，通过与公安人口户籍信息、司法局法律援助律师库等平台的数据进行共享交互，在线上落实当事人的信息协查申请、法律援助申请等；在委托调解阶段，从调解组织库中精准匹配相关领域的专业调解人员，通过应用线上委派调解，并在规定的调解时限内进行情况反馈；在案件审理阶段，通过调查协同模块，根据个案需求与成员单位之间实现一站式调查取证，减少当事人诉累，同时嵌入家庭教育模块，精准向义务履行人发送家庭教育令；在案件审判阶段，通过智能化技术手段，实现判决书、起诉书及量刑建议书内容的精确比对，当系统检测到其中关于事实认定或量刑情节存在差异时，及时发出警示提示，同时依据既往案例，系统

能够智能化生成针对判决的量刑及罪名合理性的审查意见，促进司法公正。此外，通过对各类法律文书进行公开透明的智能分析，可有效地监督法院犯罪记录封存制度的执行情况。特别是在减刑、假释、暂予监外执行案件管理方面，构建专门的类案分析系统，针对未成年罪犯的具体情境，确保在同等条件下公平公正地适用减刑、假释的统一标准和尺度，从而实现对未成年罪犯权益的保护和矫正工作的规范化管理。由成员单位通过应用提供资源共享，完成探视权实现、抚养费执前督促等工作，改变以往发案后简单粗暴地对未成年犯进行打击处理的模式，在治理意义和社会效果上进行新的探索。通过打通各部门数据壁垒，加强数据交换协作，建立信息共享机制，线上线下联合工作，对未成年人有重点、分层级地进行管理和教育，对犯罪未成年人进行教育、引导、惩戒，达到"未病先防，防患于未然"的效果，将未成年人犯罪消灭于萌芽阶段，有效筑牢预防未成年人犯罪的防火墙。

二是实现对涉案未成年人的分级精准帮教。通过审理、执行阶段的分段式的信息录入，实现"一案一档"，建立数据评分模式，基于风险评估和需求响应的原则，对未成年人进行分级管理，根据分级标准划分"红色、黄色、橙色"三级，主动帮助未成年人按照分类与牵头部门沟通，同时定期对未成年当事人进行回访，录入云端跟踪记录卡，实现精准帮教。具体措施如下：对于被分级为红色的重点关注未成年人，他们面临的可能是最高级别的风险或最紧急的问题，因此需要采取实时监控和优先处理机制。相关部门应配置更多的资源和人力，确保每周至少进行一次实地走访，采用高强度的干预、矫治和帮教策略，以期迅速稳定其状况并引导其回归正轨。对于被分级为黄色的重点关注未成年人，也需保持高度警惕。对此类未成年人，管理部门应保证每周定期关注其动态，并安排每月一次的家访或者面对面交流，采取较高强度的干预措施，持续跟进其生活学习状态及行为转变情况。至于被分级为橙色的重点关注未成年人，他们总体风险等级较低，但同样需要纳入常态化的管理范畴。对这类群体实行每月关注、每季度走访一次的制度，主要运用轻度干预措施，在不影响其正常成长的前提下，适时给予必要的指导和教育。针对不同级别的未成年人所实施的治理、干预、矫治和帮教工作的所有细节，均应当完整、准确地记录至相关信息化平台之中，同时确保其个人的风险评估结果能实时更新至平台，以便于全面掌握个案进展、调整干预策略以及优化整体资源配置和服务效果。

构建由法律援助律师库、心理咨询师库以及教育、民政等部门合作的帮教库，充分整合法治、德治、行业三方资源力量，为涉案未成年人提供法律、心理、教育等方面的关爱服务，利用多种形式，向涉案未成年人精准推送普法内容。根据家庭监护缺失、心理严重偏差、严重不良行为、个体本身问题、社区矫正等实际情况和参数比重，邀请监护人、社区网格干部、心理咨询师、社会志愿者等参加。为了实现精准高效的干预矫正帮教工作，平台应集中整合来自各领域的专家资源，包括他们的个人信息、专业特长、研究方向以及联系方式，构建一个完备的专家智库系统。在实际工作过程中，工作人员可根据需求通过平台快速查阅和获取智库中的详细资料，及时与相关专家取得联系，确保在应对不同类型的未成年人问题时，能精准匹配并调动适宜的专业力量参与治理工作。此外，平台还应定期对专家智库的信息进行核查更新，确保其中收录的专家资料始终保持最新状态，以便更好地满足未成年人干预矫正帮教工作的实际需求，不断提升工作效率与服务质量。

为了更有效地保障司法公正和提升工作效率，司法机关正积极探索数据互联共享的新模式，打破部门间的数据壁垒，运用先进的大数据技术深度挖掘和分析司法办案历史数据。通过这一过程，可以构建智能推送系统，将相关的案例、法律条款自动关联，推进"同案同判"的司法实践，提高判决的一致性和公平性。同时，司法系统也致力于与社会上涉及青少年事务的相关数据库建立紧密联系，实现涉案未成年人信息的互联互通，以便全面掌握其背景资料，进行精准化管理和有效干预。针对互联网平台积累的海量用户数据，在确保严格遵守法律法规、保障数据安全的前提下，司法机关有必要与之建立合法合规的数据交换机制，形成监督与被监督的合作关系。通过对公共服务或商业类平台的案件相关数据进行分析，司法机关能够获得重要的决策参考依据，为司法决策提供科学支撑，如此不仅提高了司法效率，也有助于维护社会公平正义，提升公众对司法公正的信任感。

（二）调动外部资源，实现多部门跨层级未成年人综合司法保护

治理资源是指各治理主体在参与社会治理时，根据各自职能所能提供的手段、措施等各种要素的总和。公共治理资源有其固有限制，因此在保障公权力有效行使的同时，有必要倡导并接纳符合条件的社会力量参与到部分治理工作中，通过未成年人保护数字平台接受和执行相关的治理任务。平台功能模块应充分利用权限范围内的各种治理资源，灵活调配，实现跨部门、跨领域的综合施策，集中优势资源解决重大问题。同时，可积极探索创新"任务—派单"工作机制，即由平台功能模块统一进行问题研判和目标设定后，按照各治理主体的职能特点和优势，有针对性地分配和下达治理任务。这样既能充分发挥各主体的专业性和积极性，又能确保治理行动有序展开和高效执行，形成政府与社会力量联动共治的良好局面。

法院、民政、团委、妇联、公安等部门凝聚合力，通过一个平台即可完成未成年人保护的信息共享、会商研讨、联合调研和线索推送，实现多部门跨层级的未成年人综合司法保护，在"掌上、线上、云上"构建形成感知态势、纵观全局、决策指挥、协同共治的未成年人数字保护新模式。各成员单位明确职责分工，建立未

成年人权益保护联席会议制度和未成年人权益保护领域"一件事"改革制度,并明确联席会议的主要功能、组织架构、工作程序,以及"一件事"改革制度的总体要求和衔接机制,高效解决涉案未成年人的权益保护问题,同步实现心理帮教、社会调查、法律援助等一体化智能服务。"辅助决策"模块,可通过数据碰撞调取相关案件资料,对案件中存在的监护侵害和监护缺失等情形进行主动提示,及时发现线索,让未成年人司法工作搭载"数字动车"。各级党委在协同治理体系中扮演着至关重要的角色,它们作为跨越各部门、各协同主体的高层次协调机构,有助于突破部门间的隔阂与屏障,强化多元主体之间的协同效应,有效避免社会治理过程中的碎片化现象。为此,各级党委可主动发起并组建专项工作小组,与平台紧密结合,实现一体化运营,构建稳固的基础性组织架构;还能通过动员大会、培训、集体学习等多种形式,培育和发展协同治理、互信互鉴的文化氛围,通过文化驱动,形成共同的目标和理念,①减少治理主体之间的价值、认知、目标冲突,生成协同合作的动力源,②实现自发统一。

平台为各个未成年人保护相关部门都提供接入端口,包容性强、处置效率高,可以完成辖区内未成年人的信息共享、法治宣传、大数据研判等工作。平台能够将各个未成年人保护相关部门实时上报的信息清晰地展现,后台的工作人员再将所有信息进行识别、研判,之后分发到相关部门进行联动处置。通过整合各条线资源,依托平台建立起吹哨预警和强制报告机制,确保及时捕捉到网络和信息平台上的关键数据信息和敏感词汇,系统自动触发预警,使有关机构能尽早掌握涉及未成年人的案件和事件线索。并且,平台应特别重视对可能发生的未成年人违法犯罪行为或受侵害情况进行实时监控,一旦发现问题,责任部门立即通过平台吹哨预警,并迅速录入相关案件线索,同时调整对应信息;平台立即将警示信息传递给公安机关和检察机关,确保线索及时流转至执法部门,促进快速应对和处置。此外,平台与公安治安管理系统应着力实现无缝对接,充分借助公安部门推行的"智安校园"系统和特殊场所的实名制登记等智能化设施,实时监测校园内部学生出入电子游戏厅、网吧等场所的行为,以及校外未成年人对校园构成潜在威胁的聚集活动等情况,并将相关信息迅速回传至平台,同时通报给监护人、教育行政部门和当地派出所,启动应急联动预案,采取妥善措施。对于全量数据库中被评估为红色和黄色风险级别的未成年人,平台可以实施保护性轨迹追踪,利用大数据分析进行趋势预测和预警,并将相关数据反馈回全量数据库。如此一来,形成了一套从源头预防、早期预警到联动处置的全方位、立体化的未成年人保护与社会治理体系。

---

① 参见陈春花、朱丽、刘超、张志朋:《文化协同的三重影响路径探索》,载《管理学报》2020年第4期。
② 参见梁宇、郑易平:《我国政府数据协同治理的困境及应对研究》,载《情报杂志》2021第9期。

（三）运用前沿计算机技术，实现从"物理集中"到"一窗服务"，从"系统并存"到"一站式流转"

平台应充分考虑区域在线技术设备发展的平衡问题，将更多合适的计算机技术纳入新时代未成年人数字平台发展中来，充分借助在线平台、大数据算法模型、云计算技术、区块链技术、人工智能等前沿计算机技术，实现自身的革新与数字化转型。完善数据共享基础设施建设，优化升级治理工具，丰富不同场景下数据应用和模型设计，主要目的在于实现三大效果。一是线上全流程智办。为了帮助涉诉未成年人更快更好实现权益，未成年人及监护人可以依托平台使用文书样式下载、申请法律援助、案件审理进度查询、各类调查申请、法律问题咨询等模块，直接在应用上实现一键查询、一键申请、一键咨询、一键智办，减轻当事人出行、查询的诉累。二是一键实现权益帮扶。针对未成年人权益侵害的隐蔽性较强、潜伏期较长等特征，在应用中嵌入一键权益帮扶模块，涉案未成年人及监护人只需在模块中简单填写基本信息和主要诉求，应用就会自动将信息汇总到治理端进行转换介入或由法院自主启动帮扶工作，从而进行更精准到位的帮助与保护。三是普法宣传教育精准化。普法宣传模块，可针对咨询法律问题的未成年人或监护人的关注点或兴趣推送相应关键词的普法宣传内容，还可以对接到"家庭教育指导令"的义务履行人推送相应课程。

（四）建立全国统一的量化评估指标评价体系，实现数字平台常态化运行

在不断加强未成年人保护工作的背景下，有必要构建一套全国统一且详尽完善的量化评估体系，该体系应用于未成年人保护数字平台，旨在全方位评价在此领域的建设成效和实际效能。关于未成年人保护数字平台量化评估指标体系的具体指标项目，一级指标主要有党的领导、人民主体、多元协同、矛盾化解、平安和谐，从宏观层面涵盖了政策指导、群众参与、跨部门合作、预防和解决冲突以及维护社会安定等多个维度，但鉴于未成年人保护工作的复杂性和多样性，特别是在数字化转型的过程中，可能还需要融入更多体现现代信息技术特点和效能的指标。例如，信息传达效率、在线服务机制的有效性、数据安全性与隐私保护程度、智能化预警和响应能力、线上线下联动协作水平等，都是构建未成年人保护数字平台量化评估体系时值得深入探讨并可增设的二级或三级指标。这样做不仅能更好地适应信息化时代的需求，也能切实反映各地数字平台在具体操作层面对未成年人保护工作的落实程度和创新贡献。同时，为了充分调动地方政府的积极性和主动性，将未成年人保护数字平台的量化评估体系纳入政务工作考评体系是非常必要的举措。在设计这一评估体系时，应当兼顾结果导向与过程管理，既要关注基于大数据的效果类数据监督，实行未

成年人诉源治理效果的长期常态监督,监测社会治理的实际成果,也要强化内部考核系统和案件质量评价体系的数字化改革,利用科学的数据模型评估各级单位在未成年人保护工作中综合履职的效能。总之,建立全国统一的未成年人保护数字平台量化评估体系是一项亟待深化的任务,不仅要考量不同地区的差异化需求,还要与时俱进,引入更多贴合数字化发展趋势的评估要素,以全面推动我国未成年人保护事业的现代化进程。

四、结 语

司法机关应牢牢把握住数字时代的发展契机,充分借助在线平台、大数据算法模型、云计算技术、区块链技术、人工智能等前沿计算机技术,将其运用到社会治理领域,实现治理理念现代化、治理结构扁平化、治理机制技术化、治理方式智能化、治理效能社会化,通过未成年人犯罪治理与权益保护数字平台的建设,实现全面数字赋能、全程预警监测、保障适法统一、提升司法质效。传统数字平台在目前的实践中存在困境,在现实需求和未来挑战面前,需要注重总结、梳理、批判、检讨各地实践经验,进一步明确"数字共治"治理格局的内涵,构建实践性、可操作性强的数字平台,提出更具实践价值的方案,服务于未成年人犯罪治理与权益保护。

数字检察

法律与人工智能

2024年卷
· 第 1 期 ·

2024, No.1

Digital
Prosecution

数字检察的清远模式
——以广东省清远市实践为研究样本
/ 陈岑

数字赋能司法管理体系现代化的进路观察
——以检察机关案件管理体系为视角的研究
/ 陈焰 褚韵

数字检察的清远模式
——以广东省清远市实践为研究样本

陈 岑*

摘 要

深化实施数字检察战略,以数字革命赋能法律监督是检察机关推进政法工作现代化的重要抓手。清远市检察机关认真贯彻落实"业务主导、数据整合、技术支撑、重在应用"的数字检察工作机制,从战略高度出发,系统地、整体地推进数字监督、数字办案、数字管理、数字服务四大领域高质量发展,打造出理念先进、体系完备、机制健全、素能过硬的数字检察"清远模式"。

关键词

数字检察 大数据 法律监督 思维转变 实践经验

---

* 陈岑,广东省清远市人民检察院党组书记、检察长,法学博士。

数字检察不仅是法律监督模型在检察履职中的重要应用形式,还是大数据、云计算、区块链、人工智能在检察领域的应用,也是信息化工程在检察领域的推进。其中,构建大数据法律监督模型是实现数字检察改革目标的关键所在。

一、数字检察的相关概念

数字检察是数字中国的重要组成部分,是数字中国在检察机关的具体体现。大数据法律监督模型是数字检察能动履职的重要载体和重要突破口,是实现法律监督质效由个案办理向类案监督再到系统治理嬗变的驱动力量。其是指从个案办理或数据异常中发现规律性、共性问题,利用数字技术总结归纳特征要素,从多元的海量数据中挖掘类案监督线索的一种模式。数据建模是依据现有数据构建大数据法律监督模型并进行预测的过程。通过对数据的收集、整理和分析,可以构建出准确、可靠的模型,为相关决策提供科学依据。大数据法律监督模型是数字检察的重要突破口,是开展大数据法律监督工作最重要的载体和手段,是检察机关提升法律监督刚性、延伸法律监督触角的放大镜和助推器。它能够结合实际,立足一线办案需要,最大程度发现和凝聚数据合力,通过数据共享互联互通实现监督效果的最大化。

二、数字检察的应用价值

数字检察作为检察机关高效挖掘问题线索的"金钥匙",是提升法律监督质效的"工具箱"。[①] 通过数据归集、清洗、碰撞、挖掘、分类、归纳形成的法律监督数字模型,不仅可以增强检察监督的效能,推动多元监督的深度融合,还能进一步优化社会综合治理。

(一)提升监督质效的效果

通过运用数字思维,办案人员将原本独立的信息点串联起来,深入挖掘数据中隐藏的信息和价值,在数据碰撞筛查中发现类案线索,从而解决以往法律监督的被动性、碎片化、浅层次难题。[②] 有学者指出,通过行政公益诉讼数字化模式引导行政执法,可以有效解决传统法律监督被动性和有限性问题。如连南瑶族自治县检察院开展老龄津贴行政公益诉讼大数据法律监督,调取县民政局、公安局、财政局、疾控中心的关于县域内领取高龄津贴人员情况、户籍注销信息和高龄津贴发放信息等相关数

---

① 参见张晓东:《借力数字赋能完善监督路径》,载《检察日报》2021年11月1日,第3版。
② 参见余钊飞:《数字检察的梯次配置及纵深功能》,载《法律科学(西北政法大学学报)》2023年第4期。

据,核查发现多名已故高龄老人继续领取津贴的情况,相关行政机关未严格履行高龄津贴的信息审核、资格认证、审批发放等职责,存在监管漏洞。该院通过召开公开听证会的方式,向县民政局等9个相关行政机关发出磋商函,督促有关部门积极履职,追回国有财产54万元。

(二)推动融合监督

在传统的办案模式下,大部分检察人员受固有的检察认知、行为以及工作运行机制的影响,多数情况下扮演着"审查程序经手人"的角色,其审查能力、调查能力以及侦查能力受到限制,难以应对复杂多变的案件。数字检察的出现,为这一困境带来了转机。数字检察最大的创新在于,它以数字思维为引擎,重新定义了法律监督模式,彻底摆脱了传统人力办案的束缚,并为检察工作提供了"数智"的强大支撑。[1] 检察人员在"数字赋能监督,监督促进治理"的法律监督模式重塑变革的推动下,进一步发挥检察一体化的独特优势,以审查、调查、侦查"三查并举"全面贯穿融入到"四大检察"中,发挥出较强的集成效应。

(三)深化社会治理

在当今社会治理体系中,检察工作与社会治理的内在关联愈发紧密,这种关联性不仅源于二者均致力于矛盾风险的化解,还因为它们都秉持着以人民为中心的基本理念。数字检察为社会治理注入新的活力,能够推动实现更深层次的治理,一是通过精准的数据分析,准确识别关键领域和行业存在的风险问题案件,帮助构建预防性治理体系;二是运用数字化手段对监督线索进行批量分析研判,开展类案监督;三是促使检察机关深入挖掘批量案件背后的系统性问题,助力发现制度漏洞。

三、数字检察的现实困境

任何新兴事物的落地、发展和更替总会面临着各式各样的阻碍,数字检察也不例外。对传统办案思维的挑战、对固有工作机制的冲击、对滞后技术手段的淘汰,都是数字检察实践过程中必须直面的问题。

(一)数字思维理念落后

对检察人员来说,从理念认识到实际应用再到产生效果需要一个过程。一方

---

[1] 参见吴思远:《数字检察法理思考》,载《华东政法大学学报》2023年第5期。

面，受各地案件数量、辖区资源、信息化程度和人员队伍等因素影响，各地数字检察发展差异较大，部分检察人员的工作理念未能及时转变。另一方面，在经济发展较为落后的地区，传统办案模式基本上可以满足工作需求，容易形成思维惯性，部分基层检察院对数字检察工作不理解、不重视，没有真正认识到信息化、智能化建设给检察工作带来的实质性变革。还有部分检察人员存在数字检察工作的思想认识、理念不统一，简单片面地把数字检察与信息化工程划等号、与法律监督模型划等号，不愿用、不会用、不善用数据，不能挖掘和发挥数据价值。面对监督线索不多、来源不稳定、获取渠道不畅通等困境，法律监督常常陷入被动状态，检察履职呈现被动性、碎片化、浅层次特征，①与新时代检察机关法律监督工作的要求严重不符。究其根本，是基层检察人员普遍缺乏数字观念、数字意识、数字思维。

（二）配套机制不健全

在数字检察机制建立方面，大多数检察机关都已经建立了上下联动、横向协作的数字检察工作机制，但落实到具体的数字检察工作上仍存在许多问题。一是组织机制不完善。数字检察具有系统性、整体性等特点，因此需要强有力的组织领导机构来统筹具体的工作。实践中，在不同程度上存在基层检察院领导班子不重视的问题，数字检察组织机制未能有效运作，以至于在协调和管理数字资源、确保各个部门和成员之间的有效沟通和协作等方面存在不足，导致数字检察工作进度缓慢，目标难以实现。二是工作落实机制不完善。推动数字检察工作强调"业务主导"，即工作落实的主体是办案检察官，但是部分检察机关落实数字检察工作时，未能将数字检察职能定位清楚、未能将各部门职能明确分工，导致办案检察官未能将数字检察融入日常工作中，不能充分体现"业务主导"这一宗旨，难以完成和实现数字检察工作发展。三是融合履职机制不完善。一些基层检察院在工作实际中，仍然存有"四大检察"各司其职的固有观念，部门之间人员合作少、数据共享不够、业务互通不多，在数据运用、检察监督中仍存在"单打独斗"的情形，整体层面缺乏融合履职机制。

（三）数据壁垒、信息壁垒未打通

数字检察运用到的数据大致分为政务数据、司法数据、检察数据、社会数据四类。检察机关在开展数字检察工作中，大数据资源的获取大部分依赖于外部数据资源共享，数据贯通成为数字检察工作发展关键的瓶颈问题。但在实践中，在不同程度上存在阻碍数据共享、开放和流动的因素，比如观念壁垒、制度壁垒、技术壁垒等。主观上，不愿将自己的问题暴露给他人是天性使然，被监督者更是如此。因

---

① 参见贾宇主编：《数字检察办案指引》，中国检察出版社2023年版，第16页。

此,基层检察机关在获取数据尤其是关键数据时,常遇到被监督单位不理解、不支持、不配合等消极应对的情况。客观上,上述提到的数据类型又有内生数据、外部数据之分。内生数据主要有全国检察业务应用系统2.0(以下简称全国检察业务应用系统)、12309检察服务中心、检答网、行政执法与刑事司法信息共享平台(以下简称"两法衔接"平台)等平台所获取的数据。外部数据主要包括党政机关、企事业单位在依法履职或提供公共服务过程中产生的数据,其获取的途径主要有通过信息协作机制共享、依法调取和通过公开渠道获取。对于共享获取数据,制度上的壁垒难以忽视。实践中,因无具体可操作的数据共享规定,且受保密等多重因素限制,仅凭检察机关很难对接所有数据供应单位。对于依法调取,必须有依据、有条件、小规模地依申请调取,流程较为烦琐,且因数据标准、数据源等的不同,容易出现技术性的壁垒,需要花费较多的时间和精力。而通过公开渠道获取数据,当前行政机关在其门户网站公开前一般已经过信息化处理,数据的完整性很难保证,检察机关很难从中挖掘到所需要的信息。

(四)数据安全风险防范机制不完善

数据共享和使用是一把"双刃剑",既能带来数字化技术的方便快捷,也可能引发隐私保护等安全问题。我国《数据安全法》《网络安全法》《个人信息保护法》等法律已经对数据安全作出了具体的规定,但在推进数字检察工作过程中,数据安全风险防范机制不健全,对使用主体、使用方式、使用范围等没有明确规定,数据采集、传输、存储、处理、分析、使用等各个环节仍然存在不同程度的数据安全风险。特别是在使用数据进行碰撞、比对筛查过程中,如何加强安全技术保障和安全管理,确保海量数据信息安全也需要进一步探索。此外,传统的数据处理方式难以保证数据使用的公开透明,公众往往无法了解数据处理的详细过程和结果。数据使用的透明度缺乏、数据安全审计机制的缺失,容易引发数据供应部门对检察工作使用数据风险的忧虑,从而影响到数字共享和使用的社会认可度和公信力。

四、数字检察的实现路径

(一)转变传统监督思维为数字监督思维

与原有就案办案的固定思维不同,数字检察所倡导的思维是一种万物互联的思维,是对传统法律监督思维的重塑。原有办案模式中的思维方式是通过审查案件证据,在个案中发现单个的法律监督线索。大数据法律监督则要通过大范围的数据筛查、比对,将不同类型、不同领域的海量数据信息进行串联、分析,使独立信息产生交集,从而批量产生法律监督线索,这种方式更有利于进行广泛监督、深度监督。

大数据法律监督还需要数字技术,是检察业务需求与数字技术融合在一起所产生的化学反应,是检察业务引导数字技术应用的必然要求,因此,必须对数字理念、技术思维有充分的认识。在此过程中,检察人员要注重培养技术认同理念。数字检察是数字技术赋能新时代法律监督而形成的检察工作新形态、新模式,检察人员应深刻认识到新技术在检察工作中的独特价值,对新技术持积极认可的态度,拥抱现代科技。检察人员需要保持开放、主动、持续的学习态度,掌握数字检察的发展历史,了解人工智能、区块链、大数据等基本内涵,读懂悟透数字检察相关工作的具体要求,训练和提升法律监督模型建模的基本逻辑。① 检察人员要注重培养数据驱动理念。在数字检察中,数据驱动是一项至关重要的实践。通过积极收集、分析和利用相关数据,检察机关可以更智能、更精确地制定决策。数据驱动理念能够有效提高检察工作的效率、准确性和透明度,有助于检察机关更好地履行法律监督职责,确保司法公正和效率。检察人员要注重培养数字建模理念。监督模型是开展数字检察工作的重要工具和载体,从某种意义上是把检察官经实践检验成功的、可复制的办案经验技术化、工具化。办案理念和思路是监督模型的灵魂和最主要的价值所在②,模型必须适应检察官的办案思路,才能取得更好的应用效果。检察官在日常办案过程中需要提高识别监督点的敏感度,善于总结日常办案思路和规律,及时发现类案监督的共同点,运用类型化的思维进行分析,将办案规则与大数据进行碰撞,进一步提炼成模型规则,建立大数据法律监督模型。③

以清远市检察机关为例,在全面推进数字检察的过程中,首先解决的就是认识偏差、畏难情绪和迟滞不前等理念问题,通过理念转变带动能力提升。

第一,强化领导凝聚理念共识。清远市检察机关将数字检察作为"一把手工程"重点推进,召开数十场数字检察调研座谈会,各单位检察长亲自参与,副检察长和业务骨干轮流集中研讨,统一"数字赋能就是提效率保公正,就是强监督护法治,就是深治理促发展""数字赋能办案质效,监督保障法律实施"的清远数字检察理念和内涵。

第二,储备知识孵化理念转变。清远市检察机关开展丰富多样的培训,开设数字检察专题课程,组织数字检察专题培训班,营造学习、研究数字检察的良好氛围,

---

① 参见崔庆林:《以更实举措、更优机制锻造新时代数字检察人才》,载《检察日报》2023年10月12日,第3版。
② 参见贾茂林:《创建大数据法律监督模型需理念先行》,载《检察日报》2023年5月24日,第12版。
③ 参见崔庆林:《以更实举措、更优机制锻造新时代数字检察人才》,载《检察日报》2023年10月12日,第3版。

并将"小切口、低成本"以及"一体履职、综合履职、能动履职、智能履职"的理念和方法传授给全体检察人员。探索以考促学,组织数字检察基础知识考试、数字检察擂台赛,推动全体干警掀起数字检察知识的学习热潮。加强数字检察工作信息整理,开辟"数字检察经验分享"专栏,将理论研究、研讨成果、典型案例等汇编成册,先后编发《大数据法律监督办案指引》《辅助办案小应用汇编》,建立"数字检察方法论"公众号,通过营造学习、研究数字检察的良好氛围,把数字检察变成每位检察官、每个检察官助理、每个检察人员的自觉行动。

第三,特色活动倒逼理念更新。常态化举办数字检察"大家谈""创新成果分享会"等活动,建立"数字检察工作交流群",广泛开展数字办案优秀案例评选和学习讨论,并邀请省院对口业务部门、高校专家教授以及相关行政单位代表进行观摩点评、专题研究、讨论交流,交换拓展数字思维。

(二)建立数字检察的适配机制

大数据战略是对检察办案机制、方式、手段的全方位、系统性重塑,能最大程度激发数据对检察监督的叠加、倍增作用。重塑过程中必须以机制创新打破场景、区域、条线、人员等限制,推动法律监督方式变革,进一步解决监督线索发现难、工作碎片化、质效不突出等传统法律监督中的瓶颈问题。具体来说,需要在组织机制、工作机制、人才机制、办案机制、侦查机制等五大方面予以优化。

1. 强化组织领导

数字检察的系统性、整体性、协同性决定了其应当且必须是"一把手工程",必须由市级检察院"一把手"抓基层检察院"一把手"。清远检察机关两级院都成立了以检察长为组长的数字检察工作领导小组和办公室,统筹数字检察工作,检察长亲自部署、亲自指挥、亲自调度,并挑选熟悉检察业务、能力突出的一线检察官充实团队力量,承担把关模型、典型案例报送、经验做法、撰写检察办案故事以及畅通数据来源渠道等职能。由此形成了以市级院为龙头,以基层院为重点,市级院主抓数字检察工作的统筹、调度、支撑和督办,各基层院检察长上阵靠前指挥,在督办督学中一竿子插到底,有效传导压力、压实责任的工作模式。① 各院还因地制宜对组织架构进行了完善和细化,各基层院建立数字检察审核员制度,由分管副检察长担任数字检察审核员,对办理的案件实行"三级审"破除部门及业务壁垒,融合推动监督线索互移,确保每个案件穷尽数字化方法寻找案件四大检察业务监督点。

---

① 参见贾宇主编:《数字检察办案指引》,中国检察出版社2023年版,第41页。

2. 强化一体履职

数字检察是一项全局性工作，涉及统筹布局、指挥调度、线索管理、融合办案等多个方面。一个集统筹数据的归集与共享、线索移送与交接、模型建设与应用等于一体的工作机制，是推进法律监督模式重塑变革的应有之义。清远市检察机关厚植"人人都是建模者、全员都是数字员"理念，建立了包括刑事、行政、民事、公益诉讼"四检融合"研判、线索互移、证据互转、同办联办、互补互助、协商处理、深挖根治等事项的工作机制。在发挥检察官主体作用的同时，全员参与，全员应用，逐步摸索出了最大程度调动履职积极性、最大限度发挥履职一体化的运作机制。如佛冈县检察院完善制定了"三审一研讨"的数字检察案件审核制度，通过三个层级的审核和一次集中研究讨论的方式，对案件开展逐案排查，穷尽查找四大检察业务监督点，并实行"专班+专项+专人"、线索统一归口管理、内部融合监督的数字检察办案模式，提高大数据监督的精准度。

3. 强化人才培养

在养成数字思维的基础上，锻造一支既精通法律专业又具备数字化技能的高素质、复合型检察人才队伍，并保持敏锐、新鲜、澎湃的创造力，为数字检察工作提供充分保障。首先，要熟悉检察业务，只有具备极高的业务素养才能从数据中迅速捕捉到案件异常指征，发现监督线索，反哺检察业务。其次，要注重实践经验和案例分析能力的培育，通过开展专班、案例分析研讨等方式参与模型建设的应用，提高检察人员的实战能力，为检察工作提供科学、客观的决策依据。再次，要注重加强数字技能培训。不仅要掌握大数据、云计算、人工智能、区块链、机器学习、数据挖掘、隐秘查询等专业信息技术，还需掌握了解日常便捷可用的数据应用工具和数字分析方法，更好地服务检察业务工作。最后，建立科学的数字检察工作考核评价机制，将数字化办案的数量和质量纳入考核评价体系，激发数字检察人才的积极性和创造力。如在年度考核指标中加大数字检察工作的权重比例，把考评结果作为绩效考评的重要依据。强化督导检查，对工作开展情况及办案质效等进行通报。鼓励基层检察院开展"有进步、有站位、有品牌"争创活动和各类大数据法律监督模型竞赛活动，强化信息报送和经验总结，不断扩大数字检察的影响力。①

---

① 高洁：《以数字检察战略驱动新时代检察工作现代化》，载最高人民检察院网站，2023年8月28日发布，https://www.spp.gov.cn/spp/zdgz/202308/t20230828_626357.shtml，最后访问日期2024年3月19日。

4. 强化协同办案

不断优化办案机制是积极发挥一线办案人员主体作用的最优路径。协同办案离不开数字中台引领，统一数字化办案标准，实现全员参与、全域应用、上下推广的人员、手段、线索三者融合，最大限度发挥一体化履职运作机制和办案模式的优势。比如，清远市检察院成立数字检察指挥指导办公室，配备13名骨干人员，统筹案件管理、数字检察、内部线索移送、平台交办案件线索督办、下级院疑难复杂案件请示办理以及检委会会前实质性审查等综合业务，重点加强要素提取、串并分析、整体研判，结合业务系统分析，构建运用法律监督模型排查相关线索。获得线索后移送相应业务部门开展审查、调查、侦查工作，形成检察业务数据和数字技术深度融合的"场景式监督"。协同办案离不开职能融合，数字检察专班作为融合履职的重要载体，以"专项+专班"模式，打破部门、条线界限，抽调各条线骨干组建工作专班，既集中力量攻克办案难题，又在实践中锻炼了队伍能力，实现两级院"上下一盘棋""兵团作战"最优办案效果。比如，清远市检察院抽调全市各业务条线精干办案力量，组建非法采矿大数据法律监督专班，通过研发涉矿类案法律监督模型，集中研讨非法采矿案件中的重点难点，并充分运用高新技术，发现部分企业无证开采、超量开采、越界开采、漏缴税费等问题线索5054条，督促追缴税款超过1.07亿元。协同办案离不开区域协作，通过各基层院间分片区结对互助、上下级院对口帮扶等方式，在协作基础上坚持理论先行、数据融合、资源共享，实现成果共享、优势互补、共同发展。比如，清远市清城、清新两区组建了数字检察市区联盟，连州、连南、连山三地组建了数字检察北部联盟，清远市检察院驻点阳山实施帮扶，有效打通区际数据壁垒，解决了基层检察院普遍存在的办案力量不足、地区差异化较大、监督线索匮乏和攻坚能力欠缺的问题。

5. 强化侦查机制

用侦查思维推理分析各类案件背后的事实真相，用数字意识获取数据中有价值的异常线索，确定侦查方向，获取客观性证据，是开展侦查的有效路径。在现有侦查力量短缺且无法短时间内提升的背景下，必须充分发挥检察机关一体化的优势，建立更具复合性、专业性的侦查组织体系。地市级检察院设置独立的侦查部门、常态化侦查办案组和机动侦查办案组，在承担自行侦查、机动侦查、自行补充侦查等事宜的同时，全面强化对下级院纵向指导；基层检察院成立侦查办案组，上级交办案件办理以及本院自行补充侦查的统筹、指导工作。同时，在既具备传统侦查技能，又具备数字技术分析能力的复合型人才支撑下，复合型侦查组织可实现跨部门合作、多部门协同作战、数据驱动决策、快速响应、精准打击、侦查手段多元化等目标，集中整合获取有效资源，将"四大检察"中的调查与职务犯罪线索核实紧密结合，形成紧密型的侦查一体化。积极探索构建与公安、纪委监委联合办案体制，完善与公安、银行、房管、工商等部门的信息查询、使用制度，通过运用大数据进行筛选、查找、对比、碰撞，实现案件智能串并、助推高效合成研判、精准打击犯罪。比如，清远市检察院在办理的人身伤害赔偿保险诈骗系列案中，以司法裁判文书网、"小包公·智能法律 AI"数据库、司法行政系统律师从业人员数据库、中国保险行业协会统计数据等为来源的数据进行碰撞、比对、建模，全面梳理类案中存在的枉法裁判、司法腐败问题，对发现的职务犯罪立案侦查。

（三）集纳内外数据资源

加快推进数字检察战略，数据整合是基础。[①] 夯实数据整合基础，要做实数据获取、清洗、应用，从打破内部数据屏障、打通数据端口做起，持续提升数据分析和应用能力。数据整合也需要积极拓展和合理使用外部数据，在更高层次、更广范围内推动数据共享共用，激发高质效履行法律监督职责的强大动能。首先是理念引领数据获取原则，坚持依法能动理念，坚持必要原则，做到"不求所有，但求所用""案件办到哪里，数据找到哪里"，应围绕党委政府关注的重点、热点问题开展数字化监督办案，主动释法理、求共识，消除数据提供方思想顾虑，增强其主动提供数据的内生动力。其次是多渠道构建上下纵横"数据池"，除挖掘本地数据外，还通过向省检察院申请统一业务应用软件办案数据返还、多渠道收集公开数据、接入行政机关业务系统直接获取数据等方式，实现数据原始积累。再次是探索跨部门数据共享，依托行刑双向衔接，与行政机关逐步建立完善数据共享长效机制，构建行政执法数据移送矩阵。例如，阳山县检察院创新开展"网格＋检察""12345＋检察"机制，主动联入综治维稳网格化信息平台和 12345 政府投诉热线，及时获取网格员上报的社会管理漏洞信息和群众投诉问题，从中筛选出"四大检察"方面的监督线索，成功办理一批行政检察和公益诉讼案件。最后是活用迂回思维，线索初查阶段要把数据的目光聚焦在公开、易得的数据中，有明确线索后再向行政部门调取数据，运用"先易后难"的思维，解决数据调取难题。还可以结果为导向，采用迂回对碰方式，由检察机关提供所掌握信息，由行政机关进行线索筛查并予以反馈，也能达到监督目的。

（四）掌握数字监督的工具技术

数字检察是以大数据及相关应用科技为支撑，以多案监督为着力点，以促进国

[①] 参见《挖掘大数据潜能 激发高质效动能》，载《检察日报》2023 年 7 月 6 日，第 1 版。

家、社会治理现代化为大目标的高级法律监督。其中从数据赋能角度而言，技术支撑是推动实现数据业务化承上启下的重要枢纽和关键节点。将沉睡的数据与业务需求进行技术连接，是走向现实的办案应用场景的关键。①

清远市检察机关依靠信息化手段，从探索活用数字小工具到建成数据应用大平台，用信息化"利器"为数字监督提质增效。

1. 借助智能辅助办案工具提升办案质效

运用"小包公·法律 AI"、天眼查、OCR、话单账单数据分析软件等辅助办案工具，将信息技术与法律监督办案相结合，推动数据的清洗、挖掘，快速获取法律监督线索，同时提升办案质量。如以"适用简易程序审理案件，对可能判处的有期徒刑超过三年的，应当组成合议庭进行审判"作为审判监督的监督点，利用"小包公·法律 AI"实证分析平台，通过建立"独任法官""简易程序""判处有期徒刑"三个标签，对判决书进行筛选，发现适用简易程序判处三年以上有期徒刑却没有组成合议庭审理的案件监督线索。

2. 应用新兴技术，突破取证难题

创新"无人机＋激光雷达系统"模式，如对涉嫌非法开采的矿点，以无人机搭载激光雷达系统，建立三维立体模型，并通过矿点历史图片和矿山平面测绘图，恢复矿山原貌的三维图像，对两个三维立体图像比对计算，可以相对准确地测算采矿范围、土方量，结合大数据发现矿山企业超量开采线索。创新"无人机＋卫星遥感"模式，如利用无人机航拍超高清、多向拍照录像技术，从不同高度、多种视角对涉案地进行调查取证，结合空天院卫星遥感监测，发现非法占地线索。创新"无人机＋高光谱成像采集系统"模式，如通过对采集到的水体高光谱数据进行分析和解算，分析环境污染线索。

3. 自建"一平台"，引入"一系统"

一是建成清远市检察机关数据应用平台，集成数据管理、数据运用、低代码建模、线索成案等功能，打造一体式数字检察办案平台。该平台接入政数局"一网共享"系统，实时获取全市政务数据，对接业务应用系统 2.0 返还数据，整合在办案过程中获取的内外部数据，实现数据检索及可视化分析利用。例如，连山县检察院在该平台导入社区矫正对象数据、低保特困人员数据、残疾人数据等共 1 万余条，创建

---

① 参见刘品新：《数字检察——落实全面依法治国要求的检察创新》，载《检察日报》2023 年 2 月 16 日，第 3 版。

监督模型3个（社区矫正对象漏管大数据法律监督模型、财产刑执行法律监督模型和特殊群体司法救助法律监督模型），发现监督线索47条，成案14件。二是引入大数据法律监督系统。"小包公·法律AI"大数据法律监督平台提供全国公开裁判文书、检察文书数据，支持本地裁判、检察文书数据、电子表格导入，运用"人工智能+法律知识图谱"的技术，对裁判文书、检察文书数据进行标准化段落切割，挖掘语义信息，识别案件要素，对文书里的法律关系和要素信息进行抽取。通过该系统，检察人员能以业务为导向，灵活建模，并共享智能监督模型，实现数据整合，监督线索推送，赋能社会溯源治理。例如，通过该系统筛选食品安全相关犯罪判决书信息，发现因食品安全犯罪被判处有期徒刑以上刑罚人员；再通过天眼查导出当地餐饮企业信息，导入该系统后，通过异构数据交叉检索推送因食品安全犯罪被判处有期徒刑以上刑罚人员刑期结束后仍从事食品生产经营管理的监督线索。

（五）构建大数据法律监督模型

大数据法律监督模型是数字检察能动履职的重要载体和重要突破口，是实现法律监督质效由个案办理向类案监督再到系统治理嬗变的驱动力量。其是指从个案办理或数据异常中发现规律性、共性问题，利用数字技术总结归纳特征要素，从多元的海量数据中挖掘类案监督线索的一种模式。通过对数据的收集、整理和分析，可以构建出准确、可靠的模型，为相关决策提供科学依据。目前，检察机关开展数字检察监督，常见的模型类型有以下四种。

1. 关联碰撞模型

关联碰撞模型是将不同数据进行关联，并挖掘二者之间联系的建模类型。数字检察的本质是对海量数据进行深度挖掘和关联分析，关键是要找到数据之间的关联点。因此，关联分析在数字检察中被广泛应用，它既是最基本的建模类型，也是最核心的建模类型。此类模型在构建过程中，所使用的工具相对简单，利用电子表格的函数功能，如VLOOKUP或XLOOKUP函数，即可比对两张表格中的数据，查找是否存在相同的字符。例如，在烟花爆竹行业治理大数据监督模型中，调取辖区内烟花爆竹行业工商登记信息和应急管理部门的烟花爆竹行业行政许可，通过两个数据中关联销售企业的名称，就能迅速发现取得工商执照但没有取得应急部门的行政许可或者取得应急部门的行政许可却没有取得工商执照的案件线索。

2. 风险指标模型

在办案过程中，通常会发现许多案件存在异常之处，异常之处越多，暗示着这个案件存在法律监督的可能性越高。因此，在建模过程中，检察人员可以从个案出发，提取某些案件的异常特征，然后把这些特征归纳起来，形成若干个特定的指标。这些指标可以在其他案件中进行比较和评估，以确定是否满足特定标准。根据满足指标的数量，检察人员可以判断一个案件是否与已知的类案相似，从而推断出是否具有法律监督的线索。

比如，清远市清城区检察院在办理一宗追偿劳动报酬虚假诉讼案件时发现该案存在多个异常点：一是金额异常，涉及欠薪金额达 150 万元以上，每个欠薪员工欠薪额达数万元至十几万元，按照该地区的薪资水平，普通员工月薪主要集中在 3000 元至 6000 元，该公司并非高新企业，工资待遇并不高，如此推算，欠薪长达一至三年，显然不合常理。二是涉案数量异常，仅在中国裁判文书网中就发现多达 13 件涉及该公司的欠薪民事判决，凸显出该公司的问题并非个案。三是主张权利比较集中，都是主张欠薪，且欠薪时间基本一致，提交的证据也基本一致，这进一步增强了虚假诉讼的嫌疑。四是对抗异常，被告没有出席庭审，且对欠薪事实无异议。五是原告、被告关系异常，部分原告在被告公司法定代表人的关联公司曾经参保，通过公安的户籍查询，甚至有部分原告和被告公司法定代表人存在亲属关系，为虚假诉讼提供了有力证据。检察人员最终通过上述 5 个指标，建立大数据法律监督模型，推送线索查实后以提请抗诉或向法院发出再审检察建议等方式，成功办理一批民事生效裁判监督案件。

3. 对比分析模型

对比分析模型，是指在某一特定领域，在同等条件和状态下，各个体特点应该在一个正常幅度上下浮动，当某一个体出现浮动特别大，往往预示着某些潜在的原因。通过对这些波动范围的把握，能够发现异常波动的个体，从而揭示出法律监督的线索。比如，在医保诈骗模型的构建过程中，检察人员通过调取本辖区内各医院的医保支付总额和住院人数，计算各医院的人均住院医疗费用（医院住院医保支付总额除以住院人数），假如存在个别医院的人均住院医疗费用远大于其他医院，该医院就有可能存在医疗保险诈骗问题。

4. 关系挖掘模型

关系挖掘模型，实际上是将数据库功能应用在数字检察中。图数据库是一种特殊的数据库管理系统，用于存储、管理和查询图形结构数据。它以图的形式来表示和组织数据，其中节点表示实体，边表示节点之间的关系。图数据库为用户提供了一种图形化的方式描述和处理复杂的关系，从而更方便地分析和理解数据之间的关联和模式。与传统的关系型数据库不同，图数据库更适用于处理具有复杂关系和连接的数据，如社交网络、知识图谱、推荐系统等。简单来说，它相当于把多个关联碰撞模型组合在一起，通过不同节点进行关联，经过多层关系挖掘，最终发现源头到终点的完整关联链条。例如，在涉毒品类监督模型中，通过对毒品案件深入分析，全面梳理所办理涉毒刑事案件中相关人员的信息，包含身份信息、社交账号信息、金融账号信息以及上下家情况等。为了更清晰地呈现这些人员之间的关系，将上下关系构建成四层级网络，具体包括共同犯罪人员、有贩毒前科人员、高频交易人员和需戒毒人员等。最终上述信息能够形成围绕涉毒人员的图数据库，在检察人员办理涉毒案件的过程中，通过将可疑身份信息与图数据库进行比对，可以大大提高发现毒犯真实身份的可能性。随着时间的推移，这个图数据库涉毒人员的相关信息还可不断完善和扩充，加入吸毒人员、强制隔离戒毒人员等数据。通过这种关系挖掘监督模型，能够深入梳理涉毒人员的关系网，为打击毒品犯罪提供强有力的技术支持。

五、清远模式的数字检察成效

（一）坚持全员参与，科学构建法律监督模型

1. 积极探索数字建模"清远样本"

在经历早期建模的单纯模仿，到中期建模的改进扩建，现在熟练掌握建模思路和建模工具的基础上，清远市检察机关逐步开发出具有显著影响力的原创法律监督模型。如针对近年KTV侵犯著作权批量维权案件呈爆发式增长的情况，清远市检察院以"KTV""侵犯著作权"为关键词对人民法院生效裁判进行检索，将相关案件信息进行汇总、梳理，再与天眼查系统进行比对、碰撞，根据原告公司成立时间、著作权数量、案件数量确定是否属于以批量恶意诉讼为目的而成立的公司。最终通过总结此类案件中恶意诉讼的认定以及侵权赔偿、合理损失赔偿标准等问题，检察院与人民法院联合开展会商座谈，对符合依职权监督的民事案件，依法及时启动再审监督程序，避免司法被用作诉讼牟利的工具，节约司法资源。"KTV被诉侵犯著作权批量恶意诉讼法律监督模型"获全国检察机关大数据法律监督模型竞赛二等奖。

2. 小切口向集约化、模块化发展

在前期以"小切口"为监督点构建大量模型的基础上，坚持从战略高度出发，突出以政治安全为根本、以人民安全为宗旨、以经济安全为基础的需求牵引，由清远市检察院统筹将小切口建立的模型集约化、体系化、模块化，组合成四大检察模型群，

设计健全包含"四大检察"等更加系统、更加综合的大数据法律监督"子母模型"，有效促进检察各项职能融合行权，释放数字检察倍增效能。如针对清远市矿产资源丰富，非法采矿现象屡禁不止、生态环境及自然资源遭受严重破坏的情形，清远检察机关构建了"督促依法监管超范围、超量采矿等涉矿类案监督模型"，该模型群内含超量开采检察监督、非法占用农用地刑事立案监督、遗漏处罚事项行政检察监督、偷税漏税公益诉讼检察监督四个子模型，融合四大检察职能，有效推动全市非法采矿行为的综合整治。"督促依法监管超范围、超量采矿等涉矿类案监督模型"获全国检察机关大数据法律监督模型竞赛一等奖。

（二）抓牢业务主基调，彰显法律监督职能

1. 聚焦检察主责主业

模型的构建要树立需求导向、监督导向、问题导向，立足检察履职，以业务部门出题、数字检察建设部门答题为思路。[1] 通过理念、机制、工具、技能的全面打造，清远市检察机关切实做到了以主责主业为题，以数字检察作答，有的放矢地开展大数据的比对、碰撞，发挥大数据对法律监督工作的放大、叠加、倍增作用，推动法律监督工作全面发展。全市刑事检察创建交通肇事、刑事审判监督、涉枪爆类案监督等85个模型，监督立案同比增加41%，监督撤案同比增加49%，纠正漏捕、漏诉同比增加171%，纠正侦查活动违法同比增加162%；民事检察构建劳动报酬追偿、诉讼费用应退未退、公民违规代理类案监督等32个模型，发出检察建议同比上升25倍；行政检察构建社会抚养费行政非诉执行、涉林行政处罚等44个模型，受理行政检察案件同比增长130%；公益诉讼检察构建政府信息公开、饮用水水源保护区综合治理等65个模型，生态环境和资源保护领域立案数同比增长49%。

2. 以类案视角保证个案公正

借助"小包公·法律 AI"等智能辅助办案工具的要素提取、类案搜索功能，清远市检察机关在日常办案、疑难复杂案件争议处理、检委会上会案件实质审查、审判监督、信访申诉案件释法说理等工作中广泛开展类案分析，通过类案的视角去保证个案公正。比如，清远市检察院在办理一起涉安全互助服务道路交通事故损害赔偿申请监督案中，通过大数据检索研析了近5年广东省涉及安全互助的道路交通事故损害赔偿案件，发现各地法院在审理该类案件的过程中，对于安全互助服务的性质及其效力的认定不尽相同，导致裁判的结果大相径庭，存在"同案不同判"现象。检察官在

---

[1] 参见邱春艳：《逐浪数字蓝海的检察新篇》，载《检察日报》2023年11月13日，第1版。

充分论证后认为原判决存在事实认定不清、适用法律错误的情形,于是依法抗诉,最终法院再审改判重新确定赔偿人。该案的成功办理为厘清安全互助服务和商业保险的边界、统一正确适用法律、提示行业风险、开展诉源治理等,提供了可借鉴的样本。

(三)延伸监督触角,推动深层次全覆盖的全域治理

利用大数据法律监督模型发现、推送批量监督线索,通过总结个案背后的问题根源、归纳执法司法不规范、挖掘同质化症结,开展广泛性、系统性的类案监督,正是数字检察监督力的优势所在。

1. 以小支点着力,带动一领域惩治

在检察官日常办理的个案当中,找准具有普遍性、倾向性的"小切口",运用数字思维、数字方法,深挖共性问题,开展批量监督、溯源监督,实现小切口大治理。如英德市检察院通过对当地综合网格服务管理平台进行筛查,发现英城镇长湖水库水浮莲泛滥问题,及时向水利部门和属地镇政府发出诉前磋商函,推动加大清漂力度。后经扩大范围排查,发现辖区内多个乡镇也存在同类问题,英德市检察院继续提醒属地镇政府主动履职整改,并建议市水利部门开展全市集中排查整治、建立长效属地治理机制、加强跨市河流管控力度,实现了河道漂浮物的源头治理。又如清远市清城区检察院在履行职责过程中发现辖区内某酒店内设游泳池但未取得高危险性体育项目经营许可证,很可能未达到《体育场所开放条件与技术要求—总则》中的安全标准。清城区检察院充分发挥大数据思维,搭建游泳场所规范经营大数据法律监督模型,向相关主管部门调取辖区范围内已登记游泳池(馆)营业执照、高危险性体育项目经营许可证、卫生许可证名单信息,对调取数据围绕关键词进行分析碰撞,筛选未取得《高危险性体育项目经营许可证》的涉案线索39条。进一步固定证据后,清城区检察院对上述问题开展类案监督,督促相关行业主管部门对辖区游泳场开展专项执法检查,18个游泳场所办理了《高危险性体育项目经营许可证》,对不符合办证条件的场所责令停业整改,还推动相关主管部门间联签了《清城区高危险性体育项目经营场所(泳池)信息共享协调处置制度》,确保游泳场所合规经营全覆盖。

2. 以单方面突破,助推多领域共治

从办案本身出发,从某一问题集中领域入手,通过场景应用、数据筛查和比对发现一类共性问题,归集子模型,形成全领域一体融合监督整体模型,查找社会管理漏洞,监督行政机关开展系统治理。如清远市检察机关聚焦非法采矿难题,针对矿山企业存在非法采矿、非法占地、偷税漏税等问题,制发类案检察建议,推动市自然资

源局在全市开展矿产资源领域资产自纠工作。撰写《关于开展非法采矿大数据专项监督行动的报告》报送当地党委,获得主要领导的批示肯定,推动自然资源部门与当地税务机关建立检税合作机制,助力矿产资源领域市域治理现代化。

3. 以全链条打击,促进深层次治理

坚持治罪治理并重,推动健全制度、完善管理,实现从一类风险线性防控扩展到其他同类风险的系统防控。如清远市检察院在办理保险诈骗犯罪案件过程中,梳理出医院挂空床造假,保险中介串通医院、鉴定部门、贿赂相关工作人员改变当事人伤残鉴定证明、交通事故责任认定,提高保险赔付标准从中赚取不法收入等诸多问题,遂向保险公司调取近十年人伤赔付案件数据,并以涉案律师姓名、居住证明、伤残鉴定、社保等要素为关键词对全市公开的涉交通事故责任纠纷民事判决书进行大数据检索分析,排查出类案中枉法裁判、司法腐败线索。截至目前,已就该领域立案查办司法工作人员渎职犯罪案件8件8人。同时,通过与侦查机关、纪委监委联合办案,深挖背后行业腐败,查证行贿、受贿、保险诈骗、虚假诉讼、徇私枉法、民事枉法裁判等多起犯罪事实,查处一批保险公司职员、中介、鉴定人员、公职人员等,并推动健全医保基金的管理,真正做到了在"治已病"的同时"防未病"。

数字赋能司法管理体系现代化的进路观察
——以检察机关案件管理体系为视角的研究

陈焰 褚韵*

摘 要

随着司法体制改革的深入推进,近年来检察机关以重塑性变革构筑起全新的数字化法律监督新格局,各项检察业务被赋予新的职能和要求。依托全国检察业务应用系统,检察机关的业务管理体系先后经历了从"档案模式""系统模式"到"数据模式"的演进,为观察数字赋能司法管理的智能化提供了新的视角。数字化变革为检察业务管理现代化带来了新的动力,在消除条线隔阂、促进业务协同治理、利用数据精准决策等层面成绩斐然。但工具理性与价值理性之间的张力依然存在,管理能力与系统升级之间未能实现充分互通,在一定程度上限制了检察业务管理的数字化转型。应当从契合数字时代发展的角度,深度整合与科学利用数据,激活数据元素潜在的价值与"管理力",分类型构建检察业务管理信息的关系网络,守持司法专业实践与数据应用理论融合的因应路径。

关键词

司法管理 数字化 赋能 检察业务

---

* 陈焰,广州市人民检察院案件管理与法律政策研究室副主任,四级高级检察官。
  褚韵,广州市越秀区人民检察院综合业务部三级检察官。

《中共中央关于加强新时代检察机关法律监督工作的意见》中明确，要加强检察机关信息化、智能化建设[①]。从人工登记信息台账，到"全国检察机关统一业务应用系统"（以下简称"大统一"系统）的广泛应用，再到"全国检察业务应用系统2.0版"（以下简称"检察2.0系统"）不断拓展的数字场景，检察业务系统的迭代升级为检察机关积极运用"检察大数据战略"，助力国家治理加载了全新的"科技引擎"。与此同时，作为检察业务工作中枢的案件管理部门，面临着管理需求、成效和能力与系统升级尚未完全匹配的现实难题。检察业务应用系统承载着检察机关海量信息和数据，案件管理部门需要通过优化对检察业务数据的汇集、整理和运用，推动实现案件管理数字化、智能化，依托大数据系统，充分运用、深度运用大数据、人工智能等现代科技成果，努力构建检察业务数字化支撑体系，助推检察业务管理体系和管理能力的现代化。

一、检察2.0系统与案件管理模式的关联脉络

2021年，最高人民检察院在全国检察机关部署应用"检察2.0系统"，被评价为"顺应信息化发展趋势作出的一项战略性、全局性的重大决策"。"检察2.0系统"的上线运行，是检察机关向"数据驱动"转型的新起点。有观点认为，人类在科学研究上先后经历了实验、理论和数据三种驱动模式[②]。如果对应到案件管理实践探索中，可以理解为从基于个别案件的抽样评查核对"实验"，到总结提炼为统一的业务流程和规范性"理论"，再进入基于海量业务信息，借助人工智能等信息学方法建立司法模型的"数据"范式，以此不断摸索不同条件下的案件办理"最优解"。伴随着"检察2.0系统"升级的，正是检察案件管理从手工台账、人工统计的"档案模式"，到初步引进计算机应用分析，融办案、管理、统计于一体的"系统模式"。再到当前"检察2.0系统""唤醒数据"辅佐于办案的"数据模式"，可以说，每一次业务系统的上线及升级，本身凝聚了在以往管理中发现的问题和对应的方案。而正是在系统更新迭代的影响之下，检察案件管理也从原始的统计、汇总归口处，逐步具备研判业务走向、预防司法风险和服务办案决策等多元功能。

（一）"档案模式"

以"检察机关案件管理系统2003"和"AJ2013全国检察机关统计系统"等系统

[①] 参见《中共中央关于加强新时代检察机关法律监督工作的意见》，载《人民日报》2021年8月3日，第1版。

[②] 参见[美]詹姆斯·格雷克著：《信息简史》，高博译，人民邮电出版社2013年版，第9页。

的使用为代表，检察统计逐步脱离了原始的人工台账，但登记的内容仍有局限。司法人员主要把业务系统作为辅助和记录的办案工具，并未从根本上改变检察监督既有的思维模式与工作流程。由于在业务作用上的局限性，对其使用开展管理的范围也就停留在核查个案信息登记、统计办案数量等。

（二）"系统模式"

从 2012 年 8 月最高检集中部署研发统一业务应用系统起算，十年来，在"大统一"系统（包括全国检察业务系统 1.5 版）中运行的案件超过 5100 余万件，法律文书超过 1 亿份。这也使得依托系统，能够实现对检察活动的实时监督和全程控制，基于法律规范所形成的"业务系统"成为一种新的规制架构，对案件从受理到出口形成了一系列的程序制约，成为约束检察权规范运行的"范式"。可以说，恰恰是结合了"大统一"系统的上线，为统筹和观测全国各地零散、多样的检察办案活动打开了"一扇窗"，"案件管理"的意义和价值也才更加充分地展现在我们眼前。

（三）"数字模式"

"检察 2.0 系统"的上线运行，是检察业务向"数据驱动"转型的新起点，由此衍生的"数据导向"模式，可以基于对海量数据的决策和管理，应对"系统模式"无法解决的层级重叠、信息失真、效率不足等问题。特别是对于当前更加细化丰富的检察业务结构和监督渠道需求，"数据赋能"使得业务管理的"幅度"增加、"层级"压缩、"效用"放大。不断更新发展的数据指标、自动筛查等智能化工具，使得管理者拥有了"穿透式"的检察业务探测"仪器"，既能够"点对点"地直接抓取问题案件，又能够"面对面"地观察不同角度的业务表现，全面促进业务应用的精准化、智能化、人性化水平。

"管理是科学，也是一门学问、艺术"，伴随着系统升级的同时，案管的"核心职能"也在逐渐升级，并为系统的改进优化提供了新的路径。基于应用特点和工作体量，在"档案模式"和"系统模式"下，检察机关案管部门在系统使用中的实际职能更符合"管理者"而非"主管者"。但在"数据模式"下，案管部门作为"系统使用主管部门"的价值伴随着系统升级有着更加丰富的呈现，一方面构成对案管部门在业务信息化领域职权的赋予和明确，另一方面则体现了"在更高水平上服务办案、开展管理"的期许和责任。随着"检察 2.0 系统"的全面推行，促进系统优化，加强统筹论证，"服务司法办案信息化、智能化需求"的重要性更为突出。

二、数字化办案系统对检察管理模型的挑战

　　数字检察赋能案件管理的建设重点，在于充分运用信息化技术，加强案件办理全流程监控、案件质量评价监督、案件管理智慧研判，加强对人、财、物的科学管理，提升管理效能。作为"以人为中心、面向办案的场景化开放办案系统"①，与传统的闭环式办案系统相比，"检察2.0系统"带来了更有效的流程管理模式、更强大的知识服务体系、更智能的数据应用方案，却也意味着更广泛的管理需求和更多样的技术风险。如果说"大统一"系统的构建，使得检察业务办理和管理实现了从"无"到"有"的跨越，那么"检察2.0系统"则是立足实践，从"有"到"好"的再出发。正如商业管理领域常说的"最新的系统应用版本不等于最适合企业需求的版本"②，如果对业务系统使用的服务和监管不能成熟到相应的水平，则要么使技术优势无法有效发挥，或者线上线下办案"两张皮"，要么可能造成应用上的失序，甚至引发办案风险。系统的升级迭代为案件管理部门在履行"主管"职能中的发展和进步提供了机遇，但要真正实现日常业务办理和主导使用管理的"同频共振"，当前仍面临着管理需求调整、效用期待提升和应用素能进化等多项挑战。

　　一是管理需求与系统升级之间未能完成耦合共进。随着检察业务应用系统从"大统一"到"2.0"的功能升级，其在日常办案中的作用从传统的"工具性辅助"，逐步延伸为"规范性基础"，部分"检察大数据"智能应用甚至已经成为案件线索的直接来源，对系统使用的管理也需要从一般的技术维护、硬件调整，升级为流程控制、安全监测和需求分析等。这就使作为"检察业务枢纽"的案管部门需要在发挥数字化监管与服务职能方面，充分考虑司法活动自身的规范特征和专业属性，把不同的检察管理要素和管理要求，与信息化建设的数据、技术加以融合，而这往往会面临技术细节把握与司法宏观逻辑上的冲突。

　　正如"机器审判"在应对证据复杂且事实争议较大的案件中，总会面临法律推理困境，难以有效运用"三段论"得出更符合"人类理性"的结论③，检察案件管理的需求相当复杂，尤其是在不同层级、不同地域、不同业务属性的检察机关及其内设机构中，怎样准确地提出符合智能化标准，或者说可以被计算机系统"解读"的管理需求本身就是一大挑战。近年来检察机关给出了以"案件比"为核心的"案件质量主要评价指标体系"等富有中国特色的"解题思路"，但实践中，如何防止把评价指标异化为"排名工具"，避免"层层加码"后陷入"内卷"的怪圈等种种问题，直观地

---

① 胥佳蘋：《检察统一业务应用2.0系统实务研究》，载《山西科技报》2021年11月29日，A06版。
② 金丹：《大数据视角下企业管理信息化系统建设探讨》，载《中国管理信息化》2022年第10期。
③ 参见熊晓彪：《概率推理：实现审判智能决策的结构化进路》，载《中外法学》2022年第5期。

检验着"管理者"能否妥善把握信息化技术与司法规律运行间的平衡。尽管纯粹的"指标模式"能够建立起量化信息与业务规范之间的简单模型，却很难深入揭示案件办理的具体质量，并准确反映管理是否有效，结果往往局限在一种"全有"或"全无"的机械判断方式，甚至引发"反管理"行为。

二是管理成效与系统升级之间未能达到跨越发展。"检察 2.0 系统"在流程监控、案件评查、数据查询等管理功能配置中进行了突破性的更新。例如在"专项监控"中，"检察 2.0 系统"可以自行筛选出超期预警、监督线索跟踪、不捕不诉等多种特定类型，也可以进行个性化的设置，这显著提升了工作效率。不过，这种检察管理的模式，本质上仍然是"经验主导"型，即通过采集案件管理的监督经验，进行文字性需求描述，再由技术部门将其转化为编程语言，构建模型套用于海量的业务信息数据中，筛选出可能有待管理的"案件线索"，由人工进行价值判断和评估。

这种方式固然在一定程度上解放了人力，增加了筛选的精准性、可靠性，但与真正的大数据应用相比还有一定差距。大数据之所以能够引发工作的"蝶变"效应，核心在其建立于"不确定性"上的方法论，即以相关关系而非因果性作为分析结论，借助海量数据的碰撞，拓展出新的管理"增长点"。如果以此作为效用预期，"检察 2.0 系统"仍需要在数据处理方法、模式和应用场景等方面加以变革，才能真正实现由数据信息自动分析出业务规律，并形成"智慧管理"新范式。

三是管理能力与系统升级之间未能实现互促进化。"检察 2.0 系统"的功能定位愈发复杂，涵盖数据量呈爆发式增长，案管人员想要对其熟练运用并掌握绝非易事。以往对案管人员的能力要求强调更多的是对司法活动的经验判断和规则识别，对于数据应用和需求管理方面的能力，往往既没有知识基础，也缺乏培养投入。案管人员管理能力的进步程度尚未匹配系统的更新进程，使案件管理的信息化应用产生基础性短板。

基层检察机关案件管理人员对"检察 2.0 系统"的功能知之不足，导致他们难以评估该系统对于业务部门的需求是否能够实现，无法适应系统逻辑对"检察 2.0 系统"进行完善调整，更毋论针对系统如何有效满足个性化需求和提升办案体验，给出兼顾实操性和可行性的建议。此外，案管部门还面临着与数字检察、技术服务等部门理顺关系的问题，这需要具备运用已获取的数据认识新规律的能力，如此才能有效发挥"数据驱动"管理变革的实效。这些都需要持续的人才挖掘及培育成本的投入。

三、数字化时代转型升级检察管理模式的路径设计

"检察 2.0 系统"对业务流程产生了迭代升级的效用，这既是数据时代赋能检察

监督、助推深层诉源治理的良机，也是促使案管人调整业务思维、革新工作的路径，借助"数据赋能"使得业务管理的"幅度"增加、"层级"压缩、"效用"放大。检察办案场景每一次的升级，都拓展了业务领域新的通路。要想成为业务"需求方"与技术"供给方"之间的优质桥梁，案管部门需要在需求挖掘、统筹管理和人员素能方面持续提升。

一是充分挖掘海量司法数据"管理力"。系统所呈现的数据是客观的，但运用其进行评价必然有主观因素所在。"数据赋能"管理活动的重要前提，是将与管理需求有关的材料进行信息化与结构化改造后，运用计算机系统进行识别、处理与分析。无论是从辅助办案活动的工具价值、规范司法运作的技术思路，还是拓展监督线索的探索方向等，系统的升级本身为检察管理创造了更多元的空间。而不少技术开发的"原点"恰恰是基于管理与服务的需求，在应对和适用新系统过程中所设想的解决方案，同样可以"反哺"于系统的后续研发之中。作为"检察2.0系统"的使用管理主管部门，案件管理部门要立足统筹指导作用，不仅要适应系统升级，帮助业务部门了解数据应用的真正价值，更要打通业务办理流程"堵点"，使科学化与人性化管理需求相匹配，将纸面上的业务信息转化成可计算及识别的应用需求，并运用到系统升级更新中，不断调整完善，从而及时调配资源，优化办案效能。

二是积极构建司法管理信息"关联网"。既要重视"由上而下"通过演绎逻辑推理，以需求为导向提升管理方式，也要注意"自下而上"的数据归纳和延伸分析。近年来，大数据、云计算以及人工智能等现代技术的应用已成为"司法智能化"探索的焦点，但在司法管理领域的探索还较为局限。对比一些企业及政府机构，检察案件管理在数据标准和"数据资产"体系打造方面经验还不够丰富，各条业务线的数据"通路"尚未打开，缺少整体管理意识和方案，因而很难释放信息要素的"溢出效应"。因此，检察案件管理部门需要调整数据采集方式、强化检索功能，促使具有内部联系的数据资源（如整体办案指标与检察官个体业绩评价之间）进行碰撞对接，具体如何操作可参考社科领域的相关数据模型，从个案特征整合出代表检察数据的"类特征"，谋求管理上的对策方案及理论提炼。案管部门需要与数字检察、技术服务等部门加强联动，通过对检察业务流程中的行为数据进行整合处理，分析得到"程序化"的信息，再进一步提炼成"标准化"范式，将管理工具现代化，并帮助挖掘业务流程与案件质量间复杂且演化的关系。同时，案管部门应当着力破除数据壁垒，推动跨业务部门、跨区域层级的检察机关内部数据开放与外部政法资源有序共享，更大程度发挥数据综合效能，延展应用渠道。

三是着重培育人工智能时代的司法"研判者"。新时代召唤着更多具有大数据思维的案件管理人才。"数字能力"不仅仅指对数据挖掘、数据建模等专业技术的掌握，更重要的是了解"用户需求"和"数据信息"之间的关联关系，具备检察业务领域的数据敏感度及安全意识，并逐步培养数据采集能力、建模能力、算法能力、应用能力等。① 要具备这些能力，除了需要检察人员自我提升、自我学习外，还需要营造良好的学习氛围，结合技能培育学习、外部资源引入等方式，帮助案管人员了解业务中蕴含和产生的数据定义及来源，关注数据信息，跟踪数据资源等。 要将司法专业实践与数据应用理论有机融合，开展相应的培训，以提升人员将业务具体需求有效转化为应用场景设计的业务素能，为实现"用数据推动数据、用数据唤醒数据"的检察业务信息化转型打好人才基础。

---

① 参见李志恒、郭强、霍瑞杰：《智慧新警务视域下公安院校本科生警务数据能力培养探索》，载《北京警察学院学报》2021 年第 3 期。

理论探索

法律与人工智能

2024年卷
第 1 期

2024, No.1

Theoretical Exploration

生成式人工智能对法律职业的替代
/ 汪政

AIGC 时代版权保护新标准与平台责任
/ 张延来 周波

生成式人工智能对法律职业的替代①

汪 政*

摘 要

生成式人工智能在各个领域都有令人印象深刻的表现。它为律师、法官等传统法律职业群体带来巨大冲击，同时也是推动法律职业数字化转型发展的重要力量。本文从法律职业人员视角通过实证考察生成式人工智能在法律领域的应用，展开生成式人工智能法律应用的必要性、局限性和可能性分析。研究发现：一是人工智能可有效推动法律职业质效提升、促进社会公平正义；二是生成式人工智能与法律职业构成互补型职业替代关系；三是应从法律职业伦理和人工智能伦理两个维度规制生成式人工智能在法律职业领域的应用。上述发现有助于客观认识法律职业与人工智能之间的关系，并在此基础上为完善法律科技伦理规制体系提供研究路径和经验依据。

关键词

生成式人工智能　法律科技　职业替代　伦理规制

---

* 汪政，中国政法大学法学院博士研究生，浙江合众法律科技智能研究院院长。
① 本文系教育部人文社会科学研究一般项目（项目编号：22YJC820054）的阶段性成果。

引　言

1956 年夏季，在美国达特茅斯学院召开了关于人工智能的学术研讨会。会上经麦卡锡提议正式采用了"人工智能"这一术语，麦卡锡因而被称为人工智能之父。这标志着人工智能作为一门新兴学科正式诞生了。《人工智能安全标准化白皮书（2018 年）》定义"人工智能是利用数字计算机或者数字计算机控制的机器模拟、延伸和扩展人的智能，感知环境，获取知识并使用知识获得最佳结果的理论、方法、技术及应用系统"。① 人工智能与法律是诞生于 20 世纪 70 年代初的新兴研究领域。布坎南（Buchanan）和海德里克（Headrick）1970 年发表了《关于人工智能和法律推理若干问题的考察》一文，该文被认为是人工智能与法律领域第一篇文章。② 欧盟委员会将人工智能定义为"通过分析环境来显示智能行为，并采取具有一定程度的自主权的行动来实现特定目标的系统"。

21 世纪法律科技颠覆了律师传统的工作方式，有关专家预测，法律人工智能将超越人类法律专家的智能，未来随着 GPU、TPU 等硬件的发展，人工智能设备将成为法官和律师不可或缺的助手，甚至出现人机一体或人工智能代替法官直接作出裁判的现象。③ 不同职业、不同工资水平、不同学历、不同年龄的劳动者，在面对人工智能等新技术时，都会面临被替代风险。④ 如果"奇点"来临，我们应该采取何种措施避免人工智能打开法律职业替代的"潘多拉魔盒"？ 当生成式人工智能拥有更强的"涌现能力"，能够执行更多任务，甚至替代法官、律师等法律职业人员进行司法裁判和提供法律服务时，难道我们还能认为它们仅仅是工具吗？ 我们又该如何管理和减轻人工智能在法律职业领域应用所带来的风险？

人工智能与法律研究的首要目标是建构良好的法律应用程序，生成能够在计算机程序中实现的模型。⑤ 我国在政法智能化建设领域的"数字治理""数字法院""数字检务""数字警务""数字司法""智慧律所"等信息平台建设均属于此类。"人工智能与法律"（Artificial Intelligence and Law）包括两个方面：一方面是人工智能在法律事务中的应用；另一方面是人工智能带来的法律问题。 本文主要研究前

---

① 崔亚东：《人工智能辅助办案》，上海人民出版社 2021 年版，第 1 页。
② See B. G. Buchanan & T. E. Headrick, "Some Speculation about Artificial Intelligence and Legal Reasoning", in *Stanford Law Review*, vol. 23(1970), p. 40-62。
③ 参见伍红梅：《以"大数据＋机器学习"为驱动　构建刑事案件判案智能预测系统》，载《人民司法（应用）》2018 年第 10 期。
④ 参见巫强：《人工智能等新技术对职业替代风险的影响》，载《江淮论坛》2023 年第 4 期。
⑤ 参见[荷兰]阿尔诺·R. 洛德编著：《对话法律——法律证成和论证的对话模型》，魏斌译，中国政法大学出版社 2016 年版，第 4 页。

者,即人工智能等法律科技在法律事务中的应用,即适用法律的科学技术,也可理解为法律适用的科技。

本文采用法律职业人员视角,通过实证考察生成式人工智能在法律职业领域应用的现状,研究发现生成式人工智能在法律职业领域的应用有其必要性,但也存在局限性。通过比较研究生成式人工智能对法律职业替代的可能性,提出生成式人工智能对法律职业替代的风险规制路径。研究认为:一是生成式人工智能与法律职业将融合发展,对法律职业构成互补型职业替代关系;二是在法律科技公司等非法律职业中将衍生出新的法律职业群体;三是对于上述二者应通过法律职业伦理和人工智能伦理共同进行风险规制。这些分析和评估结论将有助于推动法律科技伦理规制框架设计和评估体系的建立。

一、生成式人工智能在法律职业的应用

世界各国都对人工智能在法律领域的应用进行了研究和探索,中国也将人工智能法律应用列入国家战略。目前人工智能在法律领域的应用主要包括以下7个子领域:(1)计算机在法律中的运用;(2)智能数据库;(3)智能法律信息系统;(4)计算机辅助法律起草;(5)数据库管理系统;(6)专家系统;(7)知识系统。[①]各类应用系统的产品形式包括管理类 SaaS 产品、法律服务市场交易平台、法律文本解析技术产品、人工智能辅助办案系统,以及基于大语言模型的 AI 法律应用等等。

(一)国外法律大模型应用

2023年2月,英国安理国际律师事务所(Allen&Overy,简称 A&O)宣布,旗下3500多名律师将全部用上 OpenAI 投资的 Harvey 的 AI 产品,成为"全球第一家使用基于 OpenAI GPT 模型的生成 AI 的律师事务所"。[②] 2023年3月14日,OpenAI 发布的生成式人工智能 GPT-4 的文字输入限制提升至2.5万字且对英语以外的语种支持更加优化。2023年3月,普华永道成为 Harvey 的第二个企业客户,旗下4000名律师全部用上 Harvey 的 AI。2023年9月16日,据 Sky News 消息,英国知名上诉大法官科林·伯斯(Colin Birss),在英国律师协会最近举办的一次活动的演讲中表示,他正在使用 ChatGPT 总结一些法律的裁决书,他认为,这对法律将会

[①] 参见熊明辉:《法律信息学大要》,载《山东社会科学》2021年第9期。
[②] Allen & Overy news:《Allen & Overy et Harvey annoncent un partenariat inédit visant à transformer les services juridiques》,2023年2月16日发布,https://www.allenovery.com/en-gb/global/news-and-insights/news/ao-announces-exclusive-launch-partnership-with-harvey,2024年1月23日访问。

起到颠覆性作用,极大提升律师、法官的工作效率,并且他已经在工作中使用这些AI产品。① 同年9月22日,英国最大律师事务所之一麦克法兰(Macfarlanes LLP)也在官网宣布与Harvey达成技术合作,将在法律咨询、法律内容生成/查询、客户服务等领域全面应用生成式AI。 目前,国外部分生成式人工智能在法律领域的应用,如表1所示。

表1 国外部分生成式人工智能在法律领域的应用情况②

序号	名称	网址入口	功能简介
1	Genie AI	www.genieai.co	法律文书、静动态文本编辑
2	LawGeex	www.lawgeex.com	智能助手、合同审查、合同修改意见
3	Ironclad	ironcladapp.com	法律工具、快速安全谈判、合同合规审查
4	Icertis	www.icertis.com	智能合同管理助手
5	Aline AI	www.aline.co	基于AI的合同流程数字化转型
6	Harvey AI	www.harvey.ai	合同分析、尽职调查、诉讼和监管合规性
7	EvenUp	www.evenuplaw.com	基于百万数据与AI驱动的律师工具
8	CoCounsel	casetext.com/cocounsel	快速法律研究和庭审准备、文档审查、自动化合同修订
9	DoNotPay	donotpay.com	法律咨询、整理流程、起诉
10	Paxton AI	www.paxton.ai	基于AI的合同审查及法律研究
11	AI Lawyer	ailawyer.pro	即时法律帮助、文档生成、文件审查、文档比较

(二)国内法律大模型应用

2022年12月9日发布的《最高人民法院关于规范和加强人工智能司法应用的意见》提出:到2025年基本建成较为完备的司法人工智能技术应用体系;到2030年,建成具有规则引领和应用示范效应的司法人工智能技术应用和理论体系。③ 据不完全统计,国内已有超过100个大模型。 谈及"百模大战",吴飞教授认为:"目前已经出现了100多个大模型,虽然百花齐放,但是模型质量参差不齐,最终通过迭代优化与合并重组进行大浪淘沙,只会剩下性能卓越与智能技术链更好适配的通用

---

① 参见律师公报官网公布的Colin Birss法官对ChatGPT的使用观点:https://www.lawgazette.co.uk/news/solicitor-condemns-judges-for-staying-silent-on-woeful-reforms/5117228.article,2024年1月23日访问。
② 最后访问日期2024年3月7日。
③ 参见最高人民法院:《最高人民法院关于规范和加强人工智能司法应用的意见》全文(中英文版),2022年12月9日。

大模型。"2024年1月27日浙江泰杭律师事务所发布基于科大讯飞大模型开发的法律垂直领域的"中科泰杭AI律师",成为中国首家为全所近300名律师配备AI律师的律师事务所。总体而言,国内基于生成式人工智能在法律垂直领域的应用,无论是在资本市场还是在法律服务应用市场的表现,明显落后于欧美发达国家。我们需要更多基于中国本土化部署的法律大模型的研发、应用和推广,而这些离不开学界、研究院所和政府部门的引导和支持。2023年12月,上海市律师协会宣布成立法律科技委员会,成为全国地方律师协会中的首创,助力律师行业数字化转型。2024年1月2日上海市委办公厅、市政府办公厅发布《关于推动上海法律科技应用和发展的工作方案》(沪委办发〔2023〕20号,以下简称《工作方案》)成为全国首个以法律科技①名义发布的两办文件,《工作方案》包含4个部分21项举措,鼓励上海律所主动拥抱法律科技,探索做大做强和提质增效的新路径、新模式、新方法,助力实现上海律所行业高品质发展,更好地发挥服务城市功能。上海市委市政府、司法行政和律师协会在法律科技领域的探索显然具有前瞻性,并对全国律师行业的未来发展起到了现实的示范引领作用。目前,国内部分生成式人工智能在法律领域的应用,如表2所示。

表2 国内部分生成式人工智能在法律领域的应用情况②

序号	名称	网址入口	功能简介
1	法宝GPT	ai.pkulaw.com	智能问答、模拟法庭、智能写作
2	海瑞智法	www.hairuilegal.cn	法律检索、案情分析、法律文书
3	通义法睿	tongyi.aliyun.com/farui	智能对话、文书生成、知识检索
4	幂律智能	www.powerlaw.ai/mecheck	智能检索、知识管理、辅助决策
5	星火法律	xh-zx.iflysec.com	合同分析、尽职调查和监管合规性
6	法唠AI	chatlaw.cn/pc/	法律问答、立案提交、场景定制
7	MetaLaw	meta.law	基于AI的类案检索功能
8	Alpha	www.icourt.cc/product/alpha	律师办公AI助手

二、生成式人工智能法律应用的必要性和局限性

2017年4月,英国著名物理学家史蒂芬·霍金提出:人工智能是"双刃剑",可能终结人类文明史,除非我们学会如何避免危险。2023年9月12日,《人类简

---

① 参见汪政:《法律科技重构法律服务市场》,载《法治研究》2023年第6期。
② 最后访问日期2024年3月7日。

史》的作者尤瓦尔·诺亚·赫拉利在英国伦敦的英国前瞻科技展会（CogX Festival）上发出警告："在接下来的几年里，人工智能很可能迅速吸收人类所有文化，从石器时代以来（所有成就），开始产生外来智慧的新文化。"每项重大的技术发明都会重新引发双重用途困境——新技术有可能被用于善，也有可能被用于恶。生成式人工智能作为21世纪新技术的代表必将深刻地影响和改变人类的生产和生活，在法律职业领域也同样将带来重大不可逆转和回避的变革，它将极大地提高法律职业人员的工作效率、司法效率及推动公开透明的司法环境形成，进而维护社会公平正义。 同时，生成式人工智能也存在固有的风险和局限性，需要我们认真甄别并审慎使用。

（一）生成式人工智能法律应用的必要性

与初级人工智能相比，生成式人工智能具有以下优势：自动化效率提升、个性化和定制化服务、创造性和创新能力、自主生成和自我学习。 这些能力突破了传统大数据应用、区块链应用的局限性，实现了对传统律师行业服务模式的颠覆，其中"智能法律服务""合同全生命周期管理（CLM）""法律工作自动化"三个领域的应用最为丰富。 如"智能法律服务"的法律咨询领域，目前已经从基于大数据的预置式简单会话功能走向人性化互动式智能法律咨询。 再如"合同全生命周期管理（CLM）"领域，只要客户提出需要签订的商务合同要素，生成式人工智能就能实现合同文本起草、合同智能审查以及电子合同签约等功能。 在"法律工作自动化"领域，目前多个生成式人工智能法律应用均可以实现智能法律咨询、法律文书生成及自动化决策等。 如上海市高级人民法院领导研发的"206系统"在智能辅助文书处理和智能辅助案件审理领域同样表现优异。 智能辅助文书处理系统利用人工智能模拟法官对纸质卷宗进行标注的特点，通过机器学习大量人工标注过的案例卷宗，智能标注"证据""事实""定罪""量刑"等标签，辅助法官标注和阅卷；也可以在庭审中自动提取、归类和展示这些标签，最终达到突出庭审重点、提高庭审效率和智能辅助法官处理文书的效果。"206系统"在智能辅助案件审理方面具有大数据分析以及语义识别技术的类案推送和量刑参考功能。 自2019年1月至2020年6月，上海法院系统利用"206系统"受理案件34831件，审结案件30976件，累计录入证据材料14358043页，提供证据指引541795次，提供知识索引8345次，提示证据瑕疵29310个，有力地推动了人工智能在法院系统的应用，保障了程序正义。[①] 可以预见在不远的将来，生成式人工智能将深刻改变司法环境和法律服务市场，不仅能够显著提高法律工作的效率和有效性，而且可以用更少的资源，获得更多、更准确、更可靠的法

---

① 参见杨华主编：《人工智能法治应用》，上海人民出版社2021年，第83-89页。

律工作成果。除此之外,生成式人工智能还将改善法律服务,创新商业模式和创新知识,为政策和立法提供更坚实的社会民主法治基础。

(二)生成式人工智能法律应用的局限性

2023年9月22日,谷歌、DARPA等撰写了最新的《识别并缓解生成式人工智能的安全风险》综述,归纳了生成式人工智能存在公平性受损、知识产权侵权、信息泄露、恶意使用、安全威胁、模型幻觉、环境/社会及管制、第三方风险等八个关键风险类别。在法律垂直应用领域同样存在这些风险,如在司法数据安全领域,生成式人工智能对微博、微信等社交媒体,以及司法裁判文书网、司法机构官网和律师数据库等司法领域的公开信息进行收集,并用于用户画像和语言模型训练,存在数据和个人隐私泄露的风险。欧盟《一般数据保护条例》(GDPR)、美国《加州消费者隐私法案》(CCPA)、我国的《中华人民共和国网络安全法》《中华人民共和国个人信息保护法》《生成式人工智能服务管理暂行办法》等法律法规都将生成式人工智能的安全问题列为首要问题并加以法律规制。在知识产权领域,欧盟《人工智能法案》已经提议对人工智能进行监管。据TechWeb网2023年9月21日消息,美国作家协会和17位知名作家对OpenAI发起集体诉讼,指控其将他们的版权作品用作训练。这起诉讼是OpenAI所面临的最新法律挑战。2022年12月9日发布的《最高人民法院关于规范和加强人工智能司法应用的意见》明确规定了人工智能辅助审判原则,并强调无论技术发展到何种水平,人工智能都不得代替法官裁判,从而确保裁判职权始终由审判组织行使而非人工智能决策。

除上述风险因素考量之外,生成式人工智能在法律领域的应用需要关注以下五大局限性:幻觉和虚构、算法歧视和偏差、可信性、不可解释性和多样性缺失。ChatGPT等大语言模型容易出现"幻觉",即生成的文字在表面上看似连贯,但可能在事实上是错误的或完全捏造的。ChatGPT的"幻觉和虚构"在法律行业发生的一个典型案例就是美国纽约州罗拉诉世达国际律师事务所案。[①] 歧视和偏见问题,如Northpointe公司所开发的对罪犯进行重复犯罪风险评估的COMPAS算法被发现存在歧视。技术信任和可接受性是法律科技在法律职业应用并获得社会信任的基石。英国的法律服务管理部门提出:法律科技创新的一个关键推动因素是技术的社会可接受性原则。英国法律服务委员会和英国律师监管局均认为,使用获得公众信任的技术是开放法律服务和提供更好的服务的关键推动因素。我国《生成式人工智能服务管理暂行办法》明确要求提高生成内容的准确性和可靠性。换句话说,用户只看得到前端,几乎看不到任何底层技术,或者根本就看不到任何可信信息。这些可以被

---

① See Lola v. Skadden, Arps, Slate, Meagher & Flom LLP, 620 F. App'x 37, 44 (2d Cir. 2015).

更准确地描述为不透明性和信息不对称问题，一方面，那些可以看到的人在理解和处理信息；另一方面，最终用户或机构可能没有足够的知识来理解系统的内部工作原理。因此我们需要更健全的透明度机制和可解释性机制，以保护用户权益。生成式人工智能对法律职业的多样性缺失主要指技术对法律职业人文敏感性的影响，包括以下三个方面。一是年轻法律人的培养模式改变。随着法律科技可以带来高质效的影响力，传统师徒模式正在被技术培养模式替代。快速学习能力和技能提升成为年轻一代法律人的第一选择，传统法律职业的师徒情结正在逐步淡化。二是法律人有效沟通能力的退化。在线工作模式的普及使越来越多的法律人尤其是青年律师选择"分布式办公"模式，传统的工作场所和客户接洽模式被高效的互联网和在线视频所替代，屏幕替代了"面对面"的沟通模式。人与人的沟通变得越来越机械化，法律人变得更加"冷漠"而缺乏多样性，即人文敏感性正在消退。三是导致法律职业人文同理心的缺失。法律职业并非机械地制定和执行法律，而是具有人性的社会理解和法律适用，生成式人工智能显然无法像人类一样具有同理心和情感要素，无法体会"努力让人民群众在每一个司法案件中感受到公平正义"的人文关怀。

三、生成式人工智能对法律职业替代的可能性

早在2013年，牛津大学就发布了《未来职场：哪些工作将可能被电脑取代？》的调查报告。该研究报告显示：律师有30%～50%的被替代风险，法官有40%的被替代风险；法官助理、书记员等司法辅助人员有41%的被替代风险；仲裁员、听证程序员等岗位则有64%的被替代风险。① 有学者认为，人工智能与人类优势互补的另一种方式是为我们提供工具。② 还有国外学者基于任务模型方法给出了工作场所中四类不同任务可被计算机替代的若干情况，即替代、互补及有条件的替代或互补。③ 国内也有学者将AI律师列为高潜力新兴职业项下的"衍生型职业"。④ 前述关于人工智能对法律职业替代的讨论，主要集中于四类观点，即替代说、工具说、互补说和衍生说。

我们基于法律职业特征和要求，认为法律职业不存在被生成式人工智能或未来的通用人工智能完全替代的可能性，因为人类不会容忍机器代替人类作出决策。同

---

① 参见刘妍：《人工智能的司法应用及其挑战》，载《河南财经政法大学学报》2022年第4期。
② 参见[英]大卫·埃德蒙兹编著：《未来道德：来自新科技的挑战》，蒋兰译，中国科学技术出版社2023年版，第288-294页。
③ 参见杨伟国、邱子童、吴清军：《人工智能应用的就业效应研究综述》，载《中国人口科学》2018年第5期。
④ 参见何静、沈阳：《基于职业替代概率模型的AIGC职业发展探究》，载《图书情报知识》2024年第4期。

时，基于对国内外生成式人工智能在法律职业领域应用的现状及未来发展的判断，生成式人工智能已经从初级应用向更高阶位的应用发展，而不再局限于法律技术的简单检索和辅助审判等工具功能。因此，我们认为生成式人工智能可能对法律行业产生职业替代的影响，因为人工智能重塑了人类的技能、工作任务乃至整个职业，形成了"技能—任务—职业"三重替代效应。① 该替代属于互补型职业替代而非替代说、工具说或衍生说所指的职业替代。

另一类新兴法律职业替代现象，即前述各类法律科技公司的崛起。在许多国家（如美国和丹麦）法律仍然禁止律师与非律师分享律师费，或者让非律师人员取得律师事务所的所有权。这种禁止反映了人们的深切关注，即非律师对法律职业的控制，以及该控制可能对律师的职业责任和义务产生的有害影响。与此同时，法律科技可以提高效率，因为它能够帮助律师事务所高效地提供法律服务与商业服务。虽然目前可用的许多工具背后的技术仍不完善，但是这些技术进步终将不可避免地导致法律职业结构发生重大变化。如果我们有更高质效、更公平公正的法律服务供应商，法律服务将不会再由律师垄断。当法律科技公司可以运用人工智能为社会提供更低价、优质和高效的法律服务时，新兴的衍生型法律职业就诞生了。非律师人员按我国目前的法律规制不属于法律职业人员，他们接受市场监督管理局的行政监管，同时游离于司法行政和律师行业协会的法律职业伦理监管之外。这些衍生型法律职业人员参与着法律服务市场竞争，甚至在某些领域或能将传统律师挤出市场，由此二者之间存在着激烈的市场竞争冲突。对此，全球各司法区域已经作出了有益的探索，包括行业禁入或行业准入，在此不再赘述。我们认为，市场禁入已经被证明是行之无效，并违反垄断法和法律职业的社会公益价值。因此，对法律科技人员、多行业执业者、非律师投资者等法律服务提供者应以开放边界政策替代法律职业保护主义。在遵守合理法律职业伦理的条件下，应当允许多行业执业者和非律师人员进入法律服务市场，并允许其对律师事务所投资，以繁荣和改进法律服务市场。但是，非律师人员提供者应当遵守颁发执照的有关规定，确保基本称职和遵守伦理规则。② 在这方面，上海、海南等地的本土化改革经验可以帮助我们完善法律科技监管环境和规则，促进衍生型法律职业人员与法律职业人员拥有共同的法律职业伦理价值观。

综上，我们认为生成式人工智能和法律职业将深度融合发展并形成互补关系。此外，生成式人工智能将在法律科技公司中催生出新兴职业群体，并逐步衍生形成一

---

① 参见郭达、尹晨曦：《人工智能的"技能—任务—职业"三重替代效应下职业教育人才培养的根本转型》，载《教育与职业》2024年第6期。
② 参见[美]德博拉·罗德：《律师的麻烦：美国律师的职业困境》，王进喜译，北京大学出版社2024年版，第289页。

个新的法律职业群体，该群体掌握法律科技作为其技术优势并以非诉讼法律服务作为其核心业务，尤其是在可标准化法律服务市场领域。

四、生成式人工智能法律应用的规制

现在，应当注意到的是生成式人工智能扰乱了我们传统的法律职业惩罚和问责机制，是否需要建立新的伦理规范？如果需要，我们又应该怎么做？随着人工智能等新技术的快速发展和应用落地，法律人工智能的未来发展应更符合社会价值导向，满足可靠性和信任度的新监管环境需要。面对这一系列复杂且多维的挑战，需要通过增强透明度和责任明确性，制定跨界伦理规范与执行标准，加固技术滥用防护机制，并在全球范围内促进伦理规范达成共识。① 张文显教授在《人工智能法治应用》序言中指出：在智能社会，科技具有"双刃剑"的特点。其在法治的轨道上发展和运用则造福社会和人类，脱离法治的轨道必然祸害社会和人类。② 因此，我们根据法律职业伦理和人工智能伦理的理论研究和发展逻辑，认为在新技术监管环境下应从法律职业伦理和人工智能伦理两个维度来讨论生成式人工智能在法律领域的应用规制，以促进人工智能与法律职业的融合发展。

（一）法律职业伦理

人工智能在法律领域的应用对法律职业伦理的运行要素产生了影响，包括法律职业的外部环境、市场主体、规制手段、规制程序和规制规则等。就外部环境而言，由司法行政和律师行业协会主导且相对封闭的法律职业监管环境，由于新技术的辅助逐渐成为一个开放式的监管环境。法律科技公司不受司法行政机关和律师行业协会的行政监管和行业监督，由此导致外部监管环境无法覆盖法律科技公司的市场行为。虽然四川③、郑州、忻州等各地行业协会相继发布了声明，但声明的效力显然无法有效监管相关法律科技公司的行为。就市场主体而言，前文已述法律科技公司正在衍生出新的法律职业群体为社会公众提供非诉服务，与律师职业发生了激烈的市场冲突。就规制手段而言，法律职业规制环境正向技术化方向发展。传统法律职业规制环境主要体现在书面的规则和规章制度之中，其合法性、权威性和正当性毋庸置疑。但技术的发展引发了人们对现有监管机构所依赖的监管制度的思考，也引发了对监管机构和被监管机构之间关系紧密度的质疑。实际上，在科技发展的帮助下，有些大

---

① 参见张林：《生成式人工智能应用的风险研判及伦理规制》，载《人民论坛》2023年第24期。
② 杨华主编：《人工智能法治应用》，上海人民出版社2021年版，第1页。
③ 参见《四川省律师协会严正声明》，载四川省律师协会官网，http://www.scslsxh.com/a/hangyezixun/hangyedongtai/20231120/5201.html，2023年11月20日发布，2024年1月24日访问。

型律师事务所已经突破了区域性行政和行业协会的监管,乃至突破了国家司法区域的管辖;同时,一些律师事务所与司法行政、行业协会之间的互动正在减少,而规则冲突正在加剧,传统的监管模式和规制环境已经在新技术环境下失范。 技术创新正在颠覆现有的监管形式、框架和效力,因此有监管机构主动作出相应改革。 如律师执业证年检制度,在现代信息技术条件下可以实现数字化监管,司法部便顺应时代为全国律师开放了电子律师证认证。 总之,法律职业的规制程序正逐步被技术所替代。 传统的法律职业伦理规则已经不能完全解决法律科技尤其是人工智能技术加持下的法律职业的发展,因此需要以与时俱进的姿态不断完善法律职业伦理规则,以满足新技术环境下对法律职业监管的需要,维护当事人的合法权益,维护社会公共利益,保护法律职业的创新发展。

(二)人工智能伦理

人工智能只有在法治轨道上发展才能造福社会,如脱离法治必然祸害社会和人类。 "福祉原则"被普遍认为是人工智能伦理的首要原则,或统领其他原则的指导性原则。① 为应对人工智能的快速发展,2024 年 3 月 13 日,欧盟议会以 523 票赞成、46 票反对和 49 票弃权审议通过《人工智能法案》(*EU AI Act*),标志着全球人工智能领域监管迈入全新时代。 该法案旨在保护基本权利、民主、法治和环境可持续性发展免受高风险人工智能的侵害,同时促进创新并确立欧洲在该领域的领导者地位。 同时,该法案根据人工智能的潜在风险和影响程度规定了人工智能的义务。 2024 年 3 月 21 日,联合国大会协商一致通过了关于"抓住安全、可靠和值得信赖的人工智能系统的机遇,促进可持续发展"的决议。 这是在联合国大会上磋商达成的首个独立决议,为人工智能治理确立了一个凝聚全球共识的方法。 我国在人工智能伦理治理领域也陆续出台了相关规定:《新一代人工智能发展规划》(2017 年)、《新一代人工智能治理原则》(2019 年)、《国家新一代人工智能标准体系建设指南》(2020 年)、《新一代人工智能伦理规范》(2021 年)、《关于加强科技伦理治理的意见》(2022 年)、《互联网信息服务深度合成管理规定》(2022 年)、《最高人民法院关于规范和加强人工智能司法应用的意见》(2022 年)、《人工智能伦理治理标准化指南》(2023 年)、《科技伦理审查办法(试行)》(2023 年)以及《生成式人工智能服务管理暂行办法》(2023 年)。 2022 年 11 月中国政府向联合国提交的《中国关于加强人工智能伦理治理的立场文件》中提出伦理先行、自我约束、负责任使用和国际合作四项主张。 这些法律规范和标准的发布实施是规范人工智能伦理的法治保障,它们也是人工智能在法律领域应用需要遵循的伦理规范。

---

① 参见陈小平:《人工智能伦理体系:基础架构与关键问题》,《智能系统学报》2019 年第 4 期。

因此，人工智能法律应用如何才能符合人类社会的伦理要求成为一个命题。我们认为有必要在遵循法律职业伦理和人工智能伦理的基础上建立法律科技伦理规范，将人工智能的法律应用纳入法治轨道。基于上述考虑，我们有必要进一步思考：一是生成式人工智能在法律领域深度融合和应用背景下是否对法律职业伦理产生深刻影响？二是生成式人工智能是否导致法律职业伦理的外延扩张以及如何建立法律职业伦理和人工智能伦理的双重监管标准？三是如何创新和构建法律科技伦理规制体系？

（三）规制

我们认为人工智能法律应用的规制可以考虑以下三方面内容。一是以人为本的人文主义而非技术中心主义。人工智能法律应用需要法律职业伦理和人工智能伦理的共同规制。法律职业伦理以委托人和律师关系为核心，以信赖利益保护、称职性、利益冲突回避、专业性、保密义务等法律职业伦理规范为基础。人工智能伦理以人类福祉为基础，以信息安全、隐私保护、避免歧视等为伦理规范的基础。因此，我们研发和设计的人工智能法律应用应当以人为本且必须符合人类价值观。二是以公平正义为核心的社会价值观而非功利主义。公平正义是法律人永恒的追求，无论是在2300年前古希腊诞生的第一代律师，[1]还是在今天21世纪的新技术时代，或是在未来的通用人工智能时代，公平正义始终是法律职业人员维护社会秩序和人类尊严的核心价值所在。因此，无论是技术管理者、开发者还是使用者，都应在保障公平正义这一基本原则问题上落实主体责任意识，谁管理谁负责、谁开发谁负责、谁使用谁负责，只有强化责任意识并制定规范和明确相关法律责任，才能树立公平正义的社会价值观。三是以伦理规则化为基础，构建法律科技伦理规制体系和评估机制。法律职业人员是具有特殊社会责任的群体，并遵循法律职业伦理规范。我们认为应通过制定技术规范标准、伦理规则和评估体系，将法律职业伦理规则嵌入人工智能法律技术研发、管理、供给和使用的各个环节，形成"事前、事中、事后"的全程规制体系，以切实保障和落实法律职业伦理和人工智能伦理的规则化监管要求。

五、结　　语

纵观人类技术史，每次技术创新的结果都是实现生产工具的创新和效率的显著提升。我们认为，首先，生成式人工智能将极大提升法律职业工作的效率并降低法律服务的成本。其次，生成式人工智能和法律职业构成互补型职业替代关系，未来法

---

[1] 参见苏新建：《法律职业伦理：历史、价值与挑战》，载《河南财经政法大学学报》2021年第6期。

律科技公司将衍生出新的法律职业群体。但是生成式人工智能不能替代法律职业人员进行决策，法律决策应当由法律职业人员自行作出。最后，人工智能法律应用应当接受法律职业伦理和人工智能伦理的共同规制，在法治的轨道上运行并明确相关人员和机构的法律责任。应明确生成式人工智能法律应用发展的核心价值在于创造新的供给，技术提高效率，专业提升品质，这才是中国法律行业高质量发展的核心要义。

综上，人工智能和法律相结合的法律科技已经不只是一个工具，而是具有了法治力量。为此，我们需要审慎权衡生成式人工智能在法律职业领域应用的法律和伦理问题，确保人工智能与法律的融合能够为社会公众带来更多的人类福祉和数字社会的公平正义。

AIGC时代版权保护新标准与平台责任

张延来 周波[*]

摘　要

人工智能技术不仅在诸多技术领域崭露头角，更是将脚步迈入了由人类主导的文学艺术创作领域，由此引发了以"人工智能生成物版权是否存在及其如何保护"为核心的一系列争议。笔者在肯定人工智能生成物可版权性的基础上，分析了人工智能生成物版权侵权问题及治理困境，并提出了版权侵权问题的应对思路。本文建议，大模型训练数据的管理应该有所放宽，通过对平台注意义务进行分层，对热门数据实施严格保护，对普通数据在有风险时实施保护。此外，在人工智能生成物保护过程中，还需要有关部门出台相应的标准或指南，并在管理中引入数据集体管理机制、设计授权追踪与侵权判定系统。

关键词

人工智能生成物　版权侵权　平台责任　注意义务

---

[*] 张延来，浙江垦丁律师事务所主任、创始人。
周波，浙江垦丁律师事务所实习律师。

引　言

在 2022 年美国科罗拉多州举办的新兴数字艺术家竞赛上，参赛者杰森·艾伦提交了由 AI 生成的作品《太空歌剧院》，并凭着这幅画作拿到了冠军。但是不久之后，外界开始指责其获奖作品构成抄袭，因为《太空歌剧院》的创作是在预先吸收了数百万已有作品的基础上实现的。对此，杰森·艾伦认为："人工智能是一种工具，就像画笔是一种工具一样。没有人，就没有创造力。"他认为该作品也体现了他的"创作过程"：他多次调整了输入的提示词，用 Midjourney 生成了一百多幅画作，经过数周的挑选和修改，才最终得到三幅满意的作品，并用 Gigapixel AI 放大并打印在画布上。在他看来，该获奖作品里包含了很多"人类努力的部分"。

这个案例昭示了人工智能生成物（AIGC）保护在现行法框架下的典型问题：第一，杰森·艾伦提交的《太空歌剧院》可否算作作品；第二，该 AI 的训练过程是否构成对其被"投喂"的大量人类已有作品的侵权；第三，该作品是否属于抄袭的产物。由于第一个问题在学术界的讨论已经比较成熟，本文只简略分析并提出自己的观点，并将分析的重点放在后面 AI 训练数据侵权及生成内容可能构成抄袭的问题上。

一、理论概述：人工智能生成技术原理及 AIGC 可版权性

（一）人工智能生成的技术原理

AIGC（Artificial Intelligence Generated Content，人工智能生成内容）指的是由人工智能系统生成的内容，包括文本、图像、音乐、视频以及其他各种形式的数字内容。这些数字内容会涉及版权问题，但是它是依赖于机器学习和深度学习技术，通过训练模型理解和模拟人类创造性表达的方式来自动生成的。因此，理解人工智能生成的技术原理对深入分析 AI 生成过程中的版权侵权问题至关重要，是解决 AIGC 版权问题的前提。

利用人工智能进行创作可以分为运用大模型创作以及定制大模型创作两种方式，前者允许创作者直接进入内容生成阶段，后者则需要从数据准备阶段开始。AI 生成过程中版权侵权问题从数据准备阶段就存在，所以本文以定制大模型创作为例分析其技术原理。定制大模型创作一般需要经历以下几个阶段：第一，数据收集与处理阶段。在这个阶段需要完成数据收集、清洗与标注工作。首先需要大量收集各种可获得资源，并且识别质量低下与重复的数据，将这部分数据舍弃之

后,对剩余的数据进行标注。第二,模型训练与定向学习阶段。在这个阶段,需要由研发人员将初级数据"投喂"给大模型并进行模型微调,让大模型得以通过分析训练数据,掌握数据相关规律,进一步得到优化,最终由人类决定训练后的模型是否可用。第三,内容生成阶段。在这一阶段,由人类输入特定提示词或条件,再由 AI 负责生成相关内容。第四,通过反馈循环阶段最终生成最符合人类需求的作品。通常而言,AI 第一次生成的都不会是人类最终想要的作品,需要人类与 AI 进行多次交互,不断选择与优化,改进生成结果,才能得到符合人类预测的作品。从人工智能生成的技术原理来看,数据是整个创作过程的基础。

(二)AIGC 的可版权性研究

虽然本文重点研究的问题是 AIGC 的侵权风险,但是分析 AIGC 的可版权性是研究 AIGC 相关侵权问题的前提。即使是否构成侵权与是否属于著作权法意义上的作品没有直接的关联,但只有在明确 AIGC 归属的情况下才能确定侵权责任的承担者,从而通过法律规定明确各主体的义务与责任,对 AIGC 进行有效的限制与保护。

1. AIGC 可版权性的研究现状

对于 AIGC 是否具有可版权性,现行法律尚无明确规定。理论界关于"可版权性"与"不可版权性"的争议尚未停歇,司法实践中也未形成统一的裁判观点。以"菲林诉百度"案为例,菲林律所利用人工智能生成一篇报告,并将其发布在微信公众号上,其后百度未经许可将报告发表在自己经营的平台上。法院判决给予该文章保护,但是拒绝承认其享有著作权。[①] 但在另一个司法判例中,法院却给出了截然相反的意见。被告发布了与原告相同的财经文章,虽然原告发布的文章是通过 AI 软件 Dreamwriter 生成的,但是法院依然认定被告侵犯了原告财经文章的著作权。这里有个细节是需要注意的,即该案中所涉及的 AI 工具是原告为了生成新闻稿件所定制研发的,不是一般可以面向 C 端用户的具有"通用智能"属性的 AI 工具,所以这个认定结论也不完全具有参考意义。

2. AIGC 可版权性的论证障碍

(1)构成作品的前提是人类创作

《中华人民共和国著作权法》(以下简称《著作权法》)要求构成作品的前提是"属于人类创作",因为作品需要由一定的人类智力投入才能受到《著作权法》的保

---

① 参见丁文杰:《通用人工智能视野下著作权法的逻辑回归——从"工具论"到"贡献论"》,载《东方法学》2023 年第 5 期。

护。当前尚未进入到强人工智能时代，AI 只能模拟人类智力活动，不具备法律主体资格，其只能属于《著作权法》的客体，正如明斯基所提出的，人工智能研究的实质是"让机器从事需要人类智力工作的科学"。①

此外，在部分 AIGC 中，虽然有人类思想的投入，但是缺乏人类表达。而传统《著作权法》只保护表达，因为在大模型时代之前，不论一个人的艺术感受力（思维）有多强，只要没办法亲手转化成作品，都是空谈。

（2）作品需要具备独创性

独创性是版权正当性的基石，决定着内容能否受到版权保护。但是目前人工智能生成的过程中，必定需要以大量的人类作品作为学习参考的依据，当前人工智能尚未进入强人工智能阶段，其一切行为都是源于模仿，不能形成自己独创的表达，所以人工智能生成内容的行为并不属于《著作权法》意义上的"创作"行为。

3. AIGC 可版权性必要性证成

（1）现阶段观点

第一，人本位与人工智能工具论。人是权利的主体，而人工智能只是服务于人类的工具，②所以 AIGC 依然是人类创作的成果，只不过是借助 AI 进行表达而已，因此需要赋予人工智能可版权性。论证的依据在于：其一，AI 不仅仅是一个简单的工具，其本身就凝聚了研发人员的智慧成果；其二，AI 在生成内容的过程中需要以人类已有作品作为参考；其三，AIGC 是通过不断与人类进行思维的交互，并最终由人类审核筛选出来的，其属于人类意志的延伸。第三点论据需要注意的是 AIGC 并非完全是由 AI 生成的内容，虽然确实存在人类给出简单指令，生成过程几乎不参与的情况，但在诸多复杂的任务中，人不但要参与，还要起到关键性的主导作用。

以使用 ChatGPT 工具生成一篇"原创度"较高的文字内容的过程为例：第一步，提出问题或需求，例如，"我需要撰写一篇文章，主题是《对部分 AIGC 作品赋予著作权的必要性》，5000 字左右，需要从发展的眼光和角度论证必要性"；第二步，对 ChatGPT 生成的框架或初稿给出调整意见，例如："内容过于平铺直叙，应当结合更多当下的典型案例和实际用户需求进行分析，同时注意引入人机协同视角，如果日后人们的主流工作方式是人机协同，则必定要对协同生成的内容确认权利保护"；第三步，对生成的成品文章继续进行针对性的优化，并根据输出情况持续几个回合，例如："关于典型案例的部分，要求加入国外最新案例，并给出具体的判决理由和依

---

① 参见王利明：《人工智能时代对民法学的新挑战》，载《东方法学》2018 年第 3 期。
② 参见丛立先：《人工智能生成内容的可版权性与版权归属》，载《中国出版》2019 年第 1 期。

据,同时对于赋予 AI 生成作品著作权保护的障碍给出分析论述";第四步,由作者对机器输出的稿件做最后的润色和修改,使之更有可读性,并且在某些关键问题上给出"画龙点睛"式的描述。

这个程序在画图、音乐创作等过程中也基本上被沿用。我们回顾一下整个创作过程,不难发现人类至少参与了这样几项工作:一是给出命题和角度;二是提出整体和局部优化建议;三是作出最后的内容确认、润色和"点睛"之笔。可以说,这几项工作并非轻而易举,而是需要创造性的思维对机器生成内容的审视、选择和判断,这些都足以满足传统意义上作品独创性所要求的"额头冒汗"原则。

第二,客观标准理论:部分 AIGC 在外在形式上是符合作品要求的。因为 AI 本身是通过学习大量的人类作品,模仿了人类创作规律和技巧再进行输出的,所以人工智能生成物上有很多人类在先作品的影子,仅从外在形式上来看,已经很难判断其属于 AIGC 还是人类创作的作品。

(2)发展的眼光

首先,单一的人类创作日趋式微,人机协同才是未来的主流。在人工智能进入大模型时代之前,创作模式主要是人类的单一创作形式,即由人来完成从"从零到一"的全部创作过程。但是在人工智能进入大模型时代之后,人类会越来越依赖借助 AI 进行表达,也就是说 AI 技术的迅速发展,使得主流创作模式发生转变,人类的智力成果将主要由人机协作来进行生产。想象一下,若是《著作权法》保护的人类作品不复存在,那《著作权法》还有存在的必要吗?

其次,AI 的表达能力日益精进,未来优秀的表达将不再稀缺。目前人工智能的生成能力(此处生成能力指的是《著作权法》意义上的表达)在很多方面已经完全不亚于人类,甚至超过了人类的专业水平。例如 AI 编程已经非常成熟,水平远超一般的程序员;AI 文案和美工设计完全可以替代人工;AI 生成的很多小说可读性很强,创作的剧本也能够有不亚于专业编剧的逻辑跟情节构思。鉴于目前人工智能技术的快速进步,我们可以合理推测,在不久的将来,人工智能在创造智力成果方面的能力可能会超过大多数普通人。彼时,表达不再是一种稀缺能力,而彻底沦为一种通用技术,这种情况下,我们需要思考的是《著作权法》是否还要坚持保护"表达"的理念,或许多年后,被保护的"表达"可能并没有不受保护的"表达"那么优质。

最后,未来机器可能具备人类思维。英国计算机之父阿兰·图灵在其《计算机器与智能》一文中提出了"机器能否思考"的疑问,并预言人类能够创造出会思维的机器。彼时,AIGC 不仅能满足表达的要求,还能满足智力成果的要求。

4. AIGC 版权保护可行性建构

如前所述,本文认为赋予 AIGC 可版权性具有必要性,但是这并不意味着本文认可所有的 AIGC 都具备可版权性。可以给予版权保护的 AIGC 需要满足一定的条件，在这里本文提出三个初步思考过的标准作为参考框架。

第一，由人类提供简单的线索和要求，然后大模型生成大量的内容可选项，接下来人在这些可选项当中进行筛选，最终确定满足其想法和要求的作品。通常而言，这个作品的质量应该相对比较高，甚至是高于行业一般的创作者的水平，在这种情况下就应该进行保护。

例如，作者给大模型提出的要求是生成 100 篇故事情节完全不同的"对宇宙大爆炸给出合理解释和想象的硬科幻风格小说"，当大模型完成生成工作之后，作者从中挑选出一篇科幻性、艺术性最强的一篇（这种挑选绝非易事，传统的自行创作也可以看成是从作者头脑中将作品从所有其想到的潜在组合中挑选出来的过程），这时候法律就应该将该作品的著作权赋予这位作者，保护的依据是奖励他在这个过程中所投入的智力筛选劳动。换句话讲，人类在这个过程当中的创造性活动其实是筛选，而不是直接地表达性创作。

第二，人类给出了一个非常有创意的提示，而这个提示是之前的多数作者所没有想到的，结果在这个提示之下，系统直接给出了一个非常有创意的作品，那么我们应该对其赋予著作权，保护的依据是人类在创意方面所做的智力投入。

例如，一个作者在使用大模型生成美术作品的时候，他给出的提示是生成"一幅伦勃朗和莫奈联手创作的抽象画"，这个创意在于让大模型把伦勃朗代表的古典画派风格和莫奈代表的印象画派风格融入抽象画风格的创作中，最终生成的作品在艺术水平上如何可能并不重要，而是这个创意本身让公众能够看到一个之前很难想象的作品风格，是一种艺术创作上罕见的可能性，从而赋予作品审美价值。当然笔者只是举例说明，不一定很恰当，但显然这样的创意和富有价值的作品一定会出现，而且在大模型时代会层出不穷，值得注意的是很多创意本身就值得保护，只不过这个创意的实现过程并非再由人亲自操刀完成，而是交给了大模型（可以将其看作比 Photoshop 等应用工具更加智能的"画笔"工具）。

第三，人类不但给出了一个方向和线索，还在这个基础上不断地根据 AIGC 的结果进行优化和调整，也就是说大模型在针对这个提示给出的初始选项当中并没有满意的作品，或者只存在一些雏形，于是人在这个雏形的基础上继续给出大模型以完善的要求和提示，当这些要求和提示逐步深入的时候，最终的成品接近了一个令人满意的状态。

在这种情况下，作者实际上也在投入创作（表现为不断地给大模型输入 prompt 指令），他的创作活动体现在提供了一个思考框架的同时还给出了详细的实现路径。这个过程有点像是艺术创作领域长期存在的一种团队协作模式，由一个主导者（通常是师父或知名创作者）确立一个创作框架，然后由协作团队（或徒弟）来执笔，但是在创作过程当中，主导者不断给出指令进行调整和优化，甚至在关键的地方亲自动笔（古今中外，这种创作模式十分普遍，日本著名艺术家村上隆在其《艺术战斗论》中就介绍了自己的这种团队创作模式），最后这个完成的作品将以他的名义发表，成为其个人作品。这样做当然是合理的，因为这个主导者实际上完成了这个作品从创意到具体实施路径的最关键环节，是他决定了这个作品的质量，因此他应该享有对这个作品的著作权。

以上三种应当获得著作权保护的人机协作作品其实不难区分，其能够获得版权保护是因为体现了人类作者的筛选能力、创意性思路和修订优化能力，而这三种能力都是围绕"人"而非机器构建的。此外，如果这三种能力在实践中交叉使用，对应地生成内容，法律也应该允许其成为《著作权法》意义上的作品并予以保护。

二、问题剖析：AIGC 的版权侵权风险

（一）机器学习阶段

知识是不断发展的，借鉴旧作而创造新作，是知识繁荣发展的普遍现象。人类的文学艺术创作不可能是凭空产生的，或是对自然的模仿，或是受已有作品的借鉴和启发。进入 AIGC 时代，用户拿起 AI 工具进行创作，也避免不了继续基于前人的作品或者风格提出指令，这就需要 AI 必须提前将已有的作品进行一定程度的学习，而在机器学习的过程中，需要"投喂"大量的数据，从这个角度来讲，向 AI "投喂"数据，是人工智能进行创作的前提和基础。

未来训练大模型而收集使用的数据可能包括公共领域的作品，也可能包括受《著作权法》保护的作品。对于公共领域的作品，对其获取和使用不会侵犯著作权，比如对于人工智能作曲而言，收集的数据可能是已故时间比较久的作曲家的作品，这些作品由于已经超过著作权的保护期，对其获取和使用是不构成侵权的。但是对于尚在保护期内的作品，未经版权人许可，对其获取和使用可能引发版权侵权风险。

实践中数据可能是通过以下方式获取的：第一，通过爬虫获取，爬虫的使用需要符合相应网站的"robots 协议"（爬虫协议）；第二，通过用户协议或者隐私政策等，经用户授权获得，人工智能开发公司在服务协议中大多约定了著作权许可事项[①]；第三，其他方式获得，如果违反爬虫协议爬取数据或者未经授权收集信息并用于模型训练，可能面临版权侵权和不正当竞争的风险。

---

① 参见刘友华，魏远山：《机器学习的著作权侵权问题及其解决》，载《华东政法大学学报》2019 年第 2 期。

（二）机器生成阶段

在这个阶段，AIGC 如果与他人在先作品构成实质性相似，可能涉及著作权侵权的问题，在实践中，该部分侵权主要是对具有知名度的 IP 进行抄袭。如果放任 AI 对有知名度的 IP 形象进行针对性的学习训练，并允许其根据用户指令生成近似或者修改后的形象，不对此类行为进行规制，一旦生成内容被用于市场，将导致多方面不利后果。

首先，对 IP 权利人的影响。第一，品牌稀释。AI 生成与知名 IP 相似的内容，可能导致市场上出现大量类似的产品或内容，从而稀释原有品牌的独特性和价值。第二，收入减少。如果 AIGC 替代了原 IP 的消费，则可能会直接影响到原 IP 权利人的销售和利润。第三，投资回报降低。知名 IP 的创作和维护需要巨大的投资。AIGC 定向学习后生成的相似物可能降低原创内容的独特性，进而影响投资者对原创内容的投资意愿和回报预期。第四，损害创新激励。如果 AI 生成的内容轻易地替代了原创内容，这可能会减少对原创 IP 投资和开发的积极性，抑制创新发展。

其次，对市场的影响。第一，市场筛选机制作用降低。在没有适当规制的情况下，AIGC 可能会导致市场饱和，消费者难以区分原创和 AI 生成的内容，从而造成市场自主筛选效率的下降和消费者福利的损失。第二，价值转移。AIGC 技术可能使价值从原 IP 权利人转移到技术提供者，特别是当技术提供者使用这些生成内容盈利而不进行合理分成时。这不仅影响 IP 权利人的经济利益，还可能导致整个创意生态的价值链重构。第三，质量下降和同质化。在缺乏规制的环境下，为了追求成本效益，市场可能会充斥大量低质量和高度同质化的内容，这会破坏消费者体验，降低整体文化质量。

三、反躬自省：AIGC 版权侵权治理困境

（一）两难境地：版权保护与技术发展之间存在矛盾

1. 我国规定：实行严苛的著作权保护

按照《著作权法》的要求，除《著作权法》第 24 条规定的合理使用制度与分散规定的法定许可制度之外，使用在《著作权法》保护期限内的作品须取得权利人的同意并向其支付报酬，否则构成侵权。

(1）数据用于大模型训练不适用法定许可制度。法定许可使用只包括法律明文规定的 5 种情形，即：教科书使用；报刊转载；制作录音制品；广播电台；电视台。基于人工智能训练而使用相关数据并不为法定许可的上述情形所囊括。

（2）数据用于大模型训练不适用合理使用制度。我国《著作权法》第 24 条列举了合理使用的 12 种具体情形，并且在 2020 年进行修改时，新增设了一项兜底款项。但是仔细研究下来会发现，其本质上采取的仍然是"封闭式"的立法模式，而人工智能生成情形下的数据使用也无法套用合理使用制度，具体分析如下：

第一，排除个人学习条款的适用。从 AI 技术提供者的角度，向 AI "投喂"数据是为了 AI 的定向学习，法律应该让 AI 掌握最大限度的"生成能力"，包括对所有 IP（不论是否还在法律保护期限）都可以学习和二次生成，只有这样才能够让用户拿到符合预期的工具，至于这个工具如何使用以及对应的责任，理论上应当由用户负责。其在实践中的有力例证为，人也可以进行定向学习，一个画师的培养甚至可以说就是在通过不断学习名家名作最终成长的，他学成之后，如果自行或者接受他人指令复现了一幅知名作品，那么他只需要因为这个复现的行为承担责任即可，此前学习的行为是不视为侵权的，基于学习而使用现有作品在《著作权法》上通常被认为是合理使用。

但在 AIGC 的场景下，基于大模型的机器学习会出现三个不同于人类学习的情况。首先，大模型的学习效率极高，只要接收一定数量的语料就能在极短时间内学会。一个人类画师需要十余年的学习才算专业水平，大模型一天就可以做到，学习效率的碾压导致大模型可以在极短时间内形成对人类创作者的冲击。其次，从效果上看，大模型的学习能力远超一般人类，其通常可以做到逼近甚至超越原作者的效果。再次，大模型一旦学习完成，就变成了通用技能，而且几乎可以无限制提供（算力的限制几乎没有上限），这意味着用户可以调用这种能力大规模生成同类型或者二次创作的作品，短时间内对人类手动创作作品形成"大水漫灌"式的稀释。以上几个新情况是大模型技术出现以前，人类个体互相之间学习借鉴所没有遇到的，所以前面用个人学习与机器学习进行类比，主张机器学习过程中的技术中立恐怕是难以成立的。AI 学习和人类学习存在差异，因此大模型定向学习情形下的数据"投喂"不能单纯套用个人学习的合理使用条款。

第二，排除科研目的条款的适用。用于科研目的需要满足少量复制的要求，但是人工智能创作在数据输入时需要海量的数据作为基础，这是人工智能进行创作的前提，并不能满足"少量复制的要求"。

第三，排除兜底条款的适用。兜底条款是指法律、行政法规规定的其他情形，但问题是除了《著作权法》和《信息网络传播权保护条例》对此有规定外，并没有其他的法律、行政法规对其作出明确规定。因此，即使根据修改后的合理使用条款，人工智能创作中未经许可获取和使用权利人作品的行为也很难被纳入这一新增的兜底性条款。

综上所述，从现有规定来看，人工智能开发者要收集数据用于模型训练必须取得授权或者同意。

2. 域外规定：实行宽松的著作权保护

人工智能技术的迅速发展使得 AI 被广泛运用于各个领域，世界各国都想在 AI 大模型领域抢占一定的先机，于是纷纷出台政策予以规范和保护。在人工智能生成物版权领域则主要是关于 AI 训练数据收集与使用的例外规定。

（1）美国——转换性使用理论

转换性使用理论是美国皮埃尔·勒瓦尔法官根据合理使用四个要素中的第一个要素提出来的，他认为文学艺术作品不可能是凭空产生的，一定是对在先作品有所借鉴或者受其引发，如果一味地强调版权人权益的保护，将不利于艺术的进步。因此，如果二次使用目的或者方式与在先作品不一样，且创作出了新的作品，这种使用便是合理的，这个理论最终也被美国联邦最高法院采纳。[1]

在转换性使用理论的指导下，即使人工智能生成的过程中未经许可收集使用了他人的在先作品，也可能不被认定为侵权。例如谷歌数字图书馆案（Authors Guild v. Google），谷歌公司为了建立世界上最大的数字图书馆，大量收集图书进行数字化处理并发布，而他的收集行为并没有事先得到授权，此外，用户在图书馆进行查询搜索，图书馆会收录用户的检索记录，并借此分析用户的偏好进行个性化推荐。但是一、二审法院都不认为谷歌公司的行为构成侵权，理由在于：第一，谷歌公司使用相关数据和信息的行为目的具有高度的转换性，其目的是给用户提供更好的检索服务；第二，谷歌公司并未将作品的全部内容公开，仅摘出极小部分内容，供用户检索使用。此外，在论文查重案和法律数据库案中，法院同样基于转换性使用理论，认定人工智能的使用行为构成合理使用。

（2）欧盟——版权例外条款（有条件）

欧盟早在 2016 年就规定了对于文本数据的收集存在例外条款，即只要满足规定的条件，就可以对数据库进行复制，这个条件是：首先，主体只能是科研机构，其次，只能用于非商业目的。但是该条款出台后受到很大的争议，部分反对者认为这样不利于人工智能的发展，因为例外范围太窄。2018 年，欧盟进一步将例外情形的范围进行扩大，并区分了两种类型：第一是强制性的例外，即科研机构、教育机构和文化遗产机构在不进行商用的情况下，可以对数据库进行复制处理；第二是可以选择

---

[1] 参见张金平：《人工智能作品合理使用困境及其解决》，载《环球法律评论》2019 年第 3 期。

的例外，在著作权人没有作出明确排除的情况下，各成员国可以允许任何主体对数据库进行授权处理，但是不允许进行商用也不允许向公众发布复制在先作品形成的数据库。

（3）日本——版权例外条款（分析例外）

2009年，日本在《版权法》修订的时候增加了版权例外条款，即只要满足规定的条件，就可以对数据库进行复制，这个条件和欧盟存在差异，日本并没有限制使用的主体和商业用途，而是规定只能基于信息分析的目的使用。在为了进行信息分析的情况下，只要使用不超过必要限度，就能对在先作品进行复制和改编。但是由于信息分析不能囊括所有人工智能发展涉及的场景，日本政府认为版权例外条款会限制人工智能的发展，因此在2018年进行了再次修订。此次修订，并没有将使用限制在信息分析的场景之下，而是参考美国的转换性使用理论，规定如果是为了创作新的作品，在不超过必要限度的情况下，允许进行复制和使用。相较于欧盟来说，日本并未限制商业使用，其允许向公众发布复制在先作品形成的数据库。当然，上述使用行为都是以不伤害权利人的合法权益为前提的。

（4）小结

美国、欧盟、日本都在人工智能技术领域发展较为先进，他们国内法的相关规定从一定程度上可以反映国际发展的趋势。虽然他们对人工智能生成过程中数据的使用采取了不同的规制路径，但他们都意识到了人工智能发展与权利保护的平衡问题，并在法律层面作出了回应。

通过对人工智能使用数据授权的例外规定，不仅为人工智能创作提供了必要的合法性支持，为人工智能创作使用版权作品提供免责的制度空间，同时也平衡了知识产权保护与公众利益实现之间的关系。此外，在司法实践中，法院和相关机构可以根据该原则和相关指引，进行案件审理和裁定，为各方当事人提供公正和权威的司法决策。这有助于统一司法裁判的标准和解释，减少不确定性和争议，为人工智能创作领域的发展提供稳定和可持续的环境。从国际发展趋势来看，"投喂"给人工智能的训练数据授权使用规定可以有例外，为了保持国际发展竞争力，我国应该顺应时代发展潮流，建立适用于人工智能创作的版权例外制度。

3. 艰难探索：寻求两端平衡的新路径

对于模型的训练需要投入海量的数据，如果模型训练使用的所有作品都要获得授权，所有的信息都要获得同意，将为模型研发者获得合法的训练数据增加巨大的成本，其中既包括金钱成本，也包括时间成本，非常不利于大模型的开发与技术的发展。不仅如此，部分人工智能开发公司可能基于成本考量，不经许可通过技术手段使用作品，从而导致侵权案件数量增多。但如果不对已有IP的使用进行一定的限制，则创作者和用户参与文化艺术市场的热情都会逐渐降低。AI 就像一个虎视眈眈的"IP 吞金兽"，把最有创造性的人类从市场上逐渐驱逐出去，这样做短期内可能对技术提供者有利（可以不支付学习成本），但长期而言，AI 也会因为脱离了人的参与积极性而陷入"语料荒漠"。除非有一天 AI 可以完全在文学艺术领域自己进行"左右互搏"式的学习，彻底摆脱人类，否则 AI 技术提供方仍然应该有长远眼光，设计出多方共赢的机制。

我国部分学者主张将前述使用纳入法定许可的范围内，法定许可制度也可简化至作品获取环节，促进机器学习技术发展。但是本文认为将 AI 学习适用法定许可制度在可行性方面存在一定的困难：因为在法定许可制度下，对于作品的使用只需要支付少量的使用费用，但是对于大模型训练而言，其需要的数据体量非常之大，总体算下来，也是一笔不小的费用。

也有学者主张在合理使用制度中增设条款，对此笔者依然持保留意见。首先，虽然我国法律并没有明文限制合理商业使用，但是实践中都将非商用作为合理使用制度的构成要件，而大模型的训练很多是为了日后能够投放市场，也就是说可能存在商用的情形。其次，合理使用以不侵犯权利人权利为构成要件，如果硬要将"侵权行为"规定为合理使用，可能会破坏《著作权法》的整个体系。

因此，本文认为虽应在大模型训练数据的著作权保护上适度宽松，但放宽并不是硬套现有法律框架，将此种情形的使用规定为法定许可或者合理使用而应依我国需要针对性地提出具体的构建思路。

（二）认定障碍："接触＋实质性相似"规则难以适用

"接触＋实质性相似"的要点主要包括两个方面：第一是侵权行为人接触了享有知识产权的在先作品；第二是在后创作的作品，与权利人的在先作品构成实质性相似，即在思想内容或思想表达方面构成一致。但是"接触＋实质性相似"规则可能难以运用到人工智能领域，原因主要有以下几点：第一，部分领域 AIGC 已经可以和人类作品相媲美，在外在形式上，已经无法区别属于人工智能生成物还是人类作品；第二，由于实质性相似的判定方法并未进行立法上的确认，可能出现不同法官依据个人主观意志判定的情形，这会使得结果的不确定性增强。此外，对于人工智能创作来说，由于其在输入阶段输入了海量的数据，这些数据可能涉及同一作者的不同作品，或不同作者的多个作品，侵权客体比较复杂，且具有随机性，因此也增加了法院运用该规则判定侵权的难度。

四、刍荛之见：人工智能生成物版权侵权处理的规则建构

（一）边界：针对平台明确定向学习的行为边界

在上述论证过程中，本文分析了模型训练使用数据的不可避免性，但是任意使用数据无疑会导致一系列不利影响。如何平衡创新推动与知识产权保护之间的关系，解决 AIGC 定向学习对 IP 权利的潜在影响，本文认为可以从规则层面进行一系列调整，以下是一些解决方案的构想。

首先，技术方应当限制对具有一定知名度的作品和作者的定向学习。原因在于这些作品的原创度经过了市场检验，得到了公众的认可，是人类社会智力财富中的核心组成部分，对这部分成果的使用，技术提供者应当在训练时就具有事先注意义务。这种注意义务类似"红旗原则"，但二者有所区别。"红旗原则"适用于用户上传信息到平台的场景，而"主动避让"则是 AI 技术提供者直接进行数据训练和内容提供的场景，后者作为行为的直接实施者，其注意义务应该更高。

由图 1 可以看到，ChatGPT 已经开始对知名 IP 适用"避让原则"，限制用户的生成指令。

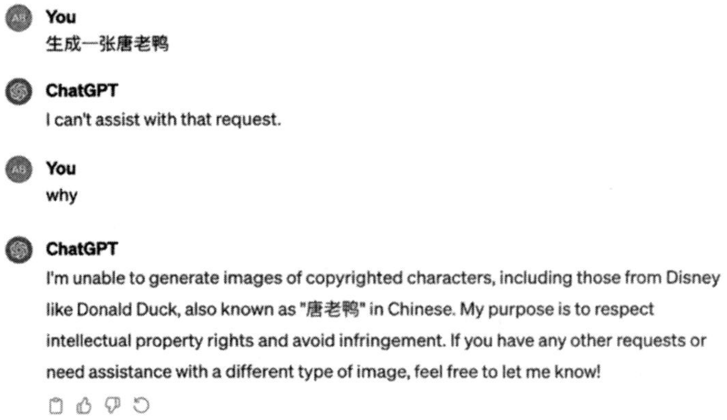

> You
> 生成一张唐老鸭
>
> ChatGPT
> I can't assist with that request.
>
> You
> why
>
> ChatGPT
> I'm unable to generate images of copyrighted characters, including those from Disney like Donald Duck, also known as "唐老鸭" in Chinese. My purpose is to respect intellectual property rights and avoid infringement. If you have any other requests or need assistance with a different type of image, feel free to let me know!

图 1　ChatGPT 对知名作品不反馈相关内容

其次，对于一般作者创作的作品，并不是说机器就可以以"合理使用"等为由"任意"学习，而是可以放宽 AIGC 技术提供者的注意义务。比如以事后救济的方式，即可以在不知情的情况下先训练，以便最大限度提升技术水平，而一旦权利人发现机器滥用这种定向模仿的能力，导致自身作品被稀释或者混淆，这种情况下可以发起投诉，由技术提供者采取必要措施。正如腾讯研究院秘书长张钦坤所认为的，如果一开始就要求大模型平台承担直接侵权责任，不符合现在技术发展的需要。具体设想是为其设置防抄袭注意义务，该注意义务要求设计者在设计时提高设计质量，以

减少由于设计问题而导致的侵权行为的发生,使人工智能可以创作出高质量的作品,不至于为了避免被认定为侵权而违背创作规律乃至语法规范进行低质量创作。

要求对具有较高知名度的作品在训练阶段或者生成阶段进行"避让",不仅可以保护 IP 权利人的合法利益,还可以维护市场的正常运作,促进整个社会的创新与繁荣。

(二)规范:相关部门出台标准和指南

法律在 AIGC 版权侵权治理中必然不会缺席,但是在 AI 如此迅猛的发展势头之下,立法可能会显得更加滞后,这不仅导致了 AI 技术的使用和管理缺乏明确的法律规范,也使得相关纠纷和争议难以得到有效的解决。在这样的背景下,制定非强制性的标准就显得尤为重要。我国应当围绕 AIGC 的版权保护标准、数据训练标准、AIGC 平台规范标准等问题尽快制定非强制性标准,让业界有章可循,引导从业者向着健康良性的轨道发展。

首先,数据训练作为 AI 技术的重要环节,需要在标准的规范下进行。非强制性的标准可以为数据训练提供指导和规范,确保数据的准确性。这不仅可以提高 AI 系统的性能,也有助于保护用户隐私和数据安全。其次,针对 AIGC 平台的规范问题,制定非强制性的标准也有助于促进行业的健康发展。这也为监管机构提供了更加明确的依据,使其能够更加有效地对 AIGC 平台进行监管。在制定非强制性标准的过程中,可以借鉴国际上已有的相关标准和最佳实践。对于不适合做强制性标准的经验,可以由企业、协会、专业机构等牵头制定指南以此形式为从业者提供更加具体的指导,帮助他们更好地理解和应用相关标准。

总之,对 AI 技术制定非强制性的标准是引导行业健康发展的重要举措。通过明确数据训练和平台规范等问题,可以为从业者提供更加明确的指导,促进行业的可持续发展。同时,这也需要各方共同努力,不断借鉴新的、好的做法,完善相关标准和指南。

(三)机制:引入 AIGC 训练数据集体管理机制

参考中国音乐著作权协会、中国电影著作权协会的做法,通过训练数据集体管理组织来协调利益分配,确保 IP 权利人的作品等数据用于 AI 训练时得到公平的补偿。同时,配套建立高效的管理制度,为每个主体都设置相应的注意义务,因为 AIGC 的产生过程是涉及多个行为人的链条行为,这一方面可以促使参与者积极主动采取措施,规避侵权风险,防止各参与者利用人工智能故意创作出模仿特定作者的作品,侵犯版权人的利益。另一方面也可以减轻被侵权一方的举证责任,缓解主观过错举证困难的问题。

（四）技术：授权追踪与侵权判定系统

未来，AI 的智能程度只会越来越高，并且以"新摩尔定律"①所预言的速度在进化，而接下来 AIGC 领域的版权保护问题，关键在于有 AI 参与的情况下如何判断原创性和如何进行侵权比对，这两项看似传统的工作，会因为 AI 的介入变得非常具有"技术含量"，法官也必须对 AI 的能力进行评估和学习，甚至可能要使用一些专门的辅助技术来进行判定，这样的结果也是合情合理的。如果作者和侵权行为人都拿起了更先进的 AI 工具，法官没有理由不用，而且不但要用，还要用得更专业才行。目前关于文字作品的分析和比对技术已经很成熟，将文字版权作品纳入过滤系统特征信息库中，如果上传的作品，与该信息库中的作品之间存在着实质性相似的内容，即可被准确识别出来。②

此外，还需要统一开发授权和追踪系统，发展先进的技术解决方案来跟踪和管理 AIGC 内容的使用情况，确保透明和可追溯的授权流程。

结　　语

人工智能技术的发展在给人类生活带来便利的同时，也对现有的版权制度产生了很大冲击，即 AIGC 是否具有版权，以及 AIGC 版权侵权问题的处理。

本文对于 AIGC 是否具有可版权性以及对 AIGC 进行版权保护的认定标准作了大篇幅的分析，认为对于 AIGC 版权侵权问题的处理，难点在于如何平衡技术发展与权利保护。一方面，IP 著作权人希望自己的智力成果得到应有的保护；另一方面，人工智能的创作主体希望在大模型训练数据的获取上能够尽可能减少成本。传统的《著作权法》偏向于权利人的保护，一些例外规定中并没有考虑到人工智能发展到新阶段出现的一些新场景，但是如果对这些新的场景不进行例外规定，不利于技术的发展。本文认为面对人工智能技术带来的冲击，一方面要给人工智能创作产业发展以制度支持，另一方面也不能完全放开，而应保有一定的限制，防止人工智能肆意侵害他人著作权。为此本文引入了"回避原则"，即对于一些知名 IP 需要按照现有法律进行授权，而对于一般的 IP，人工智能开发者可能难以识别，允许其在用户提出侵权投诉时再进行处理。处理 AIGC 侵权问题还需要多方力量参与，共同制定领域的标准和指南，在法律允许的情况下，借助 AI 技术进行侵权认定。

---

① ChatGPT 之父 Sam Altman 在社交媒体称，一个全新的摩尔定律可能很快就会出现，即宇宙中的智能数量每 18 个月翻一番。
② 参见初萌：《人工智能对版权侵权责任制度的挑战及应对》，载《北方法学》2021 年第 1 期。

国际前沿

法律与人工智能

2024年卷
第 1 期

2024, No.1

International
Frontier

基于论证挖掘的法律文本摘要
／徐徽徽　贾罗米尔·萨维尔卡　凯文·阿什利 著　黎娟　邱凡苓 译

法律解释论证及其论证型式
／法布里齐奥·马加诺　道格拉斯·尼尔·沃尔顿 著　卢俐利 译

《法律人工智能》三十年：第三个十年
／塞雷娜·维拉塔　米哈尔·阿拉什基维奇　凯文·阿什利　特雷弗·本奇-卡彭
L.卡尔·布兰廷　杰克·G.康拉德　亚当·怀纳 著　方豪 译

逻辑英语遇见法律英语：以金融掉期与衍生品为例
／罗伯特·科瓦尔斯基　阿克伯·达图 著　池骁 译

基于论证挖掘的法律文本摘要

徐徽徽
贾罗米尔·萨维尔卡
凯文·阿什利 著*

黎娟
邱凡芩 译**

摘　要

作为自然语言处理和文本挖掘的一个子领域,论证挖掘指的是提取论辩性文本部分,并识别所选取的文本所起的作用的过程。法律论证挖掘针对的是一份法律文本中的论辩性文本部分。为了更好地理解如何将法律论证挖掘应用于改进案例摘要,我们收集了大量案例和人类专家准备

---

* 徐徽徽,匹兹堡大学计算机科学系博士生,在匹兹堡大学从事智能系统项目(ISP)法律人工智能研究工作。主要研究方向为论证挖掘、法律自动摘要、法律信息检索与排序。

贾罗米尔·萨维尔卡(Jaromír Šavelka),卡内基梅隆大学(CMU)计算机学院的研究员,也是卡内基梅隆大学有效和高效学习技术(TEEL)实验室的成员,曾在国际律师事务所 Reed Smith 担任数据科学家。主要研究方向为机器学习(ML)、自然语言处理(NLP)在法律与教育方面的应用。

凯文·阿什利(Kevin Ashley),匹兹堡大学法学院教授、学习研究与发展中心的高级科学家、计算机科学兼职教授和匹兹堡大学智能系统研究生课程教员,曾担任国际法律人工智能学会主席。主要研究方向为学习技术、法律推理、决策和论证、智能辅导系统。

** 黎娟,中南大学法学院副教授。

邱凡芩,中南大学法学院硕士研究生。

① 本文原文为 Xu H, et al. :*Using argument mining for legal text summarization*, Legal Knowledge and Information Systems, vol. 334, p. 184-193(2020)。该文属"知识共享许可协议 4.0"(the Creative Commons Attribution 4.0)下的开放获取内容,相关链接见 https://creative commons.org/licenses/by-nc/4.0/,2024 年 1 月 20 日访问。

的摘要①，这些案例和摘要都标注了法律论证三元组，这些三元组描述了案例中最重要的框架性论证结构。本文报告了应用多种机器学习方法的结果，以演示和分析不同方法的优缺点，从而识别这些法律论证三元组的句子成分。

关键词

信息检索　法律分析　相关句子　论证挖掘　摘要

一、引　言

案例摘要可以帮助法律专业人员更容易地识别相关案例，并评估是否要阅读案例全文。作为公众了解法律案件内容的一种更便捷的手段，摘要还可以提高司法的可及性。一份好的案件摘要应该包括这些关键信息：① 法院在案件中处理的主要问题（issue），② 法院对每个问题的结论（conclusion），③ 法院得出结论的理由（reason）。我们将这些关键信息称为法律论证三元组（即IRC三元组）。这些三元组描述了案件中法律论证的框架性结构。

我们的最终目标是提取最重要的法律论证三元组，并用它们创建简洁的三句话摘要，以便法律研究人员能够更好、更快地评估一个案件的实质内容是什么，以及它是否值得详细研究。基于此，我们开展了一项实证研究，旨在探索机器学习（ML）模型是否能够在人类专家②准备的案例摘要中识别出其中的法律论证三元组及其组成部分。总结摘要的人类专家是法律专业人士，他们负责提炼出案件中最重要的信息。尽管这些摘要对于我们预期的信息检索（IR）用例来说仍然太长，但它们能大致涵盖案件中最核心的问题、案件结论以及得出结论的理由。由于人类专家可以基于重要

---

① 译者注：人类专家准备的摘要即 human-expert-prepared summary，指的是在法律领域有专业知识的法律从业人员人工编写的摘要，区别于由人工智能系统、算法或机器学习模型构成的专家系统（expert system）生成的摘要。

② 译者注：人类专家即 human expert，指的是具有特定领域专业知识和技能的人类个体。他们通过教育、培训和实践经验积累了深厚的知识，并能够进行复杂的决策和问题解决。人类专家的决策过程往往涉及直觉、情感和主观判断。人类专家通常与由人工智能系统、算法或机器学习模型构成的专家系统（expert system）相对应，专家系统是一种模拟人类专家决策过程的计算机程序或人工智能系统通过分析输入的数据，应用预设的规则和逻辑，提供类似于人类专家的决策和建议。

性对信息进行专业筛选，我们可以通过标注案例的摘要而非全文来描述这些信息。不过，一个更宏大的目标是从完整的案例文本中自动生成三元组。

在制定了详细的标注方案之后，我们对大量案例摘要进行了法律论证三元组的标注，并使用这些已经标注的摘要来辅助对案例全文中的相应句子进行标注。然后，我们应用各种传统的机器学习算法和深度神经网络模型，识别法律摘要语料库和案例全文中的法律论证三元组的相应句子成分。我们在算法中研究使用了不同的采样策略，报告了研究结果，并比较了不同方法的优缺点。

二、相关工作

为了自动总结文本，Ganesan 和 Rush 等人采用了生成式方法[1]或抽取式方法。而生成法律文本摘要多采用抽取式方法，Bhattacharya 等人的一项研究成果便是如此。[2] 这些抽取式方法包括：基于图的方法，按主题对句子进行聚类，[3]基于法律短语重复的相似性[4]进行聚类，或通过无监督学习[5]对句子进行聚类，以及通过机器学习对法律案件中句子修辞角色（例如事实、背景）进行分类，[6]对主题结构进行分类，[7]对英国上议院判决书中句子的修辞状态进行分类，[8]或识别和抽取文本中的标

---

[1] K. Ganesan, Ch. Zhai & J. Han, *Opinosis: A graph based approach to abstractive summarization of highly redundant opinions*, Coling 2010, 2010. A. Rush, S. Chopra & J. Weston, *A neural attention model for abstractive sentence summarization*. arXiv preprint arXiv:1509.00685, 2015.

[2] P. Bhattacharya, K. Hiware, S. Rajgaria, N. Pochhi, K. Ghosh & S. Ghosh, *A comparative study of summarization algorithms applied to legal case judgments*, in Eur. Conf. on Info, Retrieval, Springer, 2019, p. 413-428.

[3] M. Kim, Y. Xu & R. Goebel, *Summarization of legal texts with high cohesion and automatic compression rate*, in JSAI Int'l Symposium on Artificial Intelligence, Springer, 2012, p. 190-204.

[4] F. Schilder & H. Molina-Salgado, *Evaluating a summarizer for legal text with a large text collection*, in 3rd Midwestern Computational Linguistics Colloquium (MCLC), 2006.

[5] M. Moens, *Summarizing court decisions*, Info. Processing & Management, vol. 43, p. 1748-1764 (2007).

[6] C. Grover, B. Hachey, I. Hughson & C. Korycinski, *Automatic summarisation of legal documents*, Proceedings of the 9th International Conference on Artificial Intelligence and Law, 2003, p. 243-251. M. Saravanan & B. Ravindran. *Identification of rhetorical roles for segmentation and summarization of a legal judgment*, Artificial Intelligence and Law, vol. 18, p. 45-76(2010). M. Yousfi-Monod, A. Farzindar & G. Lapalme, *Supervised machine learning for summarizing legal documents*, in Canadian Conference on Artificial Intelligence, Springer, 2010.

[7] A. Farzindar & G. Lapalme, *Legal text summarization by exploration of the thematic structure and argumentative roles*, in Text Summarization Branches Out, 2004, p. 51-62/p. 27-34.

[8] B. Hachey & C. Grover, *Extractive summarisation of legal texts*, Artificial Intelligence and Law, vol. 14, p. 305-345(2006).

志性短语或口号。①

　　Zhong 等人使用机器学习来选择判决书中的哪些句子可以预测案例结果。② 他们通过摘要生成器衡量法律案例文本中句子的预测性，进而计算其相对重要性，并选择一个子集来生成摘要。他们首先将可接受的句子按类型分类（即推理句或证据支持句），并使用最大边际相关性方法选择一组摘要句子，然后根据详细的错误分析得出结论，判断出需要使用论证挖掘方法来识别判决书中更多的概念性信息。我们专注于识别法律论证三元组，正是为了做到这一点。在最近的一项研究中，Yamada 等人③采用了类似的方法，通过提取问题、结论和框架来总结日本的法律判决。然而，我们需要的法律论证三元组应更具有一般性，并非专门针对日本的法律判决。在此，我们提供的证据表明，机器学习能够根据基于专家摘要的训练集，从案件摘要和完整案件文本中提取法律论证三元组，这是已有研究未曾涉及的。

　　论证挖掘是"自动发现论辩性文本，并识别出文本所呈现的相关论证的组成部分"的方法。④ 论证挖掘的相关研究已经形成了一种方法，可以自动识别文本中的论辩性成分（如前提、主张），以及在不同背景下各组成部分之间的论证关系（如支持、攻击），这些背景包括文档摘要⑤、法律信息系统⑥和政策建模平台⑦等。论辩性关系挖掘涉及确定特定论证成分之间是否存在某种关系，并对其关系的论辩性功能进行分类（例如，支持与攻击）。既往研究关注了预测各论辩性成分之间的论证关系

---

① V. Tran, M. L. Nguyen, S. Tojo & K. Satoh, *Encoded summarization: summarizing documents into continuous vector space for legal case retrieval*, Artificial Intelligence and Law, p. 1-27(2020).

② L. Zhong, Z. Zhong, Z. Zhao, S. Wang, K. Ashley & M. Grabmair, *Automatic summarization of legal decisions using iterative masking of predictive sentences*, in Proceedings of the 17th International Conference on Artificial Intelligence and Law, 2019, p. 163-172.

③ H. Yamada, S. Teufel & T. Tokunaga, *Building a corpus of legal argumentation in Japanese judgement documents: towards structure-based summarisation*, Artificial Intelligence and Law, vol. 27, p. 141-170(2019).

④ A. Peldszus & M. Stede, *From argument diagrams to argumentation mining in texts: A survey*. International Journal of Cognitive Informatics and Natural Intelligence (IJCINI), vol. 7, p. 1-31 (2013).

⑤ S. Teufel & M. Moens, *Summarizing scientific articles: experiments with relevance and rhetorical status*, Computational Linguistics, vol. 28, p. 409-445(2002).

⑥ R. M. Palau & M. Moens, *Argumentation mining: the detection, classification and structure of arguments in text*, in Proceedings of the 12th International Conference on Artificial Intelligence and Law, 2009, p. 98-107.

⑦ E. Florou, S. Konstantopoulos, A. Koukourikos & P. Karampiperis, *Argument extraction for supporting public policy formulation*, in Proceedings of the 7th Workshop on Language Technology for Cultural Heritage, Social Sciences, and Humanities, 2013, p. 49-54.

标签，例如：附着①、支持与不支持②、{隐式，显式}×{支持，攻击}③、支持的可验证性④等。 在法律领域，论证挖掘研究主要集中在提取论辩性命题、前提和结论，嵌套论证（nested argument）⑤、举例论证和其他论证型式⑥，明确句子在法律论证中扮演的修辞角色和其他角色⑦，商业秘密法等领域的法律因素⑧，引用的事实和原则（即理由或保证）⑨，功能部分和问题相关部分（包括分析和结论）⑩，按主题划分的片段⑪和按语言分析划分的片段⑫几个方面。

---

① A. Peldszus & M. Stede, *Joint prediction in MST-style discourse parsing for argumentation mining*, in Proc. 2015 Conf. on Empirical Methods in Natural Language Processing, 2015, p. 938-948.

② O. Biran & O. Rambow, *Identifying justifications in written dialogs by classifying text as argumentative*, International Journal of Semantic Computing, vol. 5, p. 363-381(2011). E. Cabrio & S. Villata, *Combining textual entailment and argumentation theory for supporting online debates interactions*, in Proc. 50th Ann. Mtg. Assoc. for Comp. Ling, vol. 2, p. 208-212(2012). C. Stab & I. Gurevych, *Identifying argumentative discourse structures in persuasive essays*, in Proc. 2014 Conf. on Empirical Methods in Natural Language Processing (EMNLP), 2014, p. 46-56.

③ F. Boltužić & J. Šnajder. *Back up your stance: Recognizing arguments in online discussions*, Proceedings of the First Workshop on Argumentation Mining, 2014, p. 49-58. H. Nguyen & D. Litman, *Context-aware argumentative relation mining*, in Proc. 54th Ann. Mtg. of the Assoc. for Comp. Linguistics, vol. 1, p. 1127-1137(2016). 译者注：此处的表达式用于表示所有可能的四种不同组合，分别为隐式支持（implicit support）、显式支持（explicit support）、隐式攻击（implicit attack）和显式攻击（explicit attack）。

④ J. Park & C. Cardie, *Identifying appropriate support for propositions in online user comments*, Proceedings of the First Workshop on Argumentation Mining, 2014, p. 29-38.

⑤ R. Mochales & M. Moens, *Argumentation mining*, Artificial Intelligence and Law, vol. 19, p. 1-22(2011).

⑥ V. Feng & G. Hirst, *Classifying arguments by scheme*, in Proceedings of the 49th Annual Meeting of the Association for Computational Linguistics: Human Language Technologies, 2011, p. 987-996.

⑦ A. Bansal, Z. Bu, B. Mishra, S. Wang, K. Ashley & M. Grabmair, *Document ranking with citation information and oversampling sentence classification in the luima framework*, 2016.

⑧ M. Falakmasir & K. Ashley, *Utilizing vector space models for identifying legal factors from text*, in Proceedings, International Conference on Legal Knowledge and Information Systems(JURIX) 2017, p. 183-192.

⑨ O. Shulayeva, A. Siddharthan & A. Wyner, *Recognizing cited facts and principles in legal judgements*, Artificificial Intelligence and Law, vol. 25, p. 107-126(2017).

⑩ J. Savelka & K. Ashley, *Segmenting U. S. court decisions into functional and issue specific parts*, in Proceedings of the 31st International Conference on Legal Knowledge and Information Systems(JURIX) 2018, p. 111-120.

⑪ Qi. Lu, J. Conrad, K. Al-Kofahi & W. Keenan, *Legal document clustering with built-in topic segmentation*, Proceedings of the 20th ACM International Conference Information and Knowledge Management, 2011, p. 383-392.

⑫ C. Grover, B. Hachey & C. Korycinski, *Summarising legal texts: Sentential tense and argumentative roles*, Proceedings of the HLT-NAACL 03 Text Summarization Workshop, 2003, p. 33-40. A. Wyner, R. Mochales-Palau, M. Moens & D. Milward, *Approaches to text mining arguments from legal cases*, in Semantic Processing of Legal Texts, Springer, 2010, p. 60-79.

三、数　据　集

加拿大法律信息研究院（CanLII）是一个由加拿大律师协会联合会创建和资助的非营利组织，①其提供了28733个案例及相应的人工总结的摘要。这些案件涵盖了在加拿大法院提出的各种法律主张和问题，案件摘要由加拿大律师协会的成员编写。两位标注人员都是匹兹堡大学法学院二年级的学生，他们将摘要中的句子分为三种类型（即问题、结论和理由），这些类型构成了"法律论证三元组"和一个总类（涵盖所有其他句子）：

（1）问题（issue）

法院在案件中处理的法律问题。

（2）结论（conclusion）

法院对问题的判决。

（3）理由（reason）

阐述法院为什么得出判决的句子。

（4）非法律论证三元组（非IRC）

不符合上述三种类型的句子。

为了进行标注，我们从28733对案例和摘要中随机选择了574对，标注者要对这574个摘要全部进行标注。在消除标注人员之间的标注分歧后，我们要求他们对109个摘要对应的全文进行标注。表1显示了关于已标注数据集的一些关键统计信息，平均句子长度的统计数据展现了摘要是如何形成的。与全文中的对应句子相比，摘要中的法律论证三元组句子更短。这可能反映出这样一个事实，即在选择一个句子之后，人类专家通常会删除与摘要无关的内容。非法律论证三元组句子的情况正好相反，这表明全文中有许多不适合作为摘要的短句（例如标题）。

表1　带标注的数据集汇总

	计数	句子数	句子长度（平均标记数）			
			问题	结论	理由	非IRC
摘要	574	7484	26.0	24.6	18.1	19.5
全文	109	23653	35.5	26.7	25.7	16.8

---

① https://www.canlii.org/en/.

第三作者是一位法学教授，他为学生标注者提供了详细的标注指南，以便将摘要中的句子识别为三个类别（即问题、结论和理由）。两位标注者参加了所有标注环节。在此期间，我们没有发现美国法学院学生在处理加拿大案件时存在困难。

学生标注者使用了一个在线工具 Gloss（由第二作者开发）来简化标注过程。然后，标注者在几周的时间里，一次性对以 12 个案件为一批的连续几批摘要进行标注。每次对一批 12 个案件完成标注后，标注者与第一作者和第三作者会通过 Zoom 会面以解决分歧，并通过两位标注者与第三作者协商一致来分配最终标签。

全文标注的步骤与摘要标注的步骤不同。实验中利用现有的摘要标注，让学生标注人员快速定位与标注的摘要句子相似度最高的句子：标注人员会在每个摘要的标注句子中挑选一些关键字，并用它们作为指针，以便在全文中定位相应的句子。这个过程不需要标注人员阅读和理解全文，从而加快了全文标注的过程。我们认为，在摘要中查找三元组要比在全文中查找三元组容易得多。我们的目标是，通过制定一种对案例全文的低成本标注策略，积累大量的数据集（目前在法律文本摘要中不存在），最终将摘要中的标注自动投射到案例全文中。然而在目前，这项将摘要中的标注进行投射的任务是由标注人员手动完成的。这篇论文可以被视作实现自动化目标的第一步。

我们使用科恩的卡帕系数（Cohen's κ）[1]来衡量两个标注人员对以 12 个为一批的摘要进行独立标注后的一致程度。他们将 N 个项目标注为 C 个互斥的类别。在我们的实验中，有三个互斥的类别——问题、结论和理由，项目的数量即每个摘要的句子数量。所有类别的平均科恩的卡帕系数为 0.716，这表明根据 Landis 和 Koch 的文章[2]，标注人员对句子类别的属性判断基本一致。如表 2 所示，对类别为"结论"的句子判断一致的得分平均值最高，而对类别为"理由"的句子判断一致的得分平均值最低。对于理由的判断显然是最具挑战性的，因为它们总是与事实交织在一起。其他两种类别的判断更为容易，因为法院在确定案件问题和判决结论方面更加明确。学生标注人员的反馈证实了这一观察结果。不同程度的一致性强度对应的卡帕系数范围：值不大于 0.00 为一致性弱；值在 0.00—0.20 范围内表示稍有一致；值在 0.21—0.40 范围内为一致性良好；值在 0.41—0.60 范围内为中度一致；值在 0.61—0.80 范围内表示基本一致，值在 0.81—1.00 范围内表示几乎完全一致。

---

[1] J. Cohen, *A coefficient of agreement for nominal scales*, Educational and Psychological Measurement, vol. 20, p. 37-46(1960). 译者注：Cohen's κ（科恩的卡帕系数）是一种用于衡量两个评估者（或评分员、标注者）在定性（分类）项目上的一致性的统计量。它被认为是一种比简单的百分比一致性计算更健壮的度量，因为它考虑了偶然一致性的情况。Cohen's κ 的值范围从 -1 到 $+1$，其中 1 表示完全一致，0 表示一致性与偶然预期的相同。

[2] J. Landis & G. Koch, *The measurement of observer agreement for categorical data*, Biometrics, p. 159-174(1977).

表2 摘要和全文中每种句子类型的科恩的卡帕系数的平均值和中位数

	摘要				全文			
	问题	理由	结论	总体	问题	理由	结论	总体
平均 κ	0.698	0.602	0.698	0.709	0.598	0.591	0.616	0.773
中位数 κ	1.000	0.700	1.000	0.740	0.780	0.820	0.750	0.860

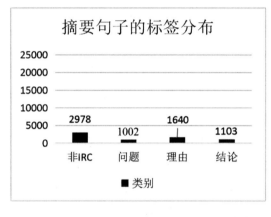
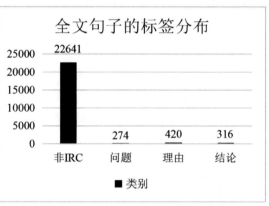

图1 574个摘要(左)和109个全文(右)中带标注的法律论证三元组句子类型的分布(全文法律论证三元组类型句子的总数较低,因为全文标注的数量少于摘要。)

图1显示了摘要和全文的最终共识标签的分布情况。非法律论证三元组是所有摘要中占比最多的标签。"理由"标签是占比第二的标签,而"问题"和"结论"标签的占比较少。这个结果与我们的预期相一致,因为更具价值的句子(实验中的法律论证三元组)比价值较低(非法律论证三元组)的句子少得多。表3报告了包含问题、理由和结论的摘要的数量。统计数据显示,所有的摘要都包含结论,超过90%的摘要包含问题(97%)和理由(92.5%)。这证实了我们的假设,即这些句子类型是形成一个高质量的法律案件摘要的基础。

表3 包含问题、理由和结论的摘要数

	问题	理由	结论
总数	557	531	574
占比	0.970	0.925	1.00

四、实 验

如第二节所讨论的,带有标签数据的监督学习方法经常用于论证挖掘。监督学习方法的性能取决于许多因素,其中包括标注数据的数量和质量。如果数据集太小,监督学习算法将没有足够的数据来学习;如果标注的质量不好,即使数据集很大，算法也无法得到适当的训练。因此，一个规模较大，且具有持续的优质标注的数据集对于本研究至关重要。

为了充分评估模型的性能，我们进行了四种类型的实验：仅对摘要进行四分类（法律论证三元组的三个类别和非法律论证三元组类别）、对全文进行四分类、对摘要进行二分类（法律论证三元组大类与非法律论证三元组）和对全文进行二分类。摘要上的四分类将带标注的摘要作为训练集，并在未标注摘要上进行测试。全文上的四分类将部分带标注的摘要作为训练集，并在全文上进行测试。二分类需要转换标签，这意味着我们将带标注的法律论证三元组标签句子作为一组，非标签句子（非法律论证三元组）作为另一组。在转换标签之后，我们使用标签转换后的摘要进行训练，并在全文上进行测试。对于摘要上的四分类和二分类，我们将50％的标注摘要作为训练集，其中25％作为验证集，其余25％作为测试集。由于全文被用作测试集，所以75％的标注摘要被用作训练集，其余的被作为验证集。我们精心设计了对全文的四分类和二分类实验，将摘要从训练集中排除，以防止测试数据混合到训练集中。

（一）传统机器学习

在传统机器学习（traditional machine learning）中，随机森林（RF）可以被视为最成功的算法之一。Breiman 提出了一种随机森林算法（由多个决策树组成）。随机森林并非采用单一决策树分类器进行处理，而是由多个决策树组成的集成模型，其最终结果取决于多数投票。由于特征选择的随机性，该算法显著提高了分类精度。

我们使用一元组、二元组和词性标注的词频-逆文档频率（TF-IDF）值作为分类器的特征。我们利用网格搜索来寻找该模型的最佳参数。网格搜索会选择具有最佳验证准确度的参数。正如 Breiman 所提到的，随机森林在极端不平衡的数据集中表现不佳的可能性很高，因为自举样本可能只包含少数类别的少数实例甚至无实例。[1]我们观察到，在摘要和全文中，非法律论证三元组句子是多数类。一些研究表明，对多数类别进行下采样或对少数类别进行过采样可以有效提高树分类器性能。我们研究了不同的采样策略与随机森林分类器结合使用的情况，并比较了最终结果，包括：简单的过采样和欠采样，使用合成少数过采样方法（SMOTE）和使用编辑最近邻规则（ENN）[2]进行过采样，还有结合过采样方法和使用 TomekLinks[3] 进行的下采样。

---

[1] L. Breiman, *Random forests*, Machine Learning, vol. 45, p. 5-32(2001).
[2] G. Batista, R. Prati & M. Monard, *A study of the behavior of several methods for balancing machine learning training data*, ACM SIGKDD explorations newsletter, vol. 6, p. 20-29(2004).
[3] G. Batista, A. Bazzan & M. Monard, *Balancing training data for automated annotation of keywords: A case study*, in WOB, 2003, p. 10-18.

（二）深度神经网络

深度神经网络（deep neural networks）方法以其优异的性能被广泛应用于文本分类任务中，我们利用深度学习来挑选论证三元组的组成部分。我们使用基于循环神经网络（RNN）的模型和基于卷积神经网络（CNN）的模型进行了实验。

基于循环神经网络（RNN）的模型将文本作为单词序列，旨在捕捉单词之间的依赖关系和文本结构。① 我们使用了这种循环神经网络架构的一个变体——长短期记忆（LSTM）网络。长短期记忆网络通常比传统循环神经网络表现得更好，因为长短期记忆网络通过引入多个门控机制来控制信息流入和流出神经细胞，从而解决了梯度消失问题。在我们的实验中，我们使用了 GloVe 预训练的词嵌入。这些向量是在 60 亿个标记（token）上训练的，并且具有 100 维的特征。

基于卷积神经网络（CNN）的模型通常被用于分析图像。它们利用多个滤波器在多个卷积层中提取重要特征②。在文本分类问题中，卷积神经网络模型可以使用不同的滤波器来观察文本中的不同词长度。我们也使用 GloVe 预训练的词嵌入来进行这些实验。

（三）FastText 文本分类和词向量学习库

Joulin 等人提出了一种计算效率高的文本分类方法。③ 该模型只有两层，即嵌入层和线性层。它的参数数量比大多数深度学习模型都少。嵌入层用于计算词嵌入，并对所有词嵌入取平均值。这个平均值被存储在一个变量中，并馈送到线性层。在我们的实验中，使用预训练的 GloVe 词嵌入来计算平均值。

五、结　　果

第四节的实验结果如表 4 和表 5 所示。表 4 报告了对摘要和全文进行四分类的结果。在实验中，卷积神经网络（CNN）在法律论证三元组（IRC）类型上获得了最

---

① S. Minaee, N. Kalchbrenner, E. Cambria, N. Nikzad, M. Chenaghlu & J. Gao, *Deep learning based text classification: A comprehensive review*, arXiv preprint arXiv:2004.03705, 2020.

② K. Kowsari, K. J. Meimandi, M. Heidarysafa, S. Mendu, L. E. Barnes & D. E. Brown, *Text classification algorithms: A survey*, Information, vol. 10, p. 150(2019).

③ A. Joulin, E. Grave, P. Bojanowski & T. Mikolov, *Bag of tricks for efficient text classification*, arXiv preprint arXiv:1607.01759, 2016.

高的 F1 分数。FastText 在识别全文中的问题句和理由句方面表现最好。我们发现，在摘要中识别法律论证三元组的组成部分时，神经模型比随机森林模型表现得更好。我们的研究结果还表明，与循环神经网络模型相比，卷积神经网络模型的不同滤波器可以获得更多关于句子类型的语义线索。

表 5 报告了对摘要和全文进行二分类的结果。对于针对摘要的二分类，我们将所有标注的法律论证三元组类型的句子合成一组。这大大提高了我们的训练集中多数类与少数类的比例。尽管随机森林算法在某些情况下获得了最高的分数，但神经网络模型和 FastText 在摘要中提取法律论证三元组类型句子方面的性能比随机森林更稳定：它们都达到了 0.75 及以上，而随机森林模型存在得分低于 0.75 的情况，具体包括使用简单随机下采样、结合合成少数过采样技术和编辑最近邻进行过采样（SOMTEENN）和结合合成少数过采样技术和 Tomek 链接进行下采样（SOMTETomek）等类别。

表 4　使用随机森林（RF）、长短期记忆（LSTM）网络、卷积神经网络（CNN）和 FastText，对摘要和全文进行四分类的 F1 得分

	问题		理由		结论		非 IRC		加权 F1	
	摘要	全文	摘要	全文	摘要	全文	摘要	全文	摘要	全文
随机森林	0.48	0.19	0.39	0.10	0.58	0.23	0.67	0.95	0.56	0.91
随机森林—O	0.56	0.23	0.46	0.08	0.61	0.20	0.65	0.91	0.58	0.88
随机森林—U(w.o.r.)	0.55	0.15	0.48	0.07	0.59	0.15	0.58	0.80	0.55	0.77
随机森林—U(w.r.)	0.52	0.10	0.50	0.08	0.63	0.17	0.56	0.81	0.55	0.77
随机森林-SOMTEENN	0.49	0.14	0.09	0.08	0.58	0.21	0.66	0.92	0.48	0.89
随机森林-SOMTETomek	0.57	0.23	0.46	0.09	0.61	0.24	0.66	0.92	0.59	0.89
长短期记忆网络	0.59	0.13	0.52	0.09	0.67	0.17	0.68	0.85	0.62	0.82
卷积神经网络	0.64	0.23	0.54	0.10	0.67	0.20	0.66	0.85	0.63	0.82
FastText	0.59	0.27	0.52	0.14	0.67	0.22	0.69	0.89	0.63	0.86

加权 F1 是每种类型的 F1 得分按支持度加权后计算的平均值。后缀—O（过采样）、—U（欠采样）、—w.o.r.（不放回）、—w.r.（放回）分别表示不同的采样策略。

表 5　使用随机森林(RF)、长短期记忆(LSTM)网络、卷积神经网络(CNN)和 FastText,对摘要和全文进行二分类的 F1 得分

	IRC		非 IRC		加权 F1	
	摘要	全文	摘要	全文	摘要	全文
随机森林	0.76	0.16	0.59	0.80	0.69	0.78
随机森林—O	0.76	0.15	0.59	0.83	0.70	0.80
随机森林—U(w.o.r.)	0.71	0.16	0.63	0.87	0.68	0.84
随机森林—U(w.r.)	0.70	0.17	0.64	0.92	0.67	0.89
随机森林-SOMTEENN	0.17	0.05	0.62	0.98	0.48	0.94
随机森林-SOMTETomek	0.75	0.16	0.63	0.80	0.70	0.77
长短期记忆网络	0.75	0.16	0.58	0.82	0.68	0.79
卷积神经网络	0.75	0.16	0.62	0.78	0.69	0.72
FastText	0.76	0.18	0.65	0.82	0.72	0.79

由于全文明显比摘要长得多,即使我们结合了所有三种类型的句子,非法律论证三元组类型的句子仍然比法律论证三元组类型的句子多得多。 如在极不平衡的数据集上进行训练,在分类未标注样本方面,采用不同采样方法的随机森林(RF)略胜神经网络模型和 FastText 一筹。 本次实验显示,使用采样方法的随机森林在非法律论证三元组句子识别上的得分达到或超过 0.83,而神经网络模型和 FastText 的得分不高于 0.82。 然而,神经网络模型在挑选法律论证三元组句子方面的性能与随机森林相当。 这一结果表明,随机森林可能是检索法律论证三元组组成部分的更好选择。

六、讨　　论

我们证实了分类方法能够从案件摘要和案件全文中提取法律论证三元组的组成部分。 我们使用随机森林和几种深度神经网络模型进行了实验。 这些分类器在只有摘要的数据上表现良好。 我们发现问题句、结论句和非法律论证三元组句比理由句更容易被正确分类。 这一发现与我们标注阶段的经验是一致的:问题句和结论句对于人工标注者来说更容易识别。 这表明法律常识被嵌入语义标记的使用中,并且分类器可以通过在大量数据集上进行训练来识别它们。

将这些句子类型的语义线索迁移到更广泛的全文的语境中是一项更具挑战性的任务。 在对全文中的句子进行分类时,分类器性能会显著下降。 原因之一可能是法律论证三元组句子的数量太少,无法让机器学习(ML)分类器达成良好的训练结果。 我们发现一些采样方法有助于解决不平衡的问题;在结合合成少数过采样技术

和 Tomek 链接进行下采样（SOMTETomek）中，过采样和欠采样方法的组合表现优于其他方法。

七、结论与未来工作

我们尝试了几种机器学习（ML）模型，通过使用人工生成的已标注摘要来识别法律论证三元组的组成部分。我们证实了分类方法可以在摘要和全文中提取这些三元组的组成部分。基于详细的讨论和评估，我们发现神经模型和 FastText 取得了令人满意的结果，并且一些采样方法可能有助于提高随机森林的性能。

在未来，我们计划扩充标注数据集的规模。案例摘要的总数为 574 个，我们只使用了其中的 465 个作为我们全文句子分类的训练集，因为我们需要防止模型从相应摘要的标注中获得提示。这个数据集支撑了我们的实验，评估了机器学习方法是否可以识别法律论证三元组的组成部分，并让我们认识到在该任务中面临的挑战。然而，在比较不同模型的性能方面，数据的规模仍然不足以得出更细致的结论，因为它们的性能水平相似。扩充数据集也有助于测试需要仔细调整超参数的模型。

在提高了系统识别法律论证三元组句子成分的能力之后，我们将探索识别相关问题、结论和理由的最佳方法，并对句子成分进行组合，以呈现为有用的抽取式案例摘要。

八、致　　谢

蒙特利尔大学网络正义实验室中的"通过网络正义技术研究伙伴关系实现自主权"项目资助了这项工作。加拿大法律信息研究所提供了成对的法律案例和摘要语料库。

法律解释论证及其论证型式①

法布里齐奥·马加诺
道格拉斯·尼尔·沃尔顿 著 *

卢俐利 译 **

摘 要

本文研究了如何使用某些可废止的论证型式来表示大陆法系和普通法系中用于法律解释②的最常见论证类型的逻辑结构。这种方法建立在一种可废止的论证结构上,它的结论从支持与反对该结论的理由中得出,且可归为某种法律渊源所表示的含义。每种论证型式的可废止性都可通过提出批判性问题来体现,这种问题不仅判定了接受法律解释论证的预置条件,同时也为评估论证的强弱提供了一种有用的方法。

---

* 法布里齐奥·马加诺(Fabrizio Macagno),葡萄牙里斯本新大学的哲学助理教授,研究领域:论证、语言哲学、法律解释等。
 道格拉斯·尼尔·沃尔顿 (Douglas Neil Walton),加拿大安大略省温莎大学推理、论证和修辞研究中心研究员,研究领域:论证、逻辑谬误、非形式逻辑。
** 卢俐利,甘肃政法大学法学院副教授。
① 译者注:论文英文题目中的"Arguments of Statutory Interpretation",以及正文中的"interpretive arguments"均指法律解释中的论证,因此译作"法律解释论证",简称"解释论证"。
② 译者注:"statutory interpretation"的中文译法诸多。由于"Statute"一般有"法令、法规、法条"之意,因此有学者倾向于译作"制定法解释""法定解释""正式解释"等。不过,本文中讨论的法律解释,不仅涉及普通法系和大陆法系的各种正式解释,也涉及将专家意见、法学理论等作为法律渊源的非正式解释,因此译者认为,"statutory interpretation"译作"法律解释"更合适一些。相应地,"argumentation schemes"在本文中译作"论证型式","argument form"译作"论证形式","argument pattern"译作"论证模式"。

当今，论证作为一种理解和解释法律的有效工具得到了人们的广泛接受与认可。① 当对一个法律概念的理解存在争议时，我们需要借助明确的推定论证来支持何为"最佳"的解释。② 传统上，在法学理论中人们一般通过应用解释方法来重构法律陈述背后的推理。 Viehweg③ 将其与古老的论题学联系在了一起。④

本文的研究目的在于，从法律解释论证（后简称"解释论证"）的逻辑分析出发⑤，对法律解释中使用的一般性论证结构进行考察与分类，进而提出以法律理论中的解释模型和论证理论中的论证分析与分类理论相结合的理论框架。 我们将使用论证型式作为一种抽象的推理模式⑥，重构 Tarello 从大陆法解释中总结出的法律论证结构⑦，以及普通法解释中所使用的那些法律论证结构。⑧ 同时通过一系列的示例，来讨论如何对这些论证型式进行分类，如何将它们应用于案例，以及如何利用它们来揭示解释论证的可废止条件和推论结构。

---

① N. MacCormick, *Argumentation and interpretation in law*, Ratio. Juris, vol. 9, p. 467-480(1993). D. Patterson, *Interpretation in Law*, San Diego Law Review, vol. 42, p. 685-710(2004). C. Patterson, *Logique juridique*, Dalloz,1976. P. Chaim, *Justice, Law and Argument*, Reidel,1980.

② M. Aalto-Heinilä, *Fairness in statutory interpretation: Text, purpose or intention?*, International Journal of Legal Discourse, vol. 1, p. 193-211(2016). M. Dascal & J. Wróblewski, *Transparency and doubt: understanding and interpretation in pragmatics and in law*, Law and Philosophy, vol. 7, p. 203-224(1988). J. D. Atlas & S. Levinson, *It-clefts, informativeness and logical form: Radical pragmatics* (revised standard version), in Peter Cole(ed.), Radical Pragmatic, Academic Press,1981, p. 16-21. F. Macagno & A. Capone, *Interpretative disputes, explicatures, and argumentative reasoning*, Argumentation, vol. 30, p. 399-422 (2016). F. Macagno, *Presumptive reasoning in interpretation. Implicatures and conflicts of presumptions*. Argumentation, vol. 26, p. 233-265 (2012). B. Slocum, *Ordinary Meaning: A Theory of the Most Fundamental Principle of Legal Interpretation*, University of Chicago Press,2015, p. 213.

③ T. Viehweg, *Topik und Jurisprudenz: ein Beitrag zur rechtswissenschaftlichen Grundlagenforschung*, C. H. Beck'sche Verlagsbuchhandlung,1953.

④ Chiassoni et al., *Taking Stock of the Past: Rhetoric, Topics, Hermeneutics*, in Enrico Pattaro & Corrado Roversi(eds.), A Treatise of Legal Philosophy and General Jurisprudence, Springer, 2016, p. 1693-1713. G. Kreuzbauer, *Topics in Contemporary Legal Argumentation: Some Remarks on the Topical Nature of Legal Argumentation in the Continental Law Tradition*, Informal Logic, vol. 28, p. 71-85(2008).

⑤ F. Macago et al., *Argumentation schemes for statutory interpretation*, in Rinke Hoekstra(ed.), in Proceedings of JURIX 2014: The 27th Annual Conference on Legal Knowledge and Information Systems, IOS Press, p. 21-22(2014). D. Walton et al., *An argumentation framework for contested cases of statutory interpretation*, Artificial Intelligence and Law, vol. 24, p. 51-91(2016).

⑥ D. Walton et al., *Argumentation Schemes*, Cambridge University Press,2008.

⑦ G. Tarello, *L'interpretazione della legge*, Giuffrè,1980.

⑧ N. MacCormick, *Argumentation and interpretation in law*, Argumentation, vol. 9, p. 467-480 (1995). N. MacCormick & R. Summers (eds.), *Interpreting statutes: a comparative study*, Dartmouth,1991.

一、解释及其论证

审议性解释活动①（指严格意义上的解释，与 Guastini②、Tarello③ 提出的更广泛的解释概念不同）预设了这样一个问题，即关于一个单词、一个句子或一篇文本的含义存在着隐性或显性的意见分歧（Patterson④；Slocum⑤）。它源于解释者未能直接获取文字字面意义的初步理解（prima facie）⑥，或同一文字存在多种不兼容的初步含义，抑或该含义不能即时令解释者满意时，针对该解释的疑问即被提出且有待解决。⑦ 根据 Tarello 和 Guastini 的观点，我们将在法律解释过程中运用的解释规则称为法律陈述的"含义"。⑧ 然后，我们界定以下将要提及的术语：

- 渊源陈述（source-statement）⑨：法律渊源中包含的语句，旨在表达法律规则。

- 对渊源陈述的初步理解（prima facie understanding of a source-statement）：（如果有的话）在某种社会语言学背景下默认的那些属于渊源陈述的规则（以及掌握这种规则的活动）。

- 解释陈述（interpretative statement）：一种确认渊源陈述具有某种含义的陈述（表示某种解释规则），旨在解决对陈述含义的质疑（即为何在同一渊

---

① 译者注："deliberative interpretation"，尤指会议的审议性的、慎重的解释。这里应当特指立法或司法中十分严谨的解释活动。
② R. Guastini, *Interpretare e argomentare*, Giuffrè, 2011.
③ G. Tarello, *L'interpretazione della legge*, Giuffrè, 1980.
④ D. Patterson, *Interpretation in Law*, San Diego Law Review, vol. 42, p. 685-710(2004).
⑤ Slocum & Brian, *Ordinary Meaning: A Theory of the Most Fundamental Principle of Legal Interpretation*, University of Chicago Press, 2015, p. 213.
⑥ M. Dascal & J. Wróblewski, *Transparency and doubt: understanding and interpretation in pragmatics and in law*, Law and Philosophy, vol. 7, p. 203-224(1988).
⑦ D. Kennedy, *A Left Phenomenological Critique of the Hart/Kelsen Theory of Legal Interpretation*, Kritische Justiz, vol. 40, p. 303-304(2007). M. Dascal & J. Wróblewski, *Transparency and doubt: understanding and interpretation in pragmatics and in law*, Law and Philosophy, vol. 7, p. 204(1988).
⑧ 解释使法律陈述的意义更清晰，它明确了受此类法律陈述约束的具体案例的情形（同前注，Guastini, 2011, p. 18）。根据这种观点，"含义"（meaning）一词相当于弗雷格的 sinn 和 bedeutung（同前注，Guastin, 2011, p. 6）。译者注：实际上 sinn 和 bedeutung 是同一个意思，不过国内哲学界将其译作"涵义与指称"或"意义与指称"。
⑨ "source"在法律语境下可译作"法律渊源"，指的是解释或适用法律时引述的缘由或理由，可包括形式渊源（效力渊源）、理论渊源、历史渊源、立法渊源、文化渊源等。因此"source-statement"可译作"法律渊源陈述"，不过为了简洁，简称为"渊源陈述"。

源下的诸多解释含义中选择了这一种)。

• 解释(interpretation):一种规则,它可被归为某种渊源陈述的含义,相当于对理解这种陈述(以及提出和支持这种陈述)时提出的质疑的回应。

• 解释论证(arguments of interpretation):为从某种渊源陈述中得出特定解释而提出的论证。

从论证的角度来看,法律解释可与对法律陈述的初步理解区分开来,这种理解基于某种推理过程。对于法律陈述的初步理解而言,它从法律陈述到法律规则的制定过程建立在无可争议的推定之上①,即根据共同的语言文化习惯或社会实践,得出单词或句子的默认意义。② 相较之下,解释是一种更为复杂的推理类型,本质上具有假定性和系统性,可使用各种类型的论证模式来表达。

Walton 等③总结了一份由 MacCormick 和 Summers④ 整理分类的 11 种解释论证的列表。下面我们将简明扼要地对每种论证类型进行说明,使读者了解其各自的独特性。

1. 诉诸日常语义论证(argument from ordinary meaning)。如果一项法规可根据其母语人士所使用的含义进行解释,那么除非有反对理由,它就应该以这种方式进行解释。

2. 诉诸技术语义论证(argument from technical meaning)。如果某一技术性术语出现在某项法规中,则应根据其技术性含义来解释该术语。

3. 诉诸语境融贯性论证(argument from contextual harmonization)。如果某一术语是一项法规或一系列法规集合的一部分,则应根据与整个法规或法规集合相协调的含义进行解释。

4. 诉诸先例论证(argument from precedent)。如果某一术语已有先例的

---

① S. Levinson, *Presumptive meanings: The theory of generalized conversational implicature*, MIT Press, 2000. A. Capone, *Default semantics and the architecture of the mind*, Journal of Pragmatics, vol. 43, p. 1741-1754(2011). K. Jaszczolt, *Default semantics: Foundations of a compositional theory of acts of communication*, Oxford University Press, 2005.

② C. Hutton, *Language, meaning and the law*, Edinburgh University Press, 2009, p. 72-73.

③ D. Walton et al., *Interpretative argumentation schemes*, in Rinke Hoekstra(ed.), JURIX 2014: The 27th Annual Conference, IOS Press, vol. 271, p. 21-22(2014). F. Macagno et al., *Argumentation schemes for statutory interpretation*, in Rinke Hoekstra(ed.), in Proceedings of JURIX 2014: The 27th Annual Conference on Legal Knowledge and Information Systems, IOS Press, p. 21-22(2014).

④ N. MacCormick, *Argumentation and interpretation in law*, Argumentation, vol. 9, p. 467-480 (1995). N. MacCormick & R. Summers (eds.), *Interpreting statutes: a comparative study*, Dartmouth, 1991.

司法解释,则应遵循该解释。

5. 诉诸类比论证(argument from analogy)。如果某一术语与其他法规的条款相类似,则其解释应保有一定相似性。

6. 诉诸法律概念论证(argument from a legal concept)。对某一术语的解释应符合在法律中已被认可和教义上已被阐述的方式。

7. 诉诸一般原则论证(argument from general principle)。对某一术语的解释应最符合当今已确立的一般性法律原则。

8. 诉诸历史论证(argument from history)。对某一术语的理解与解释应随着历史的推移而演变。

9. 诉诸目的论证(argument from purpose)。对某一术语的解释应符合所适用争议性案件的法规或设立整部法律的目的。

10. 诉诸实质理由论证(argument from substantive reasons)。对某一术语的解释应以维护法律秩序为基本目标。

11. 诉诸立法意图论证(argument from intention)。对某一术语的解释应符合相关法规所适用的立法意图。

我们需要将这 11 种解释论证与 Tarello[①] 整理的解释论证列表相对比:① 反面论证(argument *a contrario* 〈from the contrary〉),② 类比论证(argument *a simili ad simile* 〈from analogy〉),③ 当然论证(argument *a fortiori*),④ 诉诸法律完备性论证(argument from completeness of the legal regulation),⑤ 诉诸法律融贯性论证(argument from the coherence of the legal regulation),⑥ 心理论证(psychological argument),⑦ 历史论证(historical argument),⑧ 归谬论证(apagogical argument),⑨ 目的论证(teleological argument),⑩ 简约论证(parsimony argument),⑪ 权威论证(authoritative argument),⑫ 体系论证(systemic argument),⑬ 自然主义论证(naturalistic argument),⑭ 公平论证(argument from equity),以及⑮ 诉诸一般原则论证(argument from general principle)。

这两个列表中的论证类型有部分重叠,在某些情况下(如诉诸日常语义论证和诉诸技术语义论证)可使用更基础的论证类型来分析。具体地说,诉诸日常语义论证和诉诸技术语义论证可被视作在相关语境中对该术语的常识性解释[②],这与一项基本

[①] G. Tarello, *L'interpretazione della legge*, Giuffrè, 1980.
[②] 日常语义既非语词的"字面"意义,即在刻板印象下的解释,请参阅 I. Kecskes, *Intercultural pragmatics*, Oxford University Press, 2013, p. 136.,也非"直接"含义,"直接"含义是一种对特定语词做出明显正确的判断,请参阅 R. Summers & G. Marshall, *The Argument from Ordinary Meaning in Statutory Interpretation*, Nothern Irland Legal Quarterly, vol. 43, p. 216(1992).

的法律假定有关,即法律应当被公民所理解,人们也可使用其他论证类型来表示解释过程。通过比较与总结这两组论证类型,我们将其中一些归类为更通用的模式,进而确定了 11 种解释论证的一般类型,并采用英文对其命名①:

  1. 反面论证(a contrario argument,诉诸排除未陈述内容论证)。在缺乏任何其他明确规则的情形下,如果一项规则赋予某个体或某类群体任意规范性资格,则应排除将相同资格赋予其他非此个体或非此群体的情况。

  2. 类比论证(argument from analogy,相似的法律条款之含义应当相似)。

   a. 法定类比论证(analogia legis,适用相似规范的类比论证)②。适用于案例 C 的成文法可被适用于虽不同但本质类似的案例 D。

   b. 法律类比论证(analogia iuris,适用相似原则的类比论证)。将法律原则适用于不同的案例,这种原则从法律中抽象得出,且未明文规定于法律之中。

  3. 当然论证(argument a fortiori)。如果一项规则将任意规范性资格 Q 赋予某个体或某类群体 C,若在特定情形下资格 Q 更应被赋予群体 D,那么可断定存在另一项规则可将资格 Q 赋予另一个体或另一群体 D。

  4. 权威论证(authoritative argument):

   a. 心理论证(psychological argument)。法律陈述的含义应与起草者或撰写者(即历史立法者)的意图相符合。

   b. 历史论证(historical argument)。法律陈述应当随着历史发展进程来解释。

   c. 诉诸先例权威论证(authoritative argument)。法律陈述应根据先前的解释,或者更确切地说,依据先前解释产生的权威来解释。

   d. 自然主义论证或自然意义论证(naturalistic argument, or natural meaning argument)。某一术语应根据被解释之事物普遍被接受的"自然性"(或其他常用定义)来解释。

---

① Sartor et al., *Argumentation schemes for statutory interpretation*, in Rinke Hoekstra(ed.), Frontiers in Artificial Intelligence and Applications, IOS Press, vol. 271, p. 11-20(2014). F. Macagno et al., *Argumentation schemes for statutory interpretation*, in Rinke Hoekstra(ed.), in Proceedings of JURIX 2014: The 27th Annual Conference on Legal Knowledge and Information Systems, IOS Press, p. 11-20 (2014). D. Walton et al., *An argumentation framework for contested cases of statutory interpretation*, Artificial Intelligence and Law, vol. 24, p. 51-91(2016).

② 译者注:法定类比论证(analogia legis)是解释论证的一种类型,它指将适用于某案例的法律规范适用在另一本质相似的案例上,而法律类比论证(analogia iuris)则指为了填补法定类比论证可能无法解决的空白时提出的论证。法律类比论证不是基于法律规范,而是基于"一般性法律原则"的论证。

5. 归谬论证(absurdity argument, *Reductio ad Absurdum*)。人们应当拒绝可能导致法律陈述的结论不合理或"荒谬"的解释。

6. 公平论证(equitative argument)。人们应(拒绝)接受导致(不)公平或(不)公正后果的解释。

7. 诉诸法律融贯性论证(argument from coherence of the law)。鉴于法律体系是完备的、无漏洞的;因此,即使缺乏适用某案例的具体规则,亦可推断存在赋予此类案件法律资格的通用性规则。

8. 目的(或合目的性)论证(teleological or purposive argument)。法律陈述的解释与其(设立的)目的相符合。

9. 经济论证(economic argument)。解释者应当排除与另一项(颁布时间更早或级别更高的)①法律陈述含义相似或一致的解释,因为立法者不会颁布毫无价值的法律陈述。

10. 体系论证(systematic argument)。如果某一术语在法律陈述中具有某种含义,则该术语在其出现的所有法律陈述中均应被解释为该含义。

11. 诉诸法律完备性论证(argument from completeness of the law)。如果某一术语在法律陈述中具有某种含义,则该术语在其出现的所有法律陈述中均应被解释为该含义。②

这些论证可以使用典型的和准形式化的论证模式进行分析,从而揭示其前提与结论如何连接的语义原则及推理结构。 这种模式被称为论证型式③,它允许人们通过一组批判性问题或可废止观点来判定论证性质及评估解释推理的强度,并将其与最典型的逻辑模式所表示的论证类型相关联。④

二、论 证 型 式

论证型式体现着可废止论证的结构,这意味着分析论证内部之连接不仅仅是从

---

① 译者注:即在适用法律时,一般遵循新法优于旧法,上位法优于下位法的原则。
② 译者注:在英文论文原文中,诉诸法律完备性论证与体系论证二者的定义在表述上别无二致。译者推定可能存在两种情况:第一种是笔误,然而译者查找之后尚未找到相关修订后的论文;第二种是这两种论证类型定义比较接近。不过,这两种论证类型在本文中的着墨并不多,读者可自行对后文中体系论证和诉诸法律完备性论证进行对比理解。
③ D. Walton et al., *Argumentation Schemes*, Cambridge University Press, 2008.
④ D. Walton & F. Macagno, *A classification system for argumentation schemes*, Argument and Computation, vol. 6, p. 219-245 (2015). F. Macagno & D. Walton, *Classifying the patterns of natural arguments*, Philosophy and Rhetoric, vol. 48, p. 26-53(2015).

量词或联结词的含义出发，还从所涉及概念的语义关系出发。这种观点源自 Toulmin 所谓的"保证"（warrant）概念，他将其定义为"一般性的、假设性的陈述，它可以充当一座（前提与结论间的）桥梁，并作为我们针对某具体论证采取何种（证明）步骤的依据"。① "保证"的性质可能不尽相同：可以源自法律、分类原则、统计学、权威因果关系或是道德原则。"保证"已经成为划分论证类型的原则（Toulmin, Rieke & Janik）。② 在此方法基础上，学者们提出了论证型式的理论思想，它体现了语义原则（例如分类、原因、结果、权威）与推理类型（例如演绎、归纳或溯因推理）的结合。将论证型式理论运用在法律论证中，旨在为法律论证提供与之相对应的论证类型的抽象模式，这些抽象模式能够检验法律论证支持或攻击结论的证明力，不过它们大部分都是可废止的。此类论证不必然得出真结论，也不必然以真前提作为论证的基础。

Walton 等③列出的大多数论证型式均具有可废止的假言命题肯定前件式结构（defeasible *modus ponens*），它们以可废止的通用规则为前提条件。下面是一个由诉诸专家意见论证型式扩充而来的标准示例：④

论证型式 1：诉诸专家意见论证

小前提 1	渊源 E 是一位研究命题 A 的主流领域 S 的专家。
小前提 2	E 断言命题 A（在主流领域 S 中）是真（假）的。
条件前提	若渊源 E 是一位研究命题 A 的主流领域 S 的专家，且 E 断言命题 A 是真（假）的，则 A 很可能被认定是真（假）的。
结论	A 很可能被认定是真（假）的。

不难看出，在上述版本的专家意见论证型式中，其推论具有假言推理肯定前件式结构。由于专家并非无所不知，且在法律上不加批判地接受专家证言将是一种巨大错误，因而这种推论必然是可废止的。

论证型式的后续理论遵循着这种表达可废止论证型式逻辑结构的一般方式。Bench-Capon 和 Prakken 将可废止规则（如法律规范或道德规范）的应用视为可废止的假言推理肯定前件式之示例。这种规则用以保证任何运用可废止规则的推论，并

---

① S. Toulmin, *The uses of argument*, Cambridge University Press, 1958, p. 91.
② S. Toulmin et al., Macmillan Publishing Company, 1984, p. 199.
③ D. Walton et al., *Argumentation Schemes*, Cambridge University Press, 2008.
④ D. Walton et al., *Argumentation Schemes*, Cambridge University Press, 2008, p. 19.

以分号（；）连接。 以下是应用可废止规则的基本论证型式，称为规则应用型式：①

$r:P_1,\ldots,P_n;Q$
$P_1,\ldots,P_n$
Q

字母 r 表示规则的名称。 下面两个批判性问题适用于该型式：②

CQ_1:r 是否有效？

CQ_2:r 是否适用于当前情形？

推论型式的批判性问题预设了使用该型式进行推理时所涉及的情形，但如果这些情形不存在，那么使用该型式将会遭到质疑。 对批判性问题的否定回答可以作为反面论证，它能削弱相关论证型式（的适用性）或反驳其前提（或与前提矛盾）。③

可见一般而言，我们所构建的解释论证之条件规则是一种通用的可废止规则或论证型式，它能够转换为下列范式。 下面这项规则被扩展为一种可废止肯定前件（DMP）推论型式。

如果一个句子或术语具有属性 P，那么 X 应该（不应该）被赋予 M 含义。
这句话或术语具有 P 属性。
因此，X 应该（不应该）被赋予 M 含义。

上述抽象结构代表了解释论证最通用的推论模式。 由此，不同的论证型式可以通过替换这种一般的 DMP 推论型式来应用到具体的解释领域下，如之前的诉诸专家意见论证。 这种推论形式可将 Tarello 的解释论证转化为论证型式。

三、反面论证

反面论证可以用拉丁格言"Ubi lex voluit, dixit; ubi noluit, tacuit"来概括，即

---

① T. Bench-Capon & H. Prakken, *Using argument schemes for hypothetical reasoning in law*, Artificial Intelligence and Law, vol. 18, p. 159(2010).

② T. Bench-Capon & H. Prakken, *Using argument schemes for hypothetical reasoning in law*, Artificial Intelligence and Law, vol. 18, p. 159(2010).

③ D. Walton & G. Sartor, *Teleological Justification of Argumentation Schemes*, Argumentation, vol. 27, p. 111-142(2013).

法律规定它所期待的，而对所不期待的保持沉默。根据这一格言，如果一项规则将任意规范性资格（例如权力、义务或地位）赋予某个个体或某类群体，在无其他明确规则的情况下，应排除存在其他有效的另一不同规则，将相同资格赋予任意其他个体或群体的可能性。① 该论证排除的解释内容比字面上更广泛，同时也对类似或更广义的解释做了否定性断言。例如《意大利宪法》第一章第 17 条规定：

所有公民都享有和平的、非武装集会的权利。

上述法律陈述中谓词所言"拥有集会权"（A）是否也适用于外国人和无国籍人士？若使用反面论证来解释，我们将从如下原则出发：如果法律希望将这种权利 D 赋予外国人和无国籍人士，那么它会明文规定。② 既然没有相关的法律规定，就可断言此谓词所言之权利只属于本国公民。从而，外国人和无国籍人士将被排除在这种权利之外。

反面论证与法律未明文规定的那部分内容有关。在普通法中，这种论证一般被称为"Expressio Unius Est Exclusio Alterius."一个典型案例来自美国最高法院的塔兰特县毒品情报与协调部案（Leatherman v. Tarrant County Narcotics Intelligence and Coordination）。③ 该案的关键在于，如何对在特定情况下提出的救济赔偿要求进行解释。在本案中原告（Leatherman）向当地公职人员、县政府和两个市政公司提出索赔，指控他们在没有搜查令的情况下在他家里搜查违禁品。据称，原告没有按照上诉法院所要求的，在对市政公司提出的申诉中详细而具体地说明其申诉依据。问题就在于，该要求的标准与《联邦民事诉讼规则》第 8 条（a）款（2）项相冲突，这条规则规定，提出救济请求必须"简短而明确地表示上诉人有权获得救济"。唯一的例外是第 9 条（b）款："在指控存在欺诈或错误时，当事方必须详细说明构成欺诈或错误的情形"，但此款项所列举的情形未包括任何一种投诉市政责任的情形。美国最高法院的推理如下④：

---

① G. Tarello, *L'interpretazione della legge*, Giuffrè, 1980, p. 346.
② R. Guastini, *Interpretare e argomentare*, Giuffrè, 2011, p. 271.
③ Leatherman v. Tarrant County Narcotics Intelligence and Coordination, Unit 507 U. S. 163, 1992.
④ Leatherman v. Tarrant County Narcotics Intelligence and Coordination, Unit 507 U. S. 163, 168 (1992).

或许,若今天重写第 8 条和第 9 条法规内容,则根据 §1983 规则①,对市政当局的索赔可能受到第 9 条(b)款附加的特殊情况所约束。但这必须通过修订《联邦民事诉讼规则》而并非司法解释来实现。在法案没有被重新修订之前,联邦法院和诉讼当事人必须依据现有证据且遵照简易程序,尽早结束这种毫无理由的索赔主张。

正如法院所认为的,法规明确提及了某些特定情形就意味着默认排除那些未被提及的情形。完整的论证如图 1 所示:

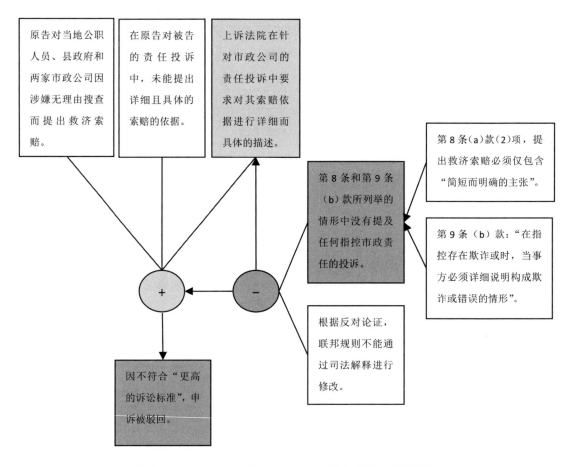

图 1　Leatherman v. Tarrant County 案中反面论证的推理

被告(塔兰特县毒品情报与协调局)提出的正论证由第五巡回上诉法院(图 1 顶部浅色方框)的权威所保障,即要求对诉讼请求进行详细说明。但该论证被基

---

① 译者注:42 U.S.C. §1983 规定,允许因警察不当行为导致权利受到侵犯的美国公民追究实施不法行为的官员、主管和雇主的责任。

于《联邦民事诉讼规则》第 8 条和第 9 条的推理所驳斥。 只有在欺诈或存在错误的情况下才能要求诉求满足更高的标准（即对索赔情况做出详细描述），而且这些标准与此次起诉理由不符，因此该标准应被视为不适用于非欺诈或不存在错误的所有情况。

上述论证的推理结构可根据反面论证型式进行建模。

论证型式 2a：反面论证

大前提	如果 x 是 P，那么 x 享有某项权利或 x 是 A。
封闭世界前提	在没有任何反对规则的情况下，如果 x 不是 P，那么 x 就没有某项权利或者 x 不是 A。
小前提	个体 a 不是 P。
结论	因此，个体 a 没有这项权利或者个体 a 不是 A。

需要注意的是，这种推理只在封闭世界假设下才能成立。 只有当缺乏反对证据时，即在没有其他法律规定将原规则中同一谓词涵盖的内容归于其他类别的情况下，结论才能成立。 正因如此，这种推理背后的关键性逻辑假设可以表示为一种诉诸无知的论证型式。①

论证型式 2b：诉诸无知论证

大前提	如果 A 为真，那么 A 应被认为是真的。
小前提	事实上并非 A 被认为是真的。
结论	因此，A 不是真的。

这种论证所表示的是因缺少相关知识进而否定原假设的情况。 类似地，封闭世界前提则表示由于缺少将法规中谓词所涵盖的内容归于某个体或群体的情形，进而否定此类个体或群体适用该谓词内容的推论。 然而，反面论证的推理更为具体，因为它排除了可能存在的反论证（counterargument），即如果 A 是假的，那么 A 应被认为是假的。 反面论证排除了那些由于缺乏对法规中的权利归属认知而做出否定判断的推论（即关于谓词内容归于某个体或群体的否定）。

---

① D. Walton et al. , *Argumentation Schemes*, Cambridge University Press, 2008, p. 327.

四、类比论证

从解释的角度来说,类比论证可被视为与反面论证相反的论证模式。它不是排除将法律谓词内容归于不属于法律中提及的某类实体,反而是对其进行扩充。正如 Tarello 所言,如果一项规则将任意规范性资格赋予某个体或某类群体,则可通过相似性或类比关系得出,存在另一项有效的规则将相同资格赋予类似的个体或群体。从法律适用或资格归属的角度来看,这种关系被认为是相关的。① 此类论证的推理结构如下所示:②

论证型式 3:类比论证

大前提	一般而言,情形 C_1 与情形 C_2 相类似。
小前提	命题 A 在情形 C_1 中为真(或假)。
结论	命题 A 在情形 C_2 中为真(或假)。

然而,这种比较模式是模糊的。所对比的既可以是被赋予法律资格 A 的同类范畴的两个示例,也可以是情形 C_2 下的两类范畴,该范畴不被赋予法律资格 A。换言之,同属于 P 类别中两个示例之间的相似性同类别 P 与类别 Q 之间的相似性,这两种相似性有着本质区别。在法律上,这种差异性源自法定类比(*analogia legis*)和法律类比(*analogia iuris*)两种概念,前者是将制定法应用于不同但相似的案例③,而后者是通过从法律规范中抽象出未表达原则进行类比④。在第一种情况下,类比论证适用于边缘性或争议性案件,而在第二种情况下,类比论证适用于提出和支撑那些旨在填补法律漏洞但未明文规定的法律原则。这种类型的法律论证在大陆法系和普通法系均有使用。不过,在大陆法系中表达的形态是法律规则,而在普通法系中通常是先例。我们将在论证理论⑤以及前述关于特定解释型式理论中⑥,来展示类比

---

① G. Tarello, *L'interpretazione della legge*, Giuffrè,1980,p. 315.
② D. Walton et al., *Argumentation Schemes*, Cambridge University Press,2008,p. 315.
③ G. M. Colombo, *Sapiens aequitas: l'equità nella riflessione canonistica tra i due codici*, Pontificia Università Gregoriana,2003,p. 96-97.
④ R. Guastini, *Interpretare e argomentare*, Giuffrè,2011, p. 281.
⑤ F. Macagno & D. Walton, *Argument from analogy in law,the classical tradition, and recent theories*, Philosophy and Rhetoric, vol. 42, p. 154-182 (2009). F. Macagno et al., *Analogical Arguments: Inferential Structures and Defeasibility Conditions*, Argumentation, p. 1-23(2016).
⑥ F. Macagno, *Arguments of interpretation and argumentation schemes*, in Maurizio Manzin,Federico Puppo & Serena Tomasi (eds.), Studies on Argumentation and Legal Philosophy, Further Steps Towards a Pluralistic Approach,Università degli studi di Trento,51-80(2015).

论证在这两种法系中的用法。

（一）法定类比

下文将以意大利宪法法院 2010 年第 0280 号判决为例，从民法角度来说明何为法定类比论证。1992 年第 285 号法令第 180 条第 4 款，允许公共交通工具（载人交通工具）和租赁交通工具（不附带司机）在行驶过程中仅持有车辆所有者注册文件的复印件即可。本案中，警方拦截了驾驶某垃圾管理公司所注册卡车的驾驶员，驾驶员向警方出示了驾驶证和车辆注册文件的复印件。该案例相关车辆运载的对象不是人而是废弃物，是否适用上述法规？意大利宪法法院提出了这样一个论证，将垃圾管理公司的运输卡车与公共交通载人工具相对比，指出某实体被归为"公共交通载人工具"的基本特征是"可作为一项公共服务"以及"（隶属）被管理的系列车队"。①

在普通法中，法官既可以依据先例来适用法律规则，也可以定义法律规则。②在这种法系中，我们可以思考体现在法定类比这个概念背后的原则，并通过指出该原则的本质特征（或因素），将其视作已被法律规则或先例涵摄的某类范畴的规范或扩充，包括在将规则适用于边缘情形时。Popov v. Hayashi 案③是应用这种类比方法最著名的案例之一。本案中，原告 Popov（一名棒球球迷）用棒球手套接住了一位著名球员击中的棒球。由于该球员创造了新的本垒打纪录，使得这颗棒球的价值暴涨。然而，为了伸手去拿球，Popov 失去了平衡，被人群推倒在地，球落到了地上。Hayashi（被告）也被人群推倒在地，但当他看到地上的棒球时，随即将其捡了起来，而后站起来并放进口袋。Popov 认为，这颗棒球的所有权属于他，却无法证明这一点。双方的争议点在于，能否将 Popov 接到棒球那一刻就视作对球的一种"占有"。对此，原告辩护时采用了以下论证：

> 通过狩猎和捕鱼的例子，我们认为遭受致命伤的猎物可能在死亡之前还会逃跑一定距离。猎人是通过猎杀而不是最终得到猎物的方式来获得对猎物的占有，同样地，捕鲸者也是通过投掷鱼叉而非制服鲸鱼来获得对鲸鱼的占有。

---

① See http://www.dircost.unito.it/SentNet1.01/srch/sn_showArgs.asp?id_sentenza=20100280#20100280_3(accessed on 7 March 2012).
② J. Friesen, *When common law courts interpret civil codes*, Wisconsin International Law Journal, vol. 15, p.12-13(1996).
③ Popov v. Hayashi, WL 31833731, Cal. Super. Ct. (2002).

原告将对棒球的占有与狩猎和捕鱼中对猎物或鲸鱼的占有进行了对比。在后一种情况下，占有是根据对所占有物的部分支配和控制的标准或因素来确定的。

从推理的角度来看，法定类比可被看作一种具有谓词属性的规范形式。原定义①未能将处于边缘性的诸多情形划分界限，因此人们可以通过类比的方法对相关的、未言明的因素进行说明。这种类型的推理可表示如下②:

论证型式 3a：法定类比论证

前提 1（规则）	如果 x 是 P，那么 x 拥有权利 A 或 x 是 A。
前提 2（边缘情形）	尚不清楚 a（某个边缘性案例）是否是 P。
相似关系前提	a 与 b 相似。
前提 3（分类原则）	由于具有因素 $f_1, f_2, \cdots\cdots, f_n, b$ 被归为 P 类。
重新定义前提	如果 x 具有因素 $f_1, f_2, \cdots\cdots, f_n$，那么 x 是 P。
前提 4（因素）	a 具有因素 $f_1, f_2, \cdots\cdots, f_n$。
结论	因此，a 是 P。

法律陈述的谓词部分是通过强调所适用法律资格的本质因素来确定的，或者更确切地说，是通过重新下定义的方式来确定的。③

（二）法律类比（诉诸一般原则论证）

作为一种对概念重新下定义的策略，类比分析方法可被用以描述另一种推理机制，我们可将其称为法律类比。这种说法只涵盖了类比的特定逻辑维度，也考虑到它作为法律解释工具的推理部分（不涉及讨论其法律含义或特征）。法律类比反映出某项法律规则应用到具体案例的隐含比率。在大陆法系中，它体现出一种"建构未表达规则"的推理，④我们可以通过以下案例来说明⑤:

---

① 译者注：此处指的是上述案例中对"占有"的定义。
② K. Ashley, *Reasoning with cases and hypotheticals in HYPO*, International Journal of Man-Machine Studies, vol.34, p.758(1991).
③ R. Sorensen, *Vagueness and the desiderata for definition*, in James Fetzer, David Shatz & George Schlesinger(eds.), Definitions and Definability: Philosophical Perspectives, Springer, p.71-109(1991).
④ R. Guastini, *Interpretare e argomentare*, Giuffrè, 2011, p.278.
⑤ R. Guastini, *Interpretare e argomentare*, Giuffrè, 2011, p.280.

根据《意大利民法典》第 2038 条,任何人不当获得某些物品并善意转让该物品,可无视返还义务,并且应对价返还,而非返还物品本身或与其相等的价值。法律设置返还比例是为了保护诚信原则。按照这种观点,法律只规定了获利的对价返还,而没有要求受益人承担更多的义务,以此保护个人诚信。不当获利与随即转让的行为,与交易来历不明的赃物相类似。因此,对第 2038 条第 1 款的解释也适用于善意购买赃物的情形。

在这种情况下,一项未明示的原则是从法律中抽象出来的,并适用于本不属于该法律的案例。从这个角度来看,法律类比创造了一则新的法律。

在普通法中,这种类型的推理不仅被认为旨在扩展或精确化某个概念①,更是在约定一个更通用的且可能不被已有概念所涵盖的新概念。这可体现在 Adams v. New Jersey Steamboat Co. 案中②:

> 本案原告(乘客)因在被告旗下运营的一艘轮船上损失了部分财物而向被告提出补偿请求。……轮船公司的责任类似于普通法中旅店老板的责任,如果能够证明乘客在客舱里损失了一笔可以合理用于支付旅费的款项,那么该公司就要为此承担责任……

在本案中,并没有法律规定轮船经营者应负何种责任。不过,有一项法律规定,旅店经营者应作为保险人对住客的损失承担责任。法院决定以旅店经营者承担责任的比率作为参照,抽象出可应用法律谓词内容的本质属性。本案中,该比率和乘客与轮船经营者之间签订的合同有关,即包括为客人提供食物、住宿和提供服务收受的小费。这便创设了一个新的隐含范畴,即"受合同约束的住宿服务提供者",它既包括了旅店老板,也包括了轮船经营者。

这种论证可表示如下③:

---

① R. Sorensen, *Vagueness and the desiderata for definition*, in James Fetzer, David Shatz & George Schlesinger(eds.),Definitions and Definability:Philosophical Perspectives,Springer,1991, p. 100.
② Adams v. New Jersey Steamboat Co.,29 N. Y. S. 56(1894).
③ F. Macagno & D. Walton, *Argument from analogy in law, the classical tradition, and recent theories*, Philosophy and Rhetoric, vol. 42, p. 154-182 (2009). F. Macagno et al., *Analogical Arguments:Inferential Structures and Defeasibility Conditions*, Argumentation, p. 1-23(2016). R. Guastini, *Interpretare e argomentare*, Giuffrè,2011,p. 280-281.

论证型式 3b：法律类比论证

前提 1（目标法规）	没有法律规定 x 是 Q。
前提 2（属性法规）	如果 x 是 P，那么 x 拥有权利 A 或 x 是 A。
相似关系前提	P 和 Q 包含于具有相同属性的属概念 G 或是属概念 G 的子集。
种-属关系前提	如果 x 是 G，那么 x 具有权利 A 或 x 是 A。
结论	如果 x 是 Q，那么 x 具有权利 A 或 x 是 A。

这种推理基于两个基本原则，Boethius 在他的著作 *De Differentiis Topicis*① 中曾提及这两个原则。第一个原则是将种概念 P 的属性 A 归于属概念 G。这句话可由将属种关系关联起来的格言来支持：断言部分（在这种情况下是种概念部分）的谓词也可断言整体（在这种情况下是属概念部分）。② 类比二者，属概念 G 是根据种概念的谓词属性 A 抽象出来的。它被认为是该物种的本质属性（或者更确切地说，P 被选中是因为从 A 的角度来看，它与 Q 本质上相似），据此可断言属概念 G 的本质属性。另一个推理步骤是以第一个原则的要求为前提。以属概念 G 具有属性 A 为前提，可得出结论，种概念 P 具有 A 属性。这个推论可得到以下格言支持："可断言某事物的属概念（非本质上的）也可断言其种概念。"③因为 P 和 Q 都是属概念 G 的两个种概念，并且 A 反映属概念 G 的本质属性，所以 Q 是 G。

五、当 然 论 证

亚里士多德在《论题学》和《修辞学》中首次对当然论证进行了分析。在这两部著作中，他指出这种类型的推理是如何建立在谓词相似性之上的：如果一个谓词不能表述更能被其表述的实体 P1，那么它也不能表述不太能被其表述的实体 P2（《论题学》Ⅱ，10）。④ 当然论证的正向论证可表示为：如果某实体可被不太能表述其属性的谓词 P2 所表述，那么它必须可被更能表述其属性的 P1 所表述。在法律论证中，当然论证被认为与类比论证相类似。⑤ 使用这两类论证的解释者都旨在为未明

---

① E. Stump, *Boethius's "De topicis differentiis."*, Cornell University Press, 2004.
② Quod enim singulis partibus inest, id toti inesse necesse est(Boethii *De Topicis Differentiis*, 1189A).
③ [...]quae generi adsunt specie adsunt(Boethii *De Topicis Differentiis*, 1188C).
④ Aristotle, *Topics*, in Jonathan Barnes (ed.), *The complete works of Aristotle*, vol. 1, Princeton University Press, 1991.
⑤ R. Guastini, *Interpretare e argomentare*, Giuffrè, 2011, p. 282-283.

文表达的规则提供一种支持，并预设了一个参照比率，用来判断尚未裁决的案例（Horovitz 1972：96）。① 这种推理的结构可表示如下：如果一项规则将任意规范性资格（例如权力、义务或地位）适用于某个体或某群体，在该资格更能被适用于其他情况下时（译者注：例如，更能适用于其他个体或群体），则存在另一项规则（或存在不同且有效的规则）将相同的资格归于另外的个体或群体（Tarello 1980：355）。② 该论证可用于将法律规范的解释扩充或缩限至不属于原法律规范范围内的个体或行为。 这个论证的推理结构可通过 Bekteshi v. Mukasey 案③来理解：

> 若连获得庇护这个较低的标准都达不到，就更不能证明其拥有暂缓遣返的资格。

从 CAT④中"获得救济资格"（A）的角度来看，"扣留或遣返"（P_2）的举证标准包含适用于"庇护"（P_1）的举证标准，即 P_2 具有 P_1 的所有相关特征（或者更确切地说是要求），再附加一些额外的特征。 出于这个原因，这种类型的推理可以用于破坏性的，但不能用于建设性的。 即如果 P_2 适用这种情况，那么 P_1 也适用这种情况，但如果 P_2 不适用这种情况，则并不能得出 P_1 适用这种情况。 另一方面，如果 P_1 适用这种情况，则并不意味着 P_2 也适用这种情况，而如果 P_1 不适用这种情况，则 P_2 不可能适用这种情况：

有效推论	无效推论
$(P_2(x) \land A(x)) \to ((P_1(x) \land A(x))$	$(P_2(x) \land \neg A(x)) \to ? (P_1(x) \land \neg A(x))$
$(P_1(x) \land \neg A(x)) \to (P_2(x) \land \neg A(x))$	$(P_1(x) \land A(x)) \to ? (P_2(x) \land A(x))$

由此，我们认为当然论证是一种类比论证，它不是建立等价关系（P_2 与 P_1 相同），而是作为两个谓词之间的包含关系（如果 P_2，则 P_1）。 我们可将论证表示如下：

论证型式 3c：类比论证——当然论证

前提1（目标法规）	没有法律规定 x 是 Q。
前提2（属性规则）	x 是 P，那么 x 拥有权利 A 或 x 是 A。

---

① J. Horovitz, *Law and logic: a critical account of legal argument*, Springer Verlag, 1972, p. 96.
② G. Tarello, *L'interpretazione della legge*, Giuffrè, 1980, p. 355.
③ Bekteshi v. Mukasey, 260 Fed. Appx. 642(2007).
④ United Nations Convention Against Torture and Other Cruel, Inhuman or Degrading Treatment or Punishment，即联合国《禁止酷刑和其他残忍、不人道或有辱人格的待遇或处罚公约》。

续表

相似关系前提	P 和 Q 包含于具有相同属性的属概念 G 或是属概念 G 的子集,且 G 能实现 A。
种-属关系前提	x 是 G,那么 x 拥有权利 A 或 x 是 A。
当然前提	比起 P,Q 更应属于 G。
结论	如果 x 是 Q,那么 x 拥有权利 A 或 x 是 A。

在大陆法系中,这些推论用于解释规范性陈述。例如,我们可以考虑以下情况:①

根据《意大利民法典》第 11 条第 1 款的规定,(宪法审核生效前)法规不具有溯及力;因此,从属于该法规下的条例亦不具有溯及力。

在该法规中,当然推理预设了这样一项隐性原则,即对上位法适用的法律渊源的限制也适用于下位法。然而,同样的推理模式却得不出这样的结论:如果宪法法规需要得到国会绝对多数议员的同意才能通过,那么其下位规则也需要得到国会绝对多数的议员同意才能通过。Guastini 区分了两种类型的当然论证,划分标准取决于其推理目的,是用以加强解释陈述时更具优势的条件(如权利)还是更不具优势的条件(如义务)。在第一种情况下,论证做的是减法(从大范畴到小范畴)。比如,如果允许驾驶员闪烁车前灯以警示其他车辆,那么在同一情况下,当然允许使用更暗的车前灯予以警示。在第二种情况下,论证做的是加法(从小范畴到大范畴)。比如,如果公园内不允许骑自行车,那么就更不允许骑摩托车。Guastini 的分类强调了建设性谓词(权利)和破坏性谓词(义务和限制)之间的区别。它取决于对某种行为的评价结果。如果某行为是被禁止的,那么任何类似但更糟糕的行为(从法律角度评价)也是被禁止的;如果某行为是被允许的,那么任何类似且更好的行为都是被允许的。这种推理以某种行为的法律本质为基础。当某事物在法律上的特征或程度被评价为负面时,它在法律上将被视作坏的。因此,当某事物的本质属性比这种负面情况的负面程度更高时,它就会变得更糟,而当程度更低时,它就会变得更好。相反地,当某事物的本质属性在更高程度时能使某种行为更加良好,而在更低程度时会使行为恶化,那么该事物在法律上应当被视为是更好的。

---

① R. Guastini, *Interpretare e argomentare*, Giuffrè, 2011, p. 283.

六、诉诸权威论证

Walton 和 Koszowy 在现有诉诸专家意见论证型式理论的基础上，通过增加诉诸行政权威的论证型式，拓展了权威论证理论的研究。[1] 认知权威被定义为相关知识领域的专家，而道义行政权威则是一种对受该权威管辖的另一方行使命令或影响力的权力。[2] 行政机关的公告既可以具有法律约束力，但也可以上诉，而且若违反公告可能会受到惩罚。行政权威和专家意见分别反映了基于立法者权威的论证与引用专家证人权威论证之区别。诉诸权威也是法律解释中第三类论证的特征，即自然主义论证，其证明力源自大多数人的权威或共同意见。

（一）心理论证（当前立法者的意图）

这种论证的理论是基于被解释的法律陈述应反映实际起草者的意图。根据这种推理，法律陈述应被赋予与所谓的起草者或提出者，即历史上的立法者意图相符合的含义。[3] 此类论证正是建立在这种观点上：法律陈述是上级权威命令的表达。因此，解释法律陈述即对权威命令的重构。然而，如果立法者并非单一权威，如国王或皇帝，而是集体（如参议院或众议院等），这样的论证相当于将单一意图归于一群人，他们可能出于不同的理由和不同的意图投票通过了法律陈述。[4]

这种论证可以用一个普通法的案例，United States v. California[5] 来说明。这场关于加利福尼亚被淹没土地所有权的争议点在于如何定义"被水淹没的（土地）"和"被水淹没的（土地）"是否相当于"内陆水域"。法院的论证基于以下事实：重新定义概念的唯一方式是借助立法历史，或者更确切地说是立法者的意图。由于参议院拒绝承认在拟定议案中提出的定义，他们的意图不是去定义它，而是将决定权留给了法院：

---

[1] D. Walton & M. Koszowy, *Two kinds of arguments from authority in the adverecundiam fallacy*, in Frans van Eemeren, Bart Garssen, David Godden & Gordon Mitchell (eds.), in Proceedings of the 8th Conference of the International Society for the Study of Argumentation, Sic Sat, p. 1483-1492(2015).

[2] I. M-J. Bochenski, *An analysis of authority*, In Frederick Adelman (ed.), Authority, Martinus Nijhoff, p. 71(1974). D. Walton, *Appeal to expert opinion: Arguments from authority*, Pennsylvania State University Press, 2010.

[3] G. Tarello, *L'interpretazione della legge*, Giuffrè, 1980, p. 364.

[4] Easterbrook & Frank H, *Legal Interpretation and the Power of the Judiciary*, Harvard Journal of Law and Public Policy, vol. 7, p. 87(1984).

[5] United States v. California, 381 U.S. 139, at 150, 151(1965).

正如最初撰写的那样,该法案对内陆水域的定义包括"所有河口、港口、海港、海湾、海道、海峡、历史海湾,以及所有其他与公海相连的水域"。该定义被参议院删除。……删除对内陆水域的定义,并增加了与太平洋相连三英里内的限制,二者相结合,便显而易见地表明加利福尼亚州无法胜诉,即"正如法案所言,国会打算通过'内陆水域'来界定各州一直自认属于内陆水域的区域。"通过删除"内陆水域"的原始定义,国会的意图正是将此术语留给法院来阐释,且不引用《被淹没土地法》。

区分两种类型的权威对分析此类论证的证明力及其本质是有意义的。一种是诉诸权威论证的经典形式,对应之前提到的专家权威。① 另一种如上所述,立法者可被视作一种行政权威,其特征源自某些官员所担任的高级角色或上层地位的权力,这些行政官员有权在立法框架内做出具有约束力的行政裁决。② 这种权威论证可表示为如下论证型式:

论证型式 1a:诉诸行政权威论证

小前提	渊源 L 是参与(通过、起草、修改)法律陈述 A 的权威机构。
大前提	L(通过、起草、修改)命题 A 的意图是 A_1。
条件前提	如果渊源 L 是参与(通过、起草、修改)法律陈述 A 的权威机构,并且 L 意图将其解释为 A_1,那么 A_1 很可能被视作正确的解释。
结论	A_1 很可能被视作正确的解释。

在 Conroy v. Aniskoff③ 一案中,大法官 Scalia 指出了该论证型式存在的某些关键性问题,即将某种特定立法意图归结于某个机构,这是非常有问题的,而且出于个人想要捍卫的观点,他倾向于选择更符合他立场的业内人士的意见。结合诉诸专家意见的批判性问题、Tarello 的论证分析④以及对上述心理论证的反驳,我们从以下维度对上述关键性问题进行回应:

1. 权威问题:L 是否应被视为权威(法律独立于立法者的意志)?
2. 角色问题:谁是 L(是否是主流的、最有影响力、具有代表性的专家意见),他扮演了什么角色?

---

① D. Walton et al., *Argumentation Schemes*, Cambridge University Press, 2008, p. 19.
② M. T. Cicero, *Topica*. (Ed.) Tobias Reinhardt, Oxford University Press, 2003, p. 24.
③ Conroy v. Aniskoff, 507 U.S. 511, at 519 (1993).
④ G. Tarello, *L'interpretazione della legge*, Giuffrè, 1980, p. 366-367.

3. 意见问题：L 断言了什么蕴含 A_1？
4. 一致性问题：A_1 是否与通过同一法律的其他 Ls 的意图一致？
5. 融贯性问题：A_1 是否会引起法律体系的矛盾或不一融贯？

如何确定立法时的集体意志是最关键且最具争议性的问题，特别是当法案由不同政治团体出于不同目的投票通过时。正如 Scalia 所言，"无可回避的一点是：立法历史记录并不代表国会的整体意见，这是不言自明的；而期待存在完全代表整个国会的立法意见则是异想天开的。"① 另一个关键性问题是如何理解立法意图。作为佐证的立法准备工作或立法历史记录，可被用以分析立法机构支持该法律陈述的理由。显然，重构立法意图需要进行进一步论证，其中一种方法是向更高一级的权威提起诉讼。

（二）历史论证（连续性推定或保守派立法者）

心理论证的基础是立法者的权威。然而，其关键问题在于如何确定立法者在某特定案件中的立法意图。历史论证可被视为与诉诸权威论证不同的论证形式，后者的权威并非直接来自当前的立法者，而是来自同一法律体系下针对同一案例所适用的法律做出的习惯性解释。这种推理依据的原则是，规则在时间上是恒定的，后继立法者将前人制定的规则作为模板，只从语句形式或词汇的角度进行简单改进。② 从这个角度来看，先前的解释是后续解释的权威，那么可将先前的立法者视为当前立法意图所依据的权威。在普通法中，这种论证可被用来重构适用法律时不明显的立法意图。例如以下案例，本案涉及科罗拉多州第 12-47-901 条的解释③：

鉴于我们无法从 2005 年版第 12-47-903（5）条法规的字面意义来合理地确定立法意图，于是我们参考了更早的版本、法规制定的目的、设立后的影响以及立法历史记录来确定立法意图。1997 年，州立法大会表示，若违反禁止向未成年人提供酒类的相关酒类法案，也相当于违反了禁止教唆未成年人犯罪的刑法规则。藉由此举，立法机关明确规定，这些违反酒类法案的行为也可根据刑法受到起诉。因此，……1997 年这条法规的字面意义明确地反映出立法机关允许参照刑法起诉相关行为的意图。由上可得，1997 年的修正案表

---

① Bank One Chi., N.A. *v.* Midwest Bank & Trust Co.,516 U.S. 264,at 281,1996.
② G. Tarello, *L'interpretazione della legge*, Giuffrè,1980,p.368.
③ People *v.* Davis,218 P.3d 718,at 726(2008).

明，立法大会有意对向未成年人提供酒类的违法行为进行刑事处罚。此外，我们得出结论，2005 年的修正案并没有明示或暗示地表达否认根据刑法对教唆未成年人犯罪进行起诉的意图，同时也未修订第 12-47-903(5)条以及反映在第 1247-901(1)条中增加的(a.5)条款。

在缺少更有力证据明确支持立法者意图的情况下，历史论证是非常有用的，特别是当所审议的文件与要解释的法律陈述时间接近时。不过，这种论证是以法律应反映立法者意图这一原则为基础的，这与心理论证的弱点相同。它甚至还预设了当前立法者的权威源自先前立法者的意图。最后，我们引述 Scalia 的比喻，正如使用心理论证可能存在着一种成为某个"朋友"的追随者那样，使用历史论证也可能变成一种潜在的无限开放式调查，"人们可以回到更久远的过去，去研究内战时期的救济法案。"①

（三）诉诸先例权威论证

诉诸先例权威论证的基础是先前解释的权威性，或者更确切地说，是基于先前解释结论的权威性。这种推理不能等同于先例论证或类比论证，因为当诉诸先例不是一种有效规则或者法律理论不被视作法律渊源时②，诉诸先例权威论证能够适用。不过，问题的关键在于，确定哪种法律理论是主流的，或者是最好的。诉诸先例论证的关键是裁判理由，即为何如此裁判该先例的理由。这种理由可对应着某个论证或一系列论证，适用于相似的案例。

这种论证可以被表示为诉诸专家意见论证的一种变体③：

论证型式 1b：诉诸先前解释权威论证

大前提	渊源 L（法律理论或先例）来自包含命题 A 的主流领域 S 中的权威。
小前提	L 断言命题 A（在主流领域 S 中）为真（假）。
条件前提	如果渊源 L 是包含命题 A 的论域 S 中的权威，并且 L 断言命题 A 为真（假），那么 A 很可能为真（假）。
结论	A 很可能为真（假）。

---

① Conroy v. Aniskoff,507 U.S. 511,at 520,521(1993).
② 译者注：比如非判例法国家的案例就不能作为司法裁判中有法律效力的规则，而当代大部分国家一般不将法律理论视为正式的法律渊源。
③ D. Walton et al., *Argumentation Schemes*, Cambridge University Press,2008,p.19.

（四）诉诸公众意见：自然主义论证

自然主义论证的基础来自所谓人、社会关系或事物的"自然本质"。根据该观点，法律是从事物的本质中抽象出来的，无法由立法者强行设立，否则就不是真正的法律。比如，从这个角度来看，杀戮和虐待在客观上是错误的，因此就有了禁止杀人和禁止酷刑的法律。①但杀戮和虐待是错误的，这一事实并非由立法者所决定，而是基于（杀戮是错误的）自身的本质。正因如此，这则法律陈述才可被说为是正确的。这种论证常常作为某种依据被隐含在其他论证中，下文以意大利的案例为例②，该案涉及民法中禁止同性婚姻是否违宪的问题。据称，该法律与《意大利宪法》第 3 条（禁止任何形式的歧视）和第 29 条（如何定义家庭）相抵触。法院认为，禁止同性结婚并不违宪，其理由是将"家庭"定义为"以婚姻为基础的自然社群"（《意大利宪法》第 29 条）。这个定义是中性的；然而，什么才能被视为"自然社群"是具有倾向性的。③法院提出同性婚姻违背自然本质的论证是从家庭的"自然本质"出发的，这似乎是一种相当现实的观点，即存在一种符合自然本质的实体，而且描述这种实体的术语不是由语言惯例而是通过参考其他文献来确定含义。不过，倘若我们不接受这种根据自然本质定义家庭概念的哲学立场，那么就需要采用约定主义的观点来分析这种论证结构，而它得到了美国主流联邦案例的支持。

这种自然主义论证可理解为以使用"自然意义"或"常识意义"规则为论证基础④，即"在法规没有定义的情况下，美国最高法院将以符合常识或自然意义的方式来解释该法律术语。"⑤一个明确且具有开创性的例子是 Nix v. Hedden 案⑥中对"水果"（fruit）一词的定义：

> 从植物学的角度来说，西红柿是藤蔓植物的果实，就像黄瓜、南瓜、黄豆和豌豆一样。但是，在人们的习惯用语中，无论是食品销售商还是消费者，所

---

① R. Guastini, *Interpretare e argomentare*, Giuffrè, 2011, p. 242.
② Corte Costituzionale, Sentenza n. 138/210.
③ G. Damele, *Apian Imagery in the History of Political Thought*, in Elisabetta Gola & Francesca Ervas(eds.), *Metaphor and Communication*, John Benjamins Publishing Company, 2016, p. 173-188.
④ A. Soboleva, *Topical Jurisprudence. Reconciliation of Law and Rhetoric*, in Anne Wagner, Wouter Werner & Deborah Cao(eds.), *Interpretation, law and the construction of meaning*, Springer, 2007, p. 49-63.
⑤ Fed. Deposit Ins. Corp. *v.* Meyer, 510 U. S. 471(1994). Perrin *v.* United States, 444 U. S. 37, at 42 (1979). 322 L Ed Digest § 165.
⑥ Nix *v.* Hedden, 149 U. S. 304(1893).

有这些都是种植在菜园里的蔬菜,无论是煮熟的还是生吃的,就像土豆、胡萝卜、欧洲防风草、萝卜、甜菜、花椰菜、卷心菜、芹菜和生菜一样,通常在晚餐时与汤、鱼或肉一起食用或之后食用,这些汤、鱼或肉构成了日常主食,而不是像水果那样作为甜点食用。

"事物的自然本质"也可以被视为常识,是不需要进一步证明的可被普遍接受的原则。① 这种类型的论证可表示为诉诸公众意见论证:②

论证型式 4:诉诸公众意见论证

普遍可接受前提	A 被普遍认为是真的。
推定前提	如果 A 被普遍接受为真,那么就给了接受 A 一个理由。
结论	接受 A 是有理由的。

从这个角度看,我们可将解释性自然主义论证的结构(即诉诸需要解释的概念的"本质")视为诉诸对某定义("真正的"或"真实的"含义)达成共识的具体示例。③

七、诉诸后果论证

下面三类解释论证可被作为诉诸后果论证的示例或子类型:归谬论证、公平论证以及法律融贯性论证。

(一)归谬论证

归谬论证,或称反证法,是建立在立法者合理性原则基础之上的。该论证旨在排除那些可能导致不合理或"荒谬"规则的法律解释(Tarello 1980:369)。④ 这种论证纯粹是破坏性的,因为它旨在排除一种或多种可选择的解释,而没有提供任何正面理由来支持某个特定的解释。当法律陈述只存在另一种可选择的解释时,这种论证特别有用,因为它成为了选言三段论在语用意义上的对照论证,或一种对立的推理。

---

① People v. Collins,214 Ill. 2d 206,at 218(2005).
② D. Walton et al., *Argumentation Schemes*, Cambridge University Press,2008,p. 311.
③ S. Halldén, *True love,true humour and true religion:a semantic study*, Gleerlup,1960. E. Schiappa, *Arguing about definitions*, Argumentation, vol. 7, p. 403-417(1993). F. Macagno & D. Walton, *Emotive Language in Argumentation*, Cambridge University Press,2014,chap. 3.
④ G. Tarello, *L'interpretazione della legge*, Giuffrè,1980,p. 369.

不过，这种推理的证明力依赖于一种模棱两可的概念，即荒谬性（absurdity）①，特别指某项法规存在不协调之处。正如 Tarello 所强调的②，一项法规之所以荒谬，可能是因为它既能适用于某个案例（或者通用于此类案例），又能适用于某个案例（或通用于此类案例）的结果或影响。此外，荒谬的本质是模棱两可。所以其应用或作用到逻辑上、实践上或伦理上都可能产生不协调。由此 Tarello 认为，归谬论证是一种包含了诸多反驳策略的总称，旨在为确定某种解释而排除其他解释的可能。

在普通法中，这种推理被称为"荒谬主义"。③ 以下我们用 Corley v. United States 案来说明：④

> § 3501 法规（e）款将"认罪"定义为"对任何刑事犯罪的任何有罪供认或任何口头或书面形式的认罪声明"。因此，如果政府严谨地按字面解读，那么（a）款则意味着"在美国提起的任何刑事起诉中……，（有关'任何犯罪事由'的'任何认罪声明'）……若为自愿提供，则应被采纳为证据。"因此，在许多案例中，诸多证据规则被推翻：尽管被告坚称与辩护律师之间具有保密协议，但他告知辩护律师的认罪声明依然可被采纳；据称为被告所作的第四手传闻证据亦可被采纳；而被告在几年前所犯下的与本案完全不相关的供述也是可被采纳的。这些都体现着遵循文字主义的荒谬性，说明国会不能以文字主义的思维框架来编撰法案。

正如 Macagno 所主张的⑤，这种推理可用诉诸后果论证来表示：⑥

---

① 译者注：荒谬性（absurdity），哲学术语，字源是拉丁文的 absurdus，意为音乐上的"不合调"，在存在主义中用来形容生命无意义、矛盾的、失序的状态。为了符合中文表达习惯，部分地方可译作"不协调的""失序的"。
② G. Tarello, *L'interpretazione della legge*, Giuffrè, 1980, p. 370.
③ J. Manning, *The Absurdity Doctrine*, Harvard Law Review, vol. 116, p. 2389-2390 (2003). A. Gold, *Absurd Results, Scrivener's Errors, and Statutory Interpretation*, University of Cincinnati Law Review, vol. 75, p. 53 (2006).
④ Corley v. United States, 556 U. S. 303, at 317 (2009).
⑤ F. Macagno, *Arguments of interpretation and argumentation schemes*, in Maurizio Manzin, Federico Puppo & Serena Tomasi (eds.), Studies on Argumentation and Legal Philosophy, Further Steps Towards a Pluralistic Approach, Università degli Studi di Trento, 2015, p. 51-80.
⑥ D. Walton et al., *Argumentation Schemes*, Cambridge University Press, 2008, p. 332.

论证型式 5：诉诸后果论证

前提 1	如果 A 发生，那么好的（坏的）结果很可能会随之发生。
前提 2	导致好的（坏的）后果的事情应该（不应该）发生。
结论	因此，A 应该（不应该）发生。

在这种情况下，若继续沿用对法律陈述原有的解释，可能因为某些原因导致结果无法令人接受。比如，根据这种解释所产生的规则可能导致法律体系出现矛盾（直接或间接与其他法规相冲突），或者与道德准则相违背。

我们现在需要回顾一下，之前 Tarello 将"荒谬"的结果界定为"与社会价值观背道而驰"。在这里，我们需要区分一对诉诸价值论证的论证型式。第一种是诉诸正向价值的论证型式。①

论证型式 6：诉诸价值论证——正面价值

前提 1	对于主体 A 而言，价值 V 是正面的价值。
前提 2	如果 V 是正面价值，那么它是 A 承诺实现目标 G 的理由。
结论	V 是 A 承诺实现目标 G 的理由。

第二种是诉诸负面价值的论证型式。②

论证型式 6：诉诸价值论证——负面价值

前提 1	对于主体 A 而言，价值 V 是负面的价值。
前提 2	如果 V 是负面价值，那么它是 A 撤回实现目标 G 承诺的理由。
结论	V 是 A 撤回实现目标 G 承诺的理由。

需要注意的是，诉诸后果论证是一种建立在价值评价上的论证，它假定所讨论的后果可以分为好的（正面价值）或坏的（负面价值）价值。

（二）公平论证

公平论证是一种解释论证，它是价值论证的子类型（论证型式 6），它是从无可

---

① D. Walton et al., *Argumentation Schemes*, Cambridge University Press, 2008, p.321.
② D. Walton et al., *Argumentation Schemes*, Cambridge University Press, 2008, p.321.

争议的特定价值出发进行的论证，比如公正。 在分析基于诉诸正义的法律论证时，Perelman 认为①，正义是一种对平等概念的应用。 亚里士多德发现，正义所指向的事物之间应存在某种相似性，沿用此观点，Perelman 将形式或抽象的正义原则定义为一种行动原则②，根据这种原则，人们必须以相同方式对待本质上属于同类别的事物。

之前的 Popov v. Hayashi 案③正是一个明显的例子。 该案中，原告和被告声称拥有那颗本垒打棒球的理由各不相同。 原告对球具有优先占有权，因为他首先尝试接住了那颗球，但并未实现完全的占有。 当球落入被告口袋，被完全占有时，这颗球所有者的标牌上已然蒙上了一层阴影。④ 法院建议本案适用公平分配原则，但这必须得到一定的理由支持。 其中一个论证来自诉诸罗马法权威，不过罗马法在普通法系中并不被视为正式的法律渊源：

> 与全世界其他人相比，原告与被告对这颗本垒打的棒球均具有更优先的占有权。他们双方都拥有要求与另一人平等分享此项权利的尊严。因此，我们陷入了两难的境地。……公平分配的概念源于古罗马法。正如 Helmholz 所言，它有用之处就在于它"提供了一种以公平方式来解决相互竞争但具有相同竞争力的主张"。此外，"它还符合人们本能地认为何为公平的感觉"。

在同一案例中，法院必须证明适用公平原则是正当的。 然而，加利福尼亚州并没有与此问题相关的案例，因此无法使用类比论证。 唯一可引用的是某个同样遵循公平原则的诉诸先例权威论证，即"如果多方当事人对单一财产均提出了有效主张，那么法院将根据其主张的强度按比例认可其对该财产不可分割的权益。"

由于这是一起民事案件，因此法院必须根据优势证据做出裁决。 但是，如果一方的论证甚至无法证明比另一方更有说服力，也无法证明将球判给其中任何一方，那会发生什么情况呢？ 正如 McCarthy 法官所说，基于既定事实，每人都拥有同等价值的主张。 根据已有证据，似乎没有办法做出公正的裁决。 不过，McCarthy 法官诉诸公平的原则打破了这个僵局。 这种达成法律裁决的方式正巧契合了一种论证型式⑤，它源自 Perelman 关于正义原则的观点⑥。 在该型式中，α 和 β 是主体，而 ϕ

---

① Perelman & Chaim, *Justice, Law and Argument*, Reidel, 1980, p. 11.
② Perelman & Chaim, *Justice, Law and Argument*, Reidel, 1980.
③ Popov v. Hayashi, WL 31833731(2002).
④ 译者注：此处为作者的比喻，即这时候球已是二次占有。
⑤ D. Walton, *Baseballs and arguments from fairness*, Artificial Intelligence and Law, vol. 22, p. 434 (2014).
⑥ C. Perelman, *Justice, Law and Argument*, Reidel, 1980, p. 10-11.

是正在考虑的行动或政策。

论证型式 6a：来自价值观的论证——公平性

前提 1	主体 α 和 β 隶属同一类别。
前提 2	ϕ 同等地对待 α 和 β。
前提 3	若 ϕ 同等地对待 α 和 β，则 ϕ 是公平的。
过渡结论	ϕ 是公平的。
前提 4	如果 ϕ 是公平的，则 ϕ 应被执行。
最终结论	ϕ 应被执行。

公平论证的论证型式由两个相连接的推论构成。第一个推论支持的结论是"ϕ 是公平的。"第二个推论使用这个结论作为支持"执行动作 ϕ"的前提。

McCarthy 法官的论证符合这种型式，因为原告和被告均为同一类别的平等主体，平分球的收益对他们两人而言都是平等的，若如此，那么这将是一项公平的政策。因此，它理应被执行。

（三）辅助性论证：诉诸融贯性论证

诉诸融贯性论证是一种辅助性论证，或者更确切地说，是一种对导致规则冲突的法律陈述解释论证的反驳。它所依据的原则是，法律是一种融贯的、规范社会生活的、没有矛盾的体系。进而得出结论，当解释存在争议而导致规则互相冲突时，人们需要寻求一种"修正的解释"。[1] 正如诉诸法律完备性论证一样，诉诸融贯性论证也是纯粹的否定论证，因为它只用于反驳特定的（解释性）结论，而不提出任何解释。不过，虽然诉诸法律完备性论证只是用以支持法律陈述需要被解释的要求，但这种论证通过拒斥其中某一种可能的解释来表示其他解释是可接受的。特别地，它用以排除是否废止一项互相冲突的法律陈述（较早设立的或等级较低的），从而引出不会导致规则冲突的其他可能的解释。正如 Tarello 的观点，如果两个法律陈述（A 和 B）允许存在不同的解释（$a_1, a_2, a_3; b_1, b_2$），其中一些不相容（a_2 和 b_2，或 a_3 和 b_2），那么可能导致以下两种情况[2]：

---

[1] G. Tarello, *L'interpretazione della legge*, Giuffrè, 1980, p. 361.
[2] G. Tarello, *L'interpretazione della legge*, Giuffrè, 1980, p. 362.

可能解决的方案	诉诸融贯性论证	可能解决的方案
1. 由于 B 等级低于 A 或相较 A 而言（对 B 的解释）是先前的，因此宣布 B 无法被执行。	⇒	无法解决
2. 选择不冲突的解释（a_1 和 b_1 或 b_2 或 b_3；a_2 和 b_1；或 a_3 和 b_1）。	⇒	选择（a_1 和 b_1 或 b_2 或 b_3；a_2 和 b_1；或 a_3 和 b_1）

这种论证类型可被视为诉诸后果论证的子类型——参见论证型式 5。

八、实践推理和目的论证

目的论证的基础建立在立法者为制定法律所预设的抽象的特定目的之上。解释者并非在重构某真实个体在立法时的实际意志，而是重构制定该法律的实际目的。据此，法律陈述的解释应符合其被设立的目的。人们应考虑法律陈述中具体行为设立的背景或法律所追求的利益和目标来重建这个目的。[①] 通过这种论证，解释者可将被解释文本中对某种行为的适用拓展到法律术语的字面含义之外。

这种论证可以下论证型式来表示，称为实践推理：[②]

论证型式 7：实践推理

前提 1	我（主体）有一个目的 G。
前提 2	执行 A 这个行动是实现 G 的一种手段。
结论	因此，我应该（实际上来说）执行这个行动 A。

例如，我们可以思考 Garner v. Burr 案。[③] 在本案中，一位农民将没有橡胶轮胎的轮子装在鸡舍上，并拖挂在拖拉机后。而后，执法部门根据 1930 年颁布的《道路交通法》对他提起诉讼，理由是该法案禁止在高速公路上驾驶没有橡胶轮胎的机动车。辩护律师主张，鸡舍并非机动车，因为根据字典的定义（机动车）"是带有轮子或滑行装置，并用于运载人员或货物的运输工具"。加装着轮子的鸡舍并非用来运输

[①] G. Tarello, *L'interpretazione della legge*, Giuffrè, 1980, p. 370.
[②] D. Walton et al., *Argumentation Schemes*, Cambridge University Press, 2008, p. 323.
[③] Garner v. Burr, 1 KB 31, at 33 (1951).

任何人员或货物，因此并不归为"机动车"。法院适用的目的推论如下：

> 制定这些规则的理由有很多，其中包含了保护路面；而且，由于该机动车使用的是普通铁质轮胎而非充气轮胎，因此更容易损坏道路。……的确，根据字典的定义，"机动车"主要被作为带有轮子或滑行装置，并用于运载人员或货物的运输工具。诚然，（地方法官）当时并未发现机动车（指鸡舍）内装载任何物品；但我认为该法案明显针对的是任何由拖拉机或其他机动车辆牵引着的装带轮子运行的那种物体。

在上述案例中，法律的目的源自设立法律的"社会"效果，即保护路面。 在这个意义上，对机动车的定义是寻求立法目的的一种手段。

诉诸目的论证也可以得到历史论证的支持，即表明法律目的应如何与立法者的立法目的相符合。 例如，在 Smith v. United States[①] 一案中，被告被检方指控从事毒品交易，并因"使用武器"而被加重处理。 然而，被告实际上是在交易武器，而不是"将其（武器）作为通常意义来使用"，因此辩方将该术语（译者注：指使用武器）定义为"借助武器获取某种便利"以反驳检方对使用武器更为通用的定义。 但法院支持了检方的定义，并拒绝认可辩方提出的否认国会立法意图合理性的主张，即国会认为在任何情况下使用武器都可能导致暴力。 如果为了排除其他可能的解释（结合归谬论证），诉诸目的论证也是非常有用的。 如果主张所期待的解释是唯一一种不会与立法目的相矛盾的解释，那么它也将通过否定其他所有可能的解释而得到支持。[②]

九、溯因论证

溯因论证的论证型式包括经济论证和体系论证，以及诉诸法律完备性的辅助性论证。

（一）经济论证

这种论证也被称为非重复性立法者论证，因为它的原则是立法者不能颁布无用的法律陈述。 这种论证的论证目的是破坏性的，而且它排除了那种与解释意义重复，但颁布较早或层级更高的法律陈述。 如果颁布的法律陈述来源同一，那么这种论证尤为有用。 但是，如果颁布的法律处于法律体系的不同等级（法规与法律或法律与

---

① Smith v. United States,508 U. S. 223,at 240(1993).
② United States v. Barber 360 F. Supp. 2d 784,at 788(2005).

地方法律),那么这种论证的证明力会相当薄弱,因为在这种情况下,法律的重复性是非常高的。这一标准体现在法律解释的第一准则中,如下:①

> 法规中的所有语言均应充分地发挥作用。② 为了避免表述冗余,"解释法律时,我们应努力使国会在立法时使用的每一个单词都生效"(同上)。这说明法院"极其不愿意过多解释某项法规,以致相同法律中的其他条款显得多余。"

例如,上述案例中对"紧急服务"(emergency services)一词的定义如下(United States Code,§1396u-2(b)(2)(B)):

> 在(A)款(i)项中,"紧急服务"一词是指,针对登记在册的个人,该组织所承担的住院和门诊服务。

根据经济论证的观点,限定词"在(A)款(i)项中",意味着将"紧急服务"一词的应用限制在这项条款中,若非如此,那么添加这样的短语会是多余的。

这种推理可以通过最佳解释推理来体现(Walton 2002:44):③

论证型式 8:最佳解释推理

前提 1	F 是一组研究发现或给定事实。
前提 2	E 是对 F 的令人满意的解释。
前提 3	迄今为止,任何其他解释 E'都不如 E 更合理。
结论	因此,E 作为 F 的假设是很合理的。

对不同表述的原则做出不同的或更多样的解释,是一种对给定事实进行合理解释的方式。它是判断解释法律陈述或解释陈述中某特定语词是否多余的一种可行的方式。

(二)体系论证

体系论证建立在法律是一种统一体系的概念之上。 法律陈述的含义应与法律体

---

① Healthkeepers,Inc. v. Richmond Ambulance Auth.,642 F. 3 d466,at 472(2011).
② Clinchfield Coal Co. v. Harris,149 F. 3d 307,313(4th Cir. 1998).
③ D. Walton, *Legal argumentation and Evidence*, The Pennsylvania State University Press,2002, p. 44.

系相契合（而不是相排斥）。Tarello指出，鉴于"法律体系"概念的模糊性，体系论证实际上是一种汇集了多种论证类型的总称。

"法律体系"的第一层含义是，法律陈述出现在同一法典内。此时，法律陈述应根据其在法典中出现的顺序或位置进行解释。这种论证实际上对应着最佳解释论证（论证型式8）和心理论证的结合。法律陈述出现的位置反映着立法者的意志，而这种意志又可以转化为诉诸权威论证的形式。Guastini以《意大利宪法》第49条举例：[1]

> 所有公民都拥有自由加入任何政党，并以民主方式为决定国家政策做出贡献的权利。

在这则法律陈述中，"公民"一词该如何解释？按照体系论证的观点，这一术语应当放到整个宪法中来分析。从这个角度看，它属于"不可侵犯权利"的范畴，并受宪法第2条所约束：

> 共和国承认并保障人权不可侵犯，无论作为个体还是其所在社群，将确保其履行政治、经济和社会团结的不可变更之义务。

不可侵犯之人权适用于所有人类。因此，政党结社权也不仅限于本国公民。

体系论证也适用于术语一致性论证。根据"法律体系"的第二层含义，它应被视为立法者（在法典、法案中）使用的一系列概念。因此，如果法律概念和法律术语之间存在严格的对应关系，当某一法律术语在法律陈述中具有特定含义时，在它出现的其他所有法律陈述中都应被解释为这个含义。这种推理类型可通过Healthkeepers, Inc. v. Richmond Ambulance Auth案[2]来体现。本案中，"紧急服务"一词被定义在某个段落中，但该定义仅限在上一自然段中使用。根据体系论证的观点，该定义也应当在其他应用它的法规中解释成相同的意思。尤其在这个案例里，体系论证的证明力借由归谬论证得到了加强：

> 如果"紧急服务"在法规的不同之处被赋予了不同的含义，那么这个概念在适用各种不同服务的含义时会存在不一致的情况。

---

[1] R. Guastini, *Interpretare e argomentare*, Giuffrè, 2011, p. 48-49.
[2] Healthkeepers, Inc. v. Richmond Ambulance Auth, 642 F. 3d 466, at 472(2011).

"法律体系"的第三层含义对应的是作为整体的法律概念。不过,由于法律概念经常互相冲突,在这种情况下应用体系论证往往显得比较薄弱。①

(三)辅助性论证:诉诸法律完备性论证

诉诸法律完备性论证是辅助性的,因为它只是说明了进行解释的必要性,但没有提供选择哪种解释是合理的。诉诸法律完备性论证建立在这样一种理念之上,即法律体系是完备的、没有漏洞的,它旨在当缺少具体的法律规则适用某个案例时,推断出一种能够赋予此类案件法律资格的通用性规则(它是最佳解释论证的子类型,参见论证型式8)。这种论证的思想基于以下事实:立法者在设置法律时,不可能设置一种法律规则,一方面约束特定类别的个体或特定个体的行为,另一方面又重复地将任意法律资格赋予该个体。因此,若某种行为没有被赋予法律资格,那么就存在能够约束该行为的法律规则。这种论证用于否定任何可能导致以下结论的论证:如果特定行为没有受到特定的规则约束,那么法律就没有赋予此类行为任何法律资格。

十、结　论

本文中,我们描述了如何将法律解释论证转化为准形式的论证模式,即论证型式。通过界定为法律解释提供法律渊源陈述的典型推论模型的语义与逻辑结构,我们将解释论证化简为六种论证型式②,即缺乏证据的论证型式、类比论证型式、诉诸权威论证型式(包括诉诸"民主"权威等,即大众意见)、诉诸后果论证型式(包括诉诸价值论证型式)和实践推理型式以及溯因论证型式。解释论证是这些一般论证模式的子类型,每种子类型都反映着对应论证型式语义原则的本质特征。相关转化总结见表1。

表1　解释论证

1. 反面论证	缺乏证据的论证
2. 相似性论证	类比论证
2a. 法定类比	
2b. 法律类别	
3. 当然论证	

---

① G. Tarello, *L'interpretazione della legge*, Giuffrè, 1980, p.378.
② F. Macagno et al., *Argumentation schemes for statutory interpretation*, in Rinke Hoekstra(ed.), in Proceedings of JURIX 2014: The 27th Annual Conference on Legal Knowledge and Information Systems, IOS Press, p.11-20(2014).

续表

4. 诉诸权威论证	诉诸权威论证
4a. 诉诸立法者意图论证	
4b. 历史论证	
4c. 诉诸先例权威论证	
4d. 自然意义论证	
5. 归谬论证	实践论证 （诉诸后果论证及诉诸实践推理论证）
6. 公平论证	
7. 诉诸融贯性论证	
8. 目的论证	
9. 经济论证	溯因论证
10. 体系论证	
11. 诉诸完备性论证	

解释论证和论证型式之间的这种对应关系非常重要，理由如下：首先，这种对应为诸多领域提供了一个通用的词汇库，可以在法律、论证理论、人工智能和语用学领域中实现共享①，用来指代在各种普通法系或大陆法系的传统或法律学派中各种常见但名称可能各异的法律解释准则。其次，它对评价法律解释的依据（在人工智能中形式化②）以及用以检验每种结构下的批判性维度至关重要。最后，论证型式可以进一步分类，通过提供一种树形模型，让解释者通过选择问题为法律解释挑选最合适的论证③，这取决于解释者想要得到怎样的结论（或所主张的解释文本）。但正如我们所言，根据所适用的推理类型对司法解释的准则进行分类，也是同样重要的。

---

① F. Macagno et al., *Pragmatic maxims and presumptions in legal interpretation*, Law and Philosophy, 2017.

② See T. Bench-Capon & H. Prakken, *Using argument schemes for hypothetical reasoning in law*, Artificial Intelligence and Law, vol. 18, p. 153-174(2010). T. Gordon, *An overview of the Carneades argumentation support system*, in Christopher Reed & Christopher Tindale (eds.), Dialectics, dialogue and argumentation, An examination of douglas Walton's theories of reasoning and argument, College Publications, 2010, p. 145-156. B. Verheij, *Deflog: on the logical interpretation of prima facie justified assumptions*, Journal of Logic and Computation, vol. 13, p. 319-346(2003).

③ F. Macagno & D. Walton, *Classifying the patterns of natural arguments*, Philosophy and Rhetoric, vol. 48, p. 26-53(2015). F. Macagno, *A means-end classification of argumentation schemes*, in Frans van Eemeren & Bart Garssen(eds.), Reflections on theoretical issues in argumentation theory, Springer, 2015, p. 183-201. D. Walton et al., *An argumentation framework for contested cases of statutory interpretation*, Artificial Intelligence and Law, vol. 24, p. 57(2016).

《法律人工智能》三十年：第三个十年①

塞雷娜·维拉塔
米哈尔·阿拉什基维奇
凯文·阿什利
特雷弗·本奇-卡彭
L. 卡尔·布兰廷
杰克·G. 康拉德
亚当·怀纳 著*

方 豪 译**

摘 要

《人工智能与法律》创刊于1992年。本文对收录于该期刊第三个十年期间的论文进行了评述。它们表明了法律人工智能这一特定领域乃至

---

* 塞雷娜·维拉塔(Serena Villata)，法国国家科学研究中心计算机科学领域高级研究员、国际人工智能与法协会执行委员会成员(2022—2023)。
  米哈尔·阿拉什基维奇(Michał Araszkiewicz)，波兰雅盖隆大学法学理论系助理教授、国际人工智能与法协会执行委员会成员(2020—2021)。
  凯文·阿什利(Kevin Ashley)，美国匹兹堡大学法律与智能系统教授、国际人工智能与法协会主席(2000—2001)。
  特雷弗·本奇-卡彭(Trevor Bench-Capon)，英国利物浦大学计算机科学系荣休教授、国际人工智能与法协会主席(2002—2003)。
  L. 卡尔·布兰廷(L. Karl Branting)，美国MITRE公司计算法机器学习首席科学家、国际人工智能与法协会主席(2004—2005)。
  杰克·G. 康拉德(Jack G. Conrad)，美国汤森路透TR实验室的应用研究总监和首席研究科学家、国际人工智能与法协会主席(2014—2015)。
  亚当·怀纳(Adam Wyner)，英国斯旺西大学计算机科学系副教授。
** 方豪，浙江大学光华法学院博士研究生。
① 本文原文为 Serena Villata et al., Thirty years of Artificial Intelligence and Law: the third decade, Artificial Intelligence and Law, vol. 30, p. 561-591 (2022)。该文属"知识共享许可协议4.0"(the Creative Commons Attribution 4.0)下的开放获取内容，相关链接见：http://creativecommons.org/licenses/by/4.0。

人工智能大领域的一个重大转变：从符号技术转向基于机器学习的技术、尤其是基于自然语言文本而不是特征集的技术。本文讨论了其中的八篇论文：其中两篇涉及万维网上可用文档的管理和使用，其余六篇涉及机器学习技术在法律领域的具体应用。

关键词

法律人工智能　文档管理　机器学习

一、简　　介

《人工智能与法律》第三个十年最显著的特点是对机器学习技术在法律人工智能领域中应用的关注度急剧提升。当然，这并不是说人工智能与法的传统研究被完全忽视。1992年的第一期的论文主题包括案例论证[1]、规范推理[2]以及法律知识表征方法[3]，所有这些主题在第三个十年持续得到关注。案例推理研究的发展包括，约翰·霍蒂首先提出的先例约束形式化方法[4]，霍蒂和本奇-卡彭[5]在本刊中继续对此研究加以完善。值得一提的是霍蒂将他的理论扩展到包括量级因素[6]以及布尔因素[7]。这项工作在里格尼的论文[8]中被反思，并且普拉肯在他的研究中对不同的研究进路进行了比较形式化分析[9]。规范这一主题，在本刊的一期专题被加以讨论[10]，马哈茂德

---

[1] D. B. Skalak & E. L. Rissland, *Arguments and cases: An inevitable intertwining*, Artificial Intelligence and Law, vol. 1, p. 3-44(1992).

[2] A. Jones & M. Sergot, *Deontic logic in the representation of law: Towards a methodology*, Artificial Intelligence and Law, vol. 1, p. 45-64(1992).

[3] T. Bench-Capon & F. Coenen, *Isomorphism and legal knowledge based systems*, Artificial Intelligence and Law, vol. 1, p. 65-86(1992).

[4] Horty, J., *Rules and reasons in the theory of precedent*, Legal theory, vol. 17, p. 1-33(2011).

[5] J. Horty & T. Bench-Capon, *A factor-based definition of precedential constraint*, Artificial Intelligence and Law, vol. 20, p. 181-214(2012).

[6] J. Horty, *Reasoning with dimensions and magnitudes*, Artificial Intelligence and Law, vol. 27, p. 309-345(2019).

[7] J. Horty, *Modifying the reason model*, Artificial Intelligence and Law, vol. 29, p. 271-285(2021).

[8] A. Rigoni, *An improved factor based approach to precedential constraint*, Artificial Intelligence and Law, vol. 23, p. 133-160(2015). A. Rigoni, *Representing dimensions within the reason model of precedent*, Artificial Intelligence and Law, vol. 26, p. 1-22(2018).

[9] H. Prakken, *A formal analysis of some factor-and precedent-based accounts of precedential constraint*, Artificial Intelligence and Law, vol. 29, p. 559-585(2021).

[10] B. Savarimuthu, S. Cranefield, M. Purvis et al., *Identifying prohibition norms in agent societies*, Artificial Intelligence and Law, vol. 21, p. 1-46(2013).

等人①以及本奇-卡彭和莫德吉尔②也发表了相关的论文。阿卜杜勒卡里姆③以及科瓦尔斯基和达图④提出了法律知识表征的方法论。此外还出现了一些新的话题：技术发展提高了"智能"合同的可能性，⑤同时人工智能性能的不断增强也引发了对此类系统法律地位的讨论。这些讨论包括布莱森等人⑥以及索莱曼⑦的文章，以及关于这一主题的特刊。⑧尽管如此，机器学习在这十年后半期的发展是十分惊人的，本文讨论的大部分论文都与这一发展有关。

总体而言，前两篇论文代表了在上一个十年中已经建立的研究工作的延续，即互联网的发展使得大量的法律信息能够轻松获取。第一篇是由米哈尔·阿拉什基维奇评论的《用于对规范性条款进行高级访问和推理的描述逻辑框架》⑨一文，提供了一个基于规范条款推理的描述逻辑框架，以促进语义网技术在法律人工智能领域的应用。第二篇是亚当·怀纳评论的《Eunomos，一个用于提供相关、可靠和最新的法律信息的法律文件和知识管理系统》⑩一文，该文描述了一套为管理网络法律文件提供支持的综合工具。剩下的六篇论文讨论了机器学习技术在法律人工智能领域各方面的应用。

其中两篇文章探讨了利用机器学习技术来预测法律案件的结果。第一篇是由特雷弗·本奇-卡彭评论的《使用机器学习预测欧洲人权法院的判决》⑪，该文提供了此

---

① Mahmoud et al., *Establishing norms with metanorms in distributed computational systems*, Artificial Intelligence and Law, vol. 4, p. 367-407(2015).

② T. Bench-Capon & S. Modgil, *Norms and value based reasoning: justifying compliance and violation*, Artificial Intelligence and Law, vol. 25, p. 29-64(2017).

③ L. Al-Abdulkarim, K. Atkinson & T. Bench-Capon, *Accommodating change*, Artificial Intelligence and Law, vol. 24, p. 409-427(2016).

④ R. Kowalski & A. Datoo, *Logical English meets legal English for swaps and derivatives*, Artificial Intelligence and Law, vol. 30, p. 163-197(2022).

⑤ S. Azzopardi et al., *Contract automata*, Artificial Intelligence and Law, vol. 24, p. 203-243(2016).

⑥ J. Bryson, M. E. Diamantis & T. D. Grant, *Of, for, and by the people: the legal lacuna of synthetic persons*, Artificial Intelligence and Law, vol. 25, p. 273-291(2017).

⑦ S. M. Solaiman, *Legal personality of robots, corporations, idols and chimpanzees: a quest for legitimacy*, Artificial Intelligence and Law, vol. 25, p. 155-179(2017).

⑧ Indurkhya & Bipin, *Is morality the last frontier for machines?*, New Ideas in Psychology, vol. 54, p. 107-111(2019).

⑨ E. Francesconi, *A description logic framework for advanced accessing and reasoning over normative provisions*, Artificial Intelligence and Law, vol. 22, p. 291-311(2014).

⑩ G. Boella et al., *Eunomos, a legal document and knowledge management system for the Web to provide relevant, reliable and up-to-date information on the law*, Artificial Intelligence and Law, vol. 24, p. 245-283(2016).

⑪ M. Medvedeva, M. Vols & M. Wieling, *Using machine learning to predict decisions of the European Court of Human Rights*, Artificial Intelligence and Law, vol. 28, p. 237-266(2020).

类研究进路的一个典型例子，他们对欧洲人权法院的三个案件进行了预测实验。第二篇是由凯文·阿什利评论的《可扩展和可解释的法律预测》①，该论文解决了此类系统的一个重要局限性，即系统以法律术语解释和证明预测结果的能力。其指出，通过机器学习法律要素归因，可以为传统人工智能和法律系统开发解释技术。

其他文章讨论了其他类型法律任务。由杰克·G. 康拉德评论的《基于循环神经网络的模型用于识别法律文本中的执行部分》②一文，使用神经网络识别和标记了日本法律文件的特定部分。阿布德和费尔滕伯格的《自动化专利地图》③解决了识别与特定主题相关的专利这一具体但重要的任务。卡尔·布兰廷的评论文章还对机器学习方法在此时如此流行的原因进行深入探讨。最后两篇论文的评论由塞雷娜·维拉塔进行撰写。鲁杰里等人通过分析合同以检测潜在的不公平条款，而塔加雷利和西梅里则主攻在《意大利民法典》中检索相关法律条款的任务。

上述论文很好地说明大量法律数据的可用性如何催生了许多新的应用。因此，不仅需要研究管理数据的工具，同时也要关注到数据存在本身也为利用其训练系统执行各种法律任务提供了可能性。

二、用于对规范性条款进行高级访问和推理的描述逻辑框架——由米哈尔·阿拉什基维奇评论

《用于对规范性条款进行高级访问和推理的描述逻辑框架》一文（以下简称该论文）对有关语义网技术在法律领域的应用的理论和实践的讨论作出了贡献。自2000年以来，语义网技术已成为法律人工智能领域的核心主题之一。这篇论文使用万维网联盟（World Wide Web Consortium）开发的RDF（S）/OWL标准，提出了一个包含霍菲尔德关系的成文法法律知识（立法和相关法理）模型。该模型实现了对特定类型条款的查询和检索，并使用描述逻辑（OWL-DL）对存储的知识进行推理。此外，该文还提出了一个法律条款查询系统的原型架构（ProMISE）。

---

① L. K. Branting, C. Pfeifer, B. Brown. et al., *Scalable and explainable legal prediction*, Artificial Intelligence and Law, vol. 29, p. 213-238(2021).

② TS. Nguyen, LM. Nguyen, S. Tojo et al., *Recurrent neural network-based models for recognizing requisite and effectuation parts in legal texts*, Artificial Intelligence and Law, vol. 26, p. 169-199 (2018).

③ A. Abood & D. Feltenberger, *Automated patent landscaping*, Artificial Intelligence and Law, vol. 26, p. 103-125(2018).

该模型解决了从法规文本中检索所有相关条款的实践问题。律师或法律使用者感兴趣的是如何检索可能对评估给定事实情况或者法律关系起作用的所有条款。基于语义网方法中开发的标准化知识表征技术有助于识别法律条文及其要素之间的意义关系。

另一研究进路是布加里奥利更早之前提出的法律条款模型。[①] 在该模型中，法律条款被理解为文本实体，即具有意义的句子。在该模型中，法律条款被理解为文本实体，即被赋予意义的语句。它们可以从两个层面来加以分析：一个是结构（或形式）层面，侧重于立法文本的组织（条款、段落等）；另一个是语义层面，即立法文本实质含义的具体组织。法律条款模型实现了对条款类型（术语定义、义务、权利、权力、程序及其他具体类别）以及对条款属性的分类，例如权利（义务）人及相对人。属性可以预设特定的取值范围。一般而言，条款类型分为两类：其一是规则，包括构成性规则和规范性规则；其二是关于规则的规则，包括各类修正案。

重要的是，法律条款模型还可以区分法律条款（要素）之间的逻辑关系和技术关系。逻辑关系是领域中立的依赖关系，这也适用于霍菲尔德引入的基本法律概念之间的关系。对技术关系的研究不可能以抽象形式完成，因为它们只有在与特定规范相关联时才能被识别。技术关系基于立法者的决定而产生。例如，它们可能来自法律定义：已定义的术语应该在法定文本的所有实例中得到一致的解释。另一种技术关系可能源于对权利（义务）人不遵守法律规定而产生的制裁。技术关系可以通过在法定文本中援引相关条款来表明，也可以通过条款内容和相关属性值来重构。

该论文通过分析霍菲尔德对立方阵关系，对原始条款模型进行了重要的理论扩展。其中第一个方阵涉及道义概念（权利、义务、无权和特权），而第二个方阵涉及权力概念（权力、责任、能力瑕疵和豁免权）。为了充分表示这些关系，条款模型中的属性被细化以明示条款类型（例如，该模型将使用"存在义务承担者"这样的表达式，而不是"存在承担者"）。此外，我们还观察到，霍菲尔德关系使隐性属性能够在法律文本中明确表达的属性基础上被推导出来。例如，如果一项法规明确规定了A对B享有权利，那么通常可以推断出B对A负有义务[②]。这导致了模型的进一步细化，如在表示霍菲尔德概念的分类中，可以定义两个不相交的子类，分别指代概念的隐性和显性版本，例如隐性权利和显性权利。这将扩展条款属性类目，因为

---

① Biagioli & Carlo, *Towards a legal rules functional micro-ontology*, in Proceedings of workshop LEGONT, vol. 97, 1997.
② S. Giovanni, *Fundamental legal concepts: A formal and teleological characterisation*, Artificial Intelligence and Law, vol. 14, p. 101-142 (2006).

它不仅包含显性属性（例如具有显性义务承担者），还包括隐性属性（例如具有隐性义务承担者）。霍菲尔德概念之间的相关关系可以在模型中定义新的等价关系，例如隐性义务和显性义务，或"存在显性权利人"和"存在隐性权利人"这样成对的关系。

该模型的表达能力得到了许多实例的验证。典型的例子，如《欧盟消费者保护法》（2002年9月23日欧洲议会和欧洲理事会关于消费者金融服务远程营销的第2002/65/EC号指令）。其中一个例外情况是使用 CEN-Metalex 兼容的标记语法进行注释①，并通过消费者保护领域本体 DALOS 表示方法进行了表示②。条款模型和实例化法规的 OWL-DL 描述可通过 OWL-DL 推理器进行推理。RDF 三重存储（推理和非推理模型）可使用 SPARQL③ 查询。这篇论文验证了在选定领域中对逻辑关系和技术关系查询结果的有效性。

最后，这篇论文还描述了 ProMISE（基于法律条款模型的推理搜索引擎）的原型架构。研究小组应用 URI 和 XML NormeInRete 标准，生成意大利法律文件的网络数据集，并使用域本体来注释法律条款的语义内容。测试环境使用多语种 DALOS 欧洲消费者保护法本体。结果是一组 RDF 三元组，表示存储在 OpenLink Virtuoso 数据库服务器中的规范条款。由于关联的推理器存在局限性，因此可以使用 Pellet（一个基于 Java 的 OWL-DL 推理器）等外部推理器。最终，本文还对一个网络应用程序进行了评论，该程序为用户提供了能够根据条款模型进行系统查询的语义网络搜索工具。

该论文是本领域研究项目的优秀范例，项目将法律理论（霍菲尔德概念和条款模型中的条款分类）与基于实践目的的形式建模和计算建模相结合。该项目所提出的模型，通过利用法律条文之间的关系，能够对规范性法规（也适用于多语言环境）进行高级检索和推理；所提出的方法使问题的复杂性控制在深度学习计算可处理范围内。本解决方案和类似解决方案的一个局限性是其依赖于对规范文本进行适当、经过验证的结构和语义标记。该论文正确地指出，立法 XML 标记标准的制定以及可实现自动化或促进标记过程（包括结构和语义）的软件工具的可用性，是开发类似项目的重要因素。在过去十年中，LegalXML 社区制定了法律文本结构化标准，开发了法律规则建模语言和 URI 命名约定。④ 在这一框架下开发的解决方案已经实现了

---

① A. Boers et al, *Induction versus expectant monitoring for intrauterine growth restriction at term：randomised equivalence trial（DIGITAT）*，BMJ 341(2010)。
② T. Agnoloni et al.，*A two-level knowledge approach to support multilingual legislative drafting*，Law，Ontologies and the Semantic Web，vol. 188，p. 177-198(2009)。
③ SPARQL 是 SPARQL 协议和 RDF 查询语言的递归缩写，是一种 RDF 查询语言。
④ M. Van Opijnen，*European Case Law Identifier：indispensable asset for legal information retrieval*，2011。

相对高度标准化的形式，但仍有待进一步发展。①

该项目也是朝着立法文件语义注释过程标准化迈出的一步。此类标准不仅有助于便利法律信息的获取②，而且还有助于提高立法质量，因为它可以有效发现立法错误，例如立法中的矛盾规定③。本文也被研究立法技术的法律理论文献所引用④。

三、Eunomos，一个用于提供相关、可靠和最新的法律信息的法律文件和知识管理系统——由亚当·怀纳评论

Eunomos 系统⑤的开发目标是为法律研究人员、知识工程师和从业者开发一个在线系统，使他们能通过搜索、分类、注释和构建法律知识来管理和监测立法信息，并及时跟进立法变化。为了实现该目标，该系统使用 XML 表示立法来源，并使使用者能通过本体法律知识来访问它们。据说，Eunomos 能为财务合规人员、法律专业人员、公共行政人员、公益组织人员和普通人提供多领域的有效协助。法律规则的逻辑表示或立法文本的信息提取则不在其考虑范围之内。下文提出了一系列问题以及解决方法：

1. 法律的范围和数量很广，需要整合成一个机器可读的语料库。

解决方法：建立从立法门户提取法律文件，并将其转换为 XML 以及持续更新的大型法律数据库。

---

① E. g. P. M. Dung & G. Sartor, *The modular logic of private international law*, Artificial Intelligence and Law, vol. 19, p. 233(2011). T. Athan et al. , *LegalRuleML: Design principles and foundations*, Reasoning Web, Web Logic Rules: 11th International Summer School 2015, Berlin, Germany, July 31-August 4, 2015, Tutorial Lectures, vol. 11, p. 151-188(2015). P. Casanovas et al. , *Semantic web for the legal domain: the next step*, Semantic web, vol. 7. p. 213-227(2016). M. Palmirani et al. , *Pronto: Privacy ontology for legal reasoning*, Electronic Government and the Information Systems Perspective: 7th International Conference, EGOVIS 2018, Regensburg, Germany, September 3-5, 2018, Proceedings 7, Springer International Publishing, 2018.
② Nazarenko, Lidiia, Rainer Glüge & Holm Altenbach, *Inverse Hooke's law and complementary strain energy in coupled strain gradient elasticity*, ZAMM - Journal of Applied Mathematics and Mechanics/Zeitschrift für Angewandte Mathematik und Mechanik 101. 9(2021).
③ Araszkiewicz, Michał, Enrico Francesconi & Tomasz Zurek, *Identification of Legislative Errors*, in Proceedings of the 19th International Conference on Artificial Intelligence and Law, 2023.
④ Kłodawski & Maciej, *Referring phrases with deictic indication and the issue of comprehensibility of texts of normative acts: The case of Polish codes*, International Journal for the Semiotics of Law-Revue internationale de Sémiotique juridique, vol. 34. p. 497-524(2021).
⑤ G. Boella et al. , *Eunomos, a legal document and knowledge management system for the Web to provide relevant, reliable and up-to-date information on the law*, Artificial Intelligence and Law, vol. 24, p. 245-283(2016).

2. 法律部门和司法管辖没有明确或唯一的分类，导致了法律碎片化。

解决方法：识别法律部门，然后对该法律部门的文档进行分类和注释。根据相似性对文档进行聚类。这样，用户就可以在同一网络界面查询和查看跨主题和司法管辖区的立法。

3. 用户的专业化分工，使得法律的某些部分可能与用户需求更相关。

解决方法：对文章部分进行半自动、细粒度分类，使用户能够查看与自己相关的部分。

4. 异构、分布式的法律来源与用户通过互联网使用政府开放数据和链接开放数据获取法律的需求之间存在紧张关系。

解决方法：以开放标准和开放数据表为代表的机器可读的法律。

5. 法律必须保持更新以及统一。

解决方法：对法律版本进行注释。

6. 法律可能会修改或者被废除。

解决方法：对不同法律之间的关系进行语义标注。

7. 法律术语的含义可能会随着管辖以及时间的不同而有所不同。

解决方法：术语的法律部门本体和概念本体可以与源文本进行链接。

8. 法律语言可能含糊、不精确或存在歧义。

解决方法：将语言与知识工程师根据研究提供的附加信息、澄清和解释联系起来。

9. 法律中包含一系列必须查阅的交叉引用。

解决方法：识别交叉引用，并通过链接将文档关联起来，使得交叉引用的内容可以弹出或通过链接访问。

10. 源文本和机器可读资源之间存在知识瓶颈，即如何将源文本的丰富内容转化为资源。

解决方法：每个问题都被视为整个流程中的一个模块。每个模块都使用与任务和数据相关的工具，这些工具主要是半自动的交互式支持工具，以便法律知识工程师使用该工具对已转换为机读形式的数据进行过滤或结构化。开发目标是使界面使用不再需要专业技能，如文本分类、规则应用、自然语言处理等。处理任务包括向数据库添加立法文本，检查 XML 解析，添加交叉引用，分类引用，检查文档领域归属，向本体添加术语和概念，对文本进行评论，将本体链接到源文本，以及添加解释或诠释。

Eunomos 的核心系统有以下三层：

• 第一层是一个法律数据库。通过余弦相似度（TF-IDF）和部门法主题（SVM）对意大利国家法律进行处理，然后使用 ITTIG XML 解析器将 NormaInRete XML 格式转换为 XML。
• 第二层是一套法律术语本体。根据法律分类法中提取，其中包括词汇语义关系和基于语境或基于诠释的解释信息，然后通过 TULE 解析器将其与法律相关联。①
• 第三层是一个数据库查询的用户界面。可以根据本体、关键字和其他元数据来进行查询。每层都有一系列子组件。本文还讨论了其网络界面，并概述了用户和知识工程师的工作流程。EUNOMOS 系统是 Menslegis 商业合规服务的基础，该服务由都灵大学的分支机构 Nomotika 提供。

系统未来的开发工作旨在整合不同版本的法律文本，实现多语言搜索，扩充本体，并提取信息。 系统现在的运行情况表明，数据资源需要大量的维护工作来保持更新：提供工作流程是一回事，保持流程持续运行是另一回事。

（一）讨论

从上面问题和解决方法的目录中可以看出，Eunomos 有一个全球性且雄心勃勃的目标，涵盖了相互关联的各种常见问题和技术。 其集成工作台是一个非常有用的贡献；作为对现有问题、方法和技术的概述，该论文也很好地发挥了其作用。

然而，该系统的实践以及科学贡献相当有限。 将问题和解决方法集中提出是有效的，即使它们在人工智能和法律领域长期存在，所以单独看起来并不新颖。 在实践贡献方面，系统的数据和软件已被一家公司收购，无法供进一步的学术研究和开发使用。 在科学贡献方面，主要目的是重复使用标准方法（例如 TF-IDF、SVM 和本体），并将其与先前开发的项目（例如法律分类法、NormInRete 和 TULE 解析器）进行集成。 由于组件的现有技术并无创新，如果系统的源代码可用，这种整合的源代码可能是一个很好的贡献。 但论文没有专门讨论可能产生新科学贡献的整合问题。 论文报告了对一些组件的评估，但这是否为创新性工作，有待商榷；而且无论如何，对这些组件和评估进行独立同行评审会更有权威性。 同时，该系统经常使用面向意大利的工具来处理意大利立法，因此其具有通用性的主张很难得到支持。 最

---

① Lesmo et al., *Extracting semantic annotations from legal texts*, in Proceedings of the 20th ACM Conference on Hypertext and Hypermedia, 2009.

后,尽管论文提出其集成平台和用户群体的存在证据,但却没有提供关于用户体验或用户结果的报告。

尽管如此,这篇文章还是具有一定的影响力,谷歌学术中对本文的 93 次引用也证明了这一点。引用的文章相当多样化,涉及各种主题或特定领域的应用。这一观察本身挺有趣的,因为 Eunomos 提倡使用包容、全面的方法来获取、处理、构建和向客户提供法律信息。我们可以感觉到,即使存在商业利益,但开发这样一个集成平台仍然是挑战。此外,关键问题似乎不是技术本身,而在于对知识的获取和维护上,如上文问题 10 所示;这仍然是一个非常重要的问题。

四、自动化专利地图——由 L. 卡尔·布兰廷评论

亚伦·阿布德和戴夫·费尔滕伯格所著《自动化专利地图》①(以下简称"该论文")列举了法律人工智能领域的许多重要的最新趋势。本节将首先对这些趋势进行总结,然后讨论阿布德和费尔滕伯格所做的与这些趋势相关的工作。②

(一)以数据为中心的方法的兴起

在最初的几十年里,人工智能和法律的研究主要集中在基于人工构建的案件事实以及法律规则和规范的法律论证的形式模型上。③ 这与当时整个人工智能领域的实践方向是一致的,主要是推理、规划、解析和其他基于符号和逻辑的研究。这一整体方法与当时在哲学上有影响力的功能主义立场一致,根据这一立场,某些类型的符号操作被认为足以满足通用智能标准,④甚至可能构成意志本身。⑤

21 世纪大规模数据分析能力的快速增长颠覆性地将人工智能研究的重点从符号计算转向经验主义的、基于语料库的技术。这些技术通常强调统计学及其他机器学习技术。社区范围内数据集的大量增加、具有直接评估标准的预测任务以及排行榜为预测准确性的渐进式改进提供了制度性奖励。

---

① A. Abood & D. Feltenberger, *Automated patent landscaping*, Artificial Intelligence and Law, vol. 26, p. 103-125(2018).
② 声明:已经获得公开发布的批准;分发无限制。公开发布案例编号 22-0686。作者与 MITRE 公司的关联仅用于识别目的,不意味着 MITRE 公司同意或支持作者表达的立场、意见或观点。MITRE 公司保留所有权利。
③ L. K. Branting, *Data-centric and logic-based models for automated legal problem solving*, Artificial Intelligence and Law, vol. 25, p. 5-27(2017).
④ J. A. Fodor, *The language of thought*, vol. 5, Harvard university press, 1975.
⑤ D. Hofstadter, *The Copycat project: An experiment in nondeterminism and creative analogies*, 1984.

由于多种原因,法律人工智能领域在基于语料库的研究上进展缓慢。① 律师预测争议结果的能力通常随着法律执业经验的增加而提高,但对法律专家来说,他们更加关注如何为给定结论提出最令人信服的论证。 人类律师的培训通常强调在各种事实场景下生成、理解和评估相互矛盾的文本论证的能力。 虽然基于语料库文本分析方法有着悠久的历史,特别是用于作者识别和文体学研究,但这些应用中常用的浅层统计方法不适用于多数法律问题解决以论证为中心的分析特征。 此外,为非法律文本语料库开发的解析方法不足以适应法律文本的独特特征,例如句法复杂性和嵌套枚举。 最后,大型法律语料库可访问性的缺乏极大地削弱了研究人员将基于语料库的方法应用于法律决策的能力。② 因此,对法律专业知识的主流观点的争议、分析工具的局限以及合适的法律语料库的相对缺乏,都妨碍了基于语料库或语言学方法在法律文本分析中的进展。

然而,在过去的十年里,人们对将文本分析技术应用于解决法律问题的兴趣显著增加。 有三个因素促成了这一增长。

其一,新的人类语言技术(HLT),其中一些最初是基于视觉开发的技术,间接提高了分析法律文本的能力。 这些技术包括:语义向量空间,它可以检测单词、句子和更大文本范围内的同义词;更强大的解析和语义角色标注能力;对法规或案例引文网络的图形分析;论证分析;以及可解释的人工智能。 深度学习的显著改进明显提高了这些和其他法律文本分析任务的性能。③

其二,人们对应用技术解决决策支持和法庭辩论以外的法律问题的兴趣不断增长。 律师们从事的活动远超法学院一年级课程所教授的范围,人工智能行业和法律界已经越来越意识到人工智能有丰富的机会来协助这些活动。

其三,技术能力增长和应用激增的迹象之一是法律技术在政府和私营部门的迅速扩张。 最近的一项研究表明,美国近一半的行政机构已经尝试过人工智能或机器学习,主要是在执法、监管研究、分析、监控、内部管理、公众参与和裁决方面。④ 截至本文撰写时,斯坦福 CodeX 法律科技指数列出了 1800 多家提供法律服务的公司,这些法律服务包括合同分析、文档自动化,以及电子取证、分析和合规化。

---

① 例如,到 1996 年,统计方法已经"从计算语言学中几乎无人知晓的方法变成了基本的既定方法"(Abney 1996);2002 年人类语言技术会议(Marcus 2002)上几乎每篇论文都涉及语料库分析技术。相比之下,在这一时期,人工智能与法律国际会议上报告基于语料库工作的论文比例仅略有增加,从 1997 年 ICAIL 会议的约 18%增加到 2003 年 ICAIL 会议的约 21%。
② 即使是在今天的美国,"一系列技术和财政障碍阻碍了大规模获取公共法院记录"(Pah et al. 2020)。
③ 在《法律人工智能》的整个发展历程中,包括在深度学习发展之前,都有关于神经网络的论文发表,如 Crombag(1993)、Stranieri et al. (1999)以及 20 世纪 90 年代的其他八篇论文。不过,这些论文通常将神经网络应用于符号表示而非文本。
④ Engström, Emelie, Per Runeson & Mats Skoglund, *A systematic review on regression test selection techniques*, Information and Software Technology, vol. 52, p. 14-30(2010).

就在十年前，有关法律文本分析的研讨会还很少见，首届关于该主题的 ICAIL 研讨会在 2011 年举办之后，直到 2015 年才再一次举行。如今，展示该领域工作的论坛数量激增，包括 ASAIL、NLLP、IEEE 等。这一领域的论文撰写也越来越被视为人工智能和法律领域（包括本刊）的主流工作。该论文的首刊版本于 2016 年在圣地亚哥大学举行的"法律文本、文档和语料库分析"研讨会上报告，其扩展版则发表在本期特刊上。[①]

（二）关于自动化专利地图一文的讨论

该论文体现了当前许多趋势。该论文并没有提出规范模型、对论证框架的解释或基于人工管理的标示法，而是通过将人类专业知识与 HLT 和机器学习的最新进展相结合，为处理现实世界的重大法律问题提出了一种易于实现的解决方案。

识别与给定主题相关的专利，以及这些专利的所有权和诉讼状态，是许多商业机构、政府和学者的重要任务。专利地图被用于工业界的投资决策指导，研究和开发，以及了解竞争对手的活动，并且估计在特定市场开发新产品中具有可行性。同样，公共政策制定者也可以参考专利地图，为健康、农业和环境等领域的高层政策问题提供信息。对于人类专家来说，专利地图是一项昂贵、具有挑战性且耗时的活动。鉴于专利地图的重要性和难度，自动化的辅助可以为这项活动带来显著的实际收益。

专利数据由文本（标题、摘要、详细描述和权利要求）以及各种形式的元数据组成，包括类别代码、引文和专利族关系。类代码被组织成主题标签的复杂层次结构；多个代码通常适用于单个专利。专利通常包含对在前公开的专利或专利申请的引用，旨在帮助确定引用的专利具有新颖性和非显而易见性。专利族包括同一专利的不同公开版本，以及具有优先关系的其他专利的公开版本，例如在多个国家提交的专利或"在同一国家提交的多个申请，共享详细描述，但具有不同的权利要求"。

该论文使用半自动化方法，从人工管理的种子集开始，然后通过专利族引用和类代码链接将其扩展为广泛包容的集，再使用经过训练的机器学习模型来对该扩展集进行剪枝，以区分种子集实例（正例）和来自扩展集外部的随机采样实例（负例）。

该论文操作过程的准确性取决于一个涵盖其所期望地图子主题的初始种子集。构建这样的种子集需要人类专业知识，但它比要求用户识别足以识别所需专利地图中所有且仅是专利的关键词或类代码要简单得多。事实上，一个合适的种子集可以让用户不必了解专利主题中"技术的细微差别"。因此，该论文目的是尝试扩展或增强人类专业知识，而不是试图取代它。

---

① J. G. Conrad & L. K. Branting, *Introduction to the special issue on legal text analytics*, Artificial Intelligence and Law, vol. 26, p. 99-102 (2018).

种子集是基于上面提到的两种形式的结构化专利元数据进行扩展的,即家族引用和类代码(仅限于"高度相关"的代码,意味着种子集大体上具有高度判别性)。根据特定的技术领域和用户的目的,扩展可以是一级("窄")或两级("宽")。

扩展步骤通常召回率较高,但精度较低,因此需要一个剪枝步骤来细化结果。该论文的一个关键见解是,既不在扩展集又不在原始种子集中的实例可以用作负例。这些实例在该论文中被称为"反种子"。因此,可以使用种子和一个反种子的采样子集来训练模型以估算扩展集中实例的相关性。

该论文的一个关键观察是"特定的机器学习方法与以半监督方式获取训练数据的更广泛技术是正交的。"开发"种子/反种子训练集"的程序与用于训练剪枝模型的具体技术无关。该论文比较了三种预测模型。第一种是长短期记忆神经网络[1],它以分类代码、引用和来自专利摘要的文本的 word2vec 嵌入作为输入[2]。第二种是采用有 SVD(奇异值分解)嵌入的浅层神经网络[3]。第三种是采用随机特征投影的感知器[4]。在 10 倍交叉验证中,可以观察到 LSTM 方法具有最高的准确性。然而,该论文的方法可以将改进的分类器技术纳入其中。

笔者认为,他们提出的范式可以应用于其他领域,即通过跟踪种子的元数据链接来创建一个候选集,然后使用从种子/反种子训练的模型对候选集进行剪枝。其中文档包含文本及链接元数据,比如"学术文章和法律意见"。的确,这是一种广泛适用的方法。例如,立法和监管文本也具有可用于网络分析的文本和元数据特征(例如引用)。目前新兴研究利用决策和法规的混合特性,将文本相似度度量与基于元数据的网络分析整合到预测框架中。[5] 尽管这种方法适用于非专利法律数据,但引用该论文的几乎全是专利分析研究人员。[6] 然而,这项工作远远超出了专利分析领域,

---

[1] S. Hochreiter & J. Schmidhuber, *Long short-term memory*, Neural Computation, vol. 9, p. 1735-1780(1997).

[2] Y. Goldberg & O. Levy, *word2vec Explained:deriving Mikolov et al.'s negative-sampling word-embedding method*, arXiv preprint arXiv:1402.3722(2014).

[3] De Lathauwer et al., *A multilinear singular value decomposition*, SIAM journal on Matrix Analysis and Applications, vol. 21, p. 1253-1278(2000).

[4] F. Rosenblatt, *The perceptron:a probabilistic model for information storage and organization in the brain*, Psychological review, vol. 65, p. 386(1958).

[5] E. g. F. Dadgostari, M. Guim, P. A. Beling et al., *Correction to:Modeling law search as prediction*, Artificial Intelligence and Law, vol. 29, p. 1(2021). Leibon, G., Livermore, M., Harder, R. et al., *Bending the law:geometric tools for quantifying influence in the multinetwork of legal opinions*, Artificial Intelligence and Law, vol. 26, p. 145-167(2018). Sadeghian, A., Sundaram, L., Wang, D. Z. et al., *Automatic semantic edge labeling over legal citation graphs*, Artificial Intelligence and Law, vol. 26, p. 127-144(2018).

[6] S. Choi et al., *Deep learning for patent landscaping using transformer and graph embedding*, Technological Forecasting and Social Change, vol. 175, p. 121-413(2022).

展示了近期人工智能与法律研究的四个显著特征。

第一是在解决法律问题中强调协助而不是取代人类专业知识。第二是将这种协助置于适合机器学习技术的预测框架中。机器学习缺乏解释能力,这使得它可能不太适合自由裁量的法律判断,但对于旨在辅助而不是代替人类专家判断的数据分析任务,缺乏解释能力的问题就显得不那么重要,只要可以评估预测模型的准确性就可以了。第三是创造性的训练集构建。机器学习的性能通常对训练集的大小非常敏感,但是人工开发大型训练集对许多任务来说是不可行的。因此,机器学习的实际应用通常依赖于设计或发现自然产生的潜在训练集。第四,该论文表明,即使是原型实现也不必局限于少数几个示例,而可以实现大规模实施(在该论文的例子中大约有1000万项专利)。

在该论文最初发表时,这四个特征对于法律人工智能界来说相对不常见,但现在它们已成为越来越有影响力的法律人工智能研究领域。①

五、基于循环神经网络的模型用于识别法律文本中的执行部分——由杰克·G. 康拉德评论

在《基于循环神经网络的模型用于识别法律文本中的执行部分》中(以下简称该论文),阮等人训练了一个循环神经网络(RNN)来识别和标记日本法律文件中的两个关键部分——"必要部分"和"执行部分"。② 这篇论文的值得注意之处在于,它是自2010年以后的十年中神经网络进路复兴以来,《人工智能与法律》杂志首批发表的关于实质性神经网络(深度学习)的论文之一。事实上,这就是作者受邀为本杂志的法律数据分析特刊贡献该作品的修订版本的原因之一。③ 作者意识到其论文的开创性作用,因此他们出色地为读者提供了对双向长短期记忆模型各层运作机制的全面深入的介绍。论文的整体都服务于这一目标,而且他们的图表的卓越质量也值得认可。作者不仅描述了代表神经架构的网络层,而且还让读者更具体地理解不同组件如何相互交织、共同运行。

由于来自世界其他地区的法律人工智能论文可能不经常从必要部分和执行部分的角度使用法律语句中的关键部分,因此在这里有必要对它们加以定义。句子的必

---

① 例如,在2021年国际法律人工智能学术大会(ICAIL 2021)的论文中,约有三分之二包含数据分析或基于语料库的内容。
② TS. Nguyen et al., *Recurrent neural network-based models for recognizing requisite and effectuation parts in legal texts*, Artificial Intelligence and Law, vol. 26, p. 169-199(2018).
③ J. G. Conrad & L. K. Branting, *Introduction to the special issue on legal text analytics*, Artificial Intelligence and Law, vol. 26, p. 99-102(2018).

要部分指的是为实现特定目的而必要的部分,例如,"一个资源有限的人,使用欺诈手段使他人相信他是一个拥有大量资源的人。"相反,句子的执行部分指的是实现这一目的(或提供实现这一目的的实际手段),例如,继续上面的句子,"他/她的行为可能不会被撤销,并可能受到处罚。"

作者在这项工作中追求的任务是对法律文本进行语义解析。该功能可用于多种应用。它可以用来提高法律检索系统的质量,使用户能够专注于文档的相关部分而不是整个文本。在法律摘要系统中,识别必要部分和执行部分可能有助于提取具体的关键信息。此外,这种功能可以通过利用法律文本的因果关系或将模型暴露给充分的、有意义的训练示例来帮助提高问答(QA)系统的质量。事实上,阮等人研究的多样化方法预现了获得 ICAIL 2021 最佳论文奖的研究所追求的广泛的、主要关注 QA 的深度语言模型。

如下文所述,本文的优点是清楚地说明了为什么该作品值得被收录在这一期特刊中。正如人们对这一类论文所期望的那样,阮等人在日语和英语数据集上均进行了实验:日语数据集是日本国民养老金法必要执行识别数据集[JPL-RRE];英语数据集是《日本民法典》数据集[JCC-RRE]。

作者将他们的方法与由一系列条件随机场(CRFs)组成的非神经基线进行比较。除了对 JPL-RRE(日语)数据集进行三种不同变体的 Bi-LSTM 架构的研究外,他们还对 JCC-RRE(英语)数据集进行了五种不同变体的研究。他们最初利用单一的 Bi-LSTM 序列或具有 CRF 外部特征的 Bi-LSTM,然后逐步使用多层 Bi-LSTM,最后在一个使用单个多连接层的实验和另一个使用两个多连接层的实验上进行成形实验。后者为作者提供了避免重复数据、执行迭代训练周期的优势,以及最终节省训练模型时间和费用的优势。

作者以有意义的细节展示了底层模型使用的算法,而不是简单地引用形成性 Bi-LSTM、BERT 或其他语言模型文献中的一些关键论文。这超越了许多该领域的论文所取得的成果。

阮等人共同提出了神经网络技术的几种变体,用于识别法律文本中的必要部分和执行部分。首先,他们引入了改进的 BiLSTM-CRF,允许他们使用外部特征来识别非重叠的必要执行(RE)部分。然后,他们提出了 BiLSTM-CRF 模型序列和两种类型的多层模型来识别重叠的必要执行(RE)部分,其中包括多层 BiLSTM-CRF 和多层 BiLSTM-MLP-CRF 模型(后者利用多层感知器变体消除了冗余组件,可以减少训练时间和冗余参数)。作者使用的技术明显优于以前的方法,并在 JPL-RRE 集合上实现了最先进的结果(F1 为 88.81%⇒93.27% + 5.0%)。关于 JCC-RRE 数据集,他们的技术优于 CRF,这是一种强大的用于序列标记任务的算法方法(F1 为 73.7%⇒78.24% + 6.2%)。对于重叠的 RE 部分的识别,多层模式是理想的,因为它们代表了统一的模型，可以加快训练和测试过程，但与一系列 BiLSTM-CRF 模型相比，可以提供竞争性的结果。考虑到两种类型的多层模型，多层 BiLSTM-MLP-CRF 解决了多层 BiLSTM-CRF 的局限性，因为它消除了冗余组件，从而提供了更小的模型和更快的训练和测试时间，而不会牺牲性能。

阮等人工作的另一个优点是，它预测传统上被认为不透明或属于"黑匣子"的模型的可解释性将日益重要。作者通过两种方式来解决这种神经模型普遍缺乏透明度和可解释性的问题。首先，他们利用更传统的 NLP 技术——条件随机场——与他们的模型共同使用以提高透明度。其次，他们进行了一系列对错误的分析，通过混合模型的错误标记使读者能够深入了解为什么这些经过训练有素的深度学习模型会做出这种决策（有时会出现错误）。

法律人工智能界的一些成员，包括审稿人，对发表这类深度学习论文表示担忧，至少部分原因是上述透明度问题。作为回应，阮等人预料到了此类保留意见，并通过他们的混合深度学习和传统 NLP 模型直接解决了这些问题，这些模型允许"幕后"视图和错误分析，揭示了分类任务涉及的优势和不足。他们甚至提出了新的训练程序，可以弥补这种性能差距。通过表现出对质量和对透明度的关注，作者不仅减轻了评论者的担忧，还取得了卓越的成果。

通过采取这些额外的措施，作者向研究界呈现了最先进的技术和模型，同时为下一代法律人工智能研究人员提供了灵感。阮等人不仅仅是开拓者，他们还建立了一种激励措施，促使人们使用这些深度语言模型，并将其应用于法律领域的挑战，以达到更高的性能水平。

六、使用机器学习预测欧洲人权法院的判决
——由特雷弗·本奇-卡彭评论

自法律人工智能发展早期以来，学者们便经常讨论该领域的最终目标可能是用计算机代替法官。[①] 实际上，这并不是法律人工智能研究的共同目标：相反，重点是《使用机器学习预测欧洲人权法院的判决》一文（以下简称"该论文"）中提出的目标，该论文是真正意义上的法律人工智能论文的第一篇论文的候选者，该论文提出"计算机法律推理建模将是一个富有成果的研究领域"，以便"更好地理解法律推理和法律论证的形成"。

---

① E. g. D'Amato & Anthony, *Can/should computers replace judges?*, Georgia Law Review, vol. 11, p. 11-36(1977). Van den Herik & H. Jaap, *Kunnen computers rechtspreken?*, Gouda quint (1991). Verheij & Bart, *A Second Coffeehouse Conversation on the Van den Herik Test*, vol. 13, 2021.

因此，早期系统的重点主要在于证明结果合理性的推理，而不是预测结果本身。例如 HYPO①和 CATO②等基于案例的系统会为用户提供可以提出的论点，但任何评估都留给用户自行决定。塞尔戈特提出的基于规则的系统③确实提出了一个建议结果，但重点是解释如何达成这一建议。本奇-卡彭还提出，基于规则的系统也可以为双方提供判决的理由，并允许用户决定哪些理由应该优先考虑。《预测基于案例的法律论证的结果》④以及《自动分类案例文本并预测结果》⑤这两篇文章确实使用了CATO 风格的技术来预测结果，但预测结果附带了详细的理由。因此，符号系统往往更关注决策的理由，而不是决策本身。这种想法是，这些系统应该辅助律师，而不是取代他们，一个简单的没有任何理由支持的预测并不能提供真正的支持。这一点在该论文中得到了令人信服的论证⑥。

然而，那些有兴趣将机器学习技术应用于法律案件的人往往会倾向于讨论预测。早期的例子有格罗恩代克⑦和帕努⑧的文章，他们分别使用了神经网络和遗传算法。然而，人们认识到即使是在使用机器学习的情况下，也需要证明预测的合理性：拆分系统非常强调其基于论证的解释，本奇-卡彭试图从神经网络模型中提取一组规则。⑨有趣的是，尽管实现了非常高的准确率，但该系统应用的规则并不是该领域的正确规则集。最近，这一结果在当代机器学习技术中得到了复制。⑩

机器学习技术在人工智能和法律中的使用一度陷入停顿，但是，如第四章所讨论的那样，机器学习技术的发展以及大量数据的可用性大大增加，导致人们对这些技术

---

① E. L. Rissland & K. D. Ashley, *A case-based system for trade secrets law*, in Proceedings of the 1st International Conference on Artificial Intelligence and Law, 1987.

② V. Aleven & K. D. Ashley, *Doing things with factors*, in Proceedings of the 5th International Conference on Artificial Intelligence and Law, 1995.

③ M. J. Sergot et al., *The British Nationality Act as a logic program*, Communications of the ACM, vol. 29, p. 370-386(1986).

④ S. Brüninghaus & K. D. Ashley, *Predicting outcomes of case based legal arguments*, in Proceedings of the 9th International Conference on Artificial Intelligence and Law, 2003.

⑤ K. D. Ashley & S. Brüninghaus, *Automatically classifying case texts and predicting outcomes*, Artificial Intelligence and Law, vol. 17, p. 125-165(2009).

⑥ F. Bex & H. Prakken, *On the relevance of algorithmic decision predictors for judicial decision making*, Proceedings of the 18th International Conference on Artificial Intelligence and Law, 2021.

⑦ C. Groendijk & A. Oskamp, *Case recognition and strategy classification*, in Proceedings of the 4th International Conference on Artificial Intelligence and Law, 1993.

⑧ A. Pannu & S. Anandeep, *Using genetic algorithms to inductively reason with cases in the legal domain*, Proceedings of the 5th International Conference on Artificial Intelligence and Law, 1995.

⑨ T. Bench-Capon, *Neural networks and open texture*, in Proceedings of the 4th International Conference on Artificial Intelligence and Law, 1993.

⑩ C. Steging et al, *Discovering the rationale of decisions: towards a method for aligning learning and reasoning*, Proceedings of the 18th International Conference on Artificial Intelligence and Law, 2021.

的兴趣激增。其中大部分是针对除决策支持和论证之外的法律任务，但预测案件结果也受到了相当程度的关注。阿莱特拉斯的文章是一个备受关注的例子①，吸引了大量的媒体关注该文使用支持向量机②来分类欧洲人权法院（欧洲人权法院）的决定，并取得了79%的准确率。欧洲人权法院是一个特别有吸引力的领域，因为它的判决很容易公开获取，所以其判决已经成为许多后续调查的主题。本文是第一篇发表在该期刊上的关于机器学习预测法律案件的论文。和阿莱特拉斯的文章一样，该文也使用支持向量机线性分类器将欧洲人权法院案件分为违规和非违规两类，并且也取得了75%的准确率。该论文描述了三个实验，第一个实验是在阿莱特拉斯的文章中执行的分类任务。

一个关键问题是要使用哪些信息进行分类。当然，可以使用的判决是在判决作出之后写的，并且实际上包括案件的结果。由于任何有意义的预测都应该在做出判决之前进行，所以它只能使用在案件审理之前可用的材料，因此必须排除一些已决判决。欧洲人权法院的判决包括多个部分：

— 介绍，包括标题、日期、法庭、法官等；
— 程序，描述索赔的处理；
— 事实，由两部分组成：
  — 案件情况，有关申请人以及导致索赔的事件和情况的信息；
  — 相关法律，包含欧洲人权法院以外法律文件的相关规定；
— 法律，包含法院的法律论据；
— 结果，包含案件裁判结果；
— 反对/同意意见，包含法官的补充意见。

显然，并非所有内容都可以使用，因为某些部分，例如判决结果，会使分类任务变得相当容易。因此仅使用其中程序和事实部分。然而，即使在这里也存在一个问题：事实是裁判者在得知判决后起草的，因此可能反映导致判决本身的想法。对于许多欧洲人权法院案件，在听证会前都会写一份事实陈述，发送给存在违反规定潜在可能的政府以寻求回应。然而，在《自动预测欧洲人权法院待决申请的判决》③报告

---

① N. Aletras et al., *Predicting judicial decisions of the European Court of Human Rights: A natural language processing perspective*, PeerJ computer science, vol.2, p.93(2016).

② V. N. Vapnik, *An overview of statistical learning theory*, IEEE transactions on neural networks, vol.10, p.988-999(1999).

③ M. Medvedeva et al., *Automatic judgement forecasting for pending applications of the European Court of Human Rights*, in Proceedings of the 5th Workshop on Automatec Semantic Analysis of Information in Legal Text(ASAIL 2021), CEUR Workshop Proceedings, 2021.

的一系列实验中，使用传达的案例而不是最终判决中的事实导致准确性大幅下降（约10%）。从而得出结论："本文进行的实验表明，与法院已经做出的分类决策相比，预测未来判决的性能似乎要低得多"。

该论文中的第二个实验研究了预测案件的第二个问题。对于机器学习来说，案例越多越好。但是，判例法会发展：随着时间的推移，可能会引入新的因素，出现不同的偏好，且具有里程碑意义的裁决将修订先前裁决的意义。实验表明，"在一个时期进行训练，然后预测另一个时期比随机选择案例更困难"，而且使用的案例越旧，性能下降越大。实验证实，存在一些概念变化，但它并不表明哪些案例仍然可以依赖：里程碑案例能随时发生，并且对于法律不同方面的里程碑案例将在不同的时间发生。问题是当前的数据可能不是未来可靠的指南，但如果不分析案例，似乎就不可能找到解决方案，这也是数据中心方法希望避免的。

第三个实验仅使用法官的名字来预测结果。人们可能会认为这应该不是一个很好的预测基础，但实际上，结果的准确率在60%至70%之间。这再次表明，我们需要对预测进行解释，这样就可以明确原因，从而可以检查决策的基本原理。[1]

该论文没有讨论解释的主题，但是在阿莱特拉斯的文章中讨论了这个问题，该论文报道了一项非常类似的实验。在那里，解释采用列出最具预测性的主题的形式，这些主题由前20个最常见的单词表示，并按其SVM权重排序。其中一份违反第6条的主题列表是"法院，申请人，文章，判决，案件，法律，程序，申请，政府，公约，时间，公约文章，一月，人权，提出，国内，二月，九月，相关，代表"。鉴于许多单词似乎可能在每个案例中都出现，并且还存在几个月份的名称，人们不禁要想，这是否在应用可以接受的基本原理，或者这是否又是另一个例子，说明即使模型不反映法律[2]也可以获得合理的准确性。

该论文报告的工作，以及该小组随后发表的论文，都对使用机器学习技术进行法律决策分类和预测的可能性进行了认真探索，这些技术不受领域分析的支持。这些实验对这种方法提出了一些保留意见：仅使用听证会之前可用的信息，并在训练集之后的案例上——这两者对于预测的任何实际应用都是至关重要的——对两者都较低的性能进行测试。还有人怀疑，这些预测并非基于健全的法律，仅使用法官姓名得出结果且缺乏解释就表明了这一点。该组织的JURI SAYS网站很好地说明了预测的困难，该网站按月绘制了系统性能图表。2021年的准确率仅为58.3%，2022年7月的

---

[1] F. Bex & H. Prakken, *On the relevance of algorithmic decision predictors for judicial decision making*, in Proceedings of the 18th International Conference on Artificial Intelligence and Law, 2021.

[2] C. Steging et al., *Discovering the rationale of decisions: towards a method for aligning learning and reasoning*, in Proceedings of the 18th International Conference on Artificial Intelligence and Law, 2021.

准确率仅为 35.5%（尽管 2022 年 2 月的准确率为 76%）。部分问题的原因可能只是违规的数量——正如韦尔海伊指出的那样，如果总是违规预测，仍将跑赢许多机器学习系统（这在 2022 年 6 月 28 日的最后 30 个案例中得出了 73.3% 的准确率）。

机器学习技术的显著改进，尤其是那些使用自然语言而不是特征向量作为输入的技术，再加上大量现成可用的法律决策，使得训练系统来预测法律案件成为一个有吸引力的想法。这个想法值得探索，该论文和后续论文也提供了出色的探索。然而，探索的结果并不完全令人鼓舞。对法律案件进行分类与"识别哪些蘑菇有毒"是完全不同的问题。听证会前信息的可获得性和判例法的不断演变是两大难题。缺乏解释也造成了重大问题，因为法律决定需要明确的理由。

这并不是说机器学习技术在法律人工智能中没有地位，如本文其他部分所示，还有许多其他法律任务可以有效地应用机器学习技术：相关专利的识别（第四章）、法律文本分割（第五章）、检测合同中潜在的不公平条款（第八章）并检索相关法律条款（第九章）。除了这些具体任务外，还有许多其他为律师提供有用支持的可能性。然而，在我看来，预测——或者更糟糕的是判决——法律案件并不是一项有实际成功希望的任务。即使机器学习取得了进步，人工智能的作用仍然是辅助律师，而不是取代他们。

七、可扩展和可解释的法律预测——由凯文·阿什利评论

法律人工智能领域历史上的一个重大转变是从基于知识的方法转向机器学和文本分析，这是在该杂志的第三个十年中发生的。前者涉及人工表示法律规则和概念，以使计算模型能够推理法律问题、预测结果并解释预测。相比之下，机器学习是自动从法律案例文本中归纳出特征，用于预测文本描述的、以前未见过的法律问题的结果（例如前文所讨论的梅德韦杰娃的文章）。[1] 然而，哪种机器学习模型能够以对法律专业人士有意义的方式进行术语解释仍不清楚。迫切需要研究的问题是如何最好地整合法律知识和机器学习，使系统既能预测又能解释[2]。

在《可扩展和可解释的法律预测》一文中（以下简称"该论文"），布兰廷和他的同事们在半监督案例注释法律解释方面的工作为回答这个问题迈出了重要的一步。他们对机器学习程序进行了训练，以识别案例判决中与管理规则中相关法律概念相对应的文本摘录。如果有一小部分判决样本注释了与法律相关的事实特征，他们的程

---

[1] 除结果预测外，机器学习还广泛应用于其他法律任务。例如，信息检索（见该论文第八章）、文件管理（见该论文第四章）、文本识别（见该论文第五章）和文件分析（见该论文第九章）。在整个人工智能和法律领域，机器学习的影响无处不在。

[2] 解释在机器学习的其他应用中也很重要（见该论文第八章和第九章）。

序就能预测文本描述的案件结果,并识别有助于解释预测结果的特征,例如,指出法律规则中已满足或仍缺失的要素。

与该论文第三章中报告的"解释"法律预测的替代方法,即基于注意力的突出显示相比,这是一项重大改进。在该研究中,布兰廷的团队采用了分层关注网络(HAN)这一神经网络架构来预测文本描述案例的结果。[①] HAN 将网络关注度权重分配给输入文本的部分内容,衡量这些内容对网络结果的影响程度。虽然从直观上讲,这些突出显示的部分可以解释预测结果,但该团队在解决一个法律问题时对新手和专家用户进行的实验表明,参与者"很难理解突出显示的文本与他们应该决定的问题之间的联系"。

因此,布兰廷的团队转而采用了 SCALE 的五步方法。他们从收集的 16000 多个世界知识产权组织域名争议案例中抽取了具有代表性的样本,对其中的结论部分进行了人工标注。然后,将标注的句子自动映射到精选的未标注案例的结论部分中的所有类似句子。在这一扩大的注释案例集上训练了两个机器学习模型:一个用于预测适用于新案例事实和争议部分的标签,另一个用于预测基于这些标签的结果。"第一个模型生成的人类可理解的标签可用于基于案例的推理或其他论证技术,或用于预测案例结果",并最终协助解释预测结果。

标记或标签是关键。文本标注涉及对案件裁决文本进行标记,以识别文本中的语义标签或信息类型,即相关概念。在 SCALE 中,这些标签代表了世界知识产权组织域名争议案件中出现的裁决类型、法律问题、因素和属性。例如,《统一域名争议解决政策》(以下简称为"UDRP")规则的一个要素是显示恶意。根据规则第 4 条(b)款(iv)项,"为商业利益……使用域名……造成与投诉人商标混淆的可能性","应作为恶意注册和使用域名的证据"。该论文图 6 举例说明了案例结论部分的一句话:"根据 UDRP 第 4 条(b)款(iv)项,这种使用构成恶意",这句话被注释为 LEGAL_FINDING-BadFaith-Confusion4CommGain。文本跨度也是根据捕捉 UDRP 规则的引用属性以及跨度是否可支持问题(即其极性)进行标注。

直观地说,我们可以理解这种结论的预测意义,而且在突出显示时,它可以通过链接到相关法律规则来帮助解释预测。训练机器学习模型来识别法律概念,如结论、问题和因素,似乎是帮助人类用户在突出显示的文本部分与他们要执行的法律任务之间建立联系的关键。如果 SCALE 这样的方法可以识别其他类型法律案件中的结论、问题和因素,那么它将有助于将现代文本分析技术与基于知识的案件法律推理

---

① Zichao, Y. et al., *Hierarchical attention networks for document classification*, in Proceedings of the 2016 Conference of the North American Chapter of the Association for Computational Linguistics: Human Language Technologies, 2016.

计算模型联系起来。如果文本分析技术除了能预测文本描述的案件结果外,还能识别适用的因素,那么基于法律规则、基本价值观和案件因素的模型就能帮助机器学习解释和测试这些预测。①

当然,未来的问题是 SCALE 技术能否成功应用于其他法律领域。布兰廷承认,"世界知识产权组织的案例……在结论部分使用的语言具有高度的文体一致性"。除了"文体"上的一致性,WIPO UDRP 仲裁案件在事实方面究竟有多大差异也是一个未决问题。这些案件是否只涉及相对较少的在重复的事实背景下重复出现的问题?有人指出,"在'UDRP'判例中……许多争议涉及类似的问题和事实。"②这可能表明,与其他法律领域的诉讼、非仲裁案件相比,"统一域名争议解决政策"案件的事实多样性较低。至少有两种机器学习模型在不同程度上被成功训练出在案件摘要中识别商业秘密盗用因素③或案件全文④的能力。使用像 Legal-BERT 这样的语言模型,通过对来自大型判例法语料库的法律词汇进行预训练,应该能帮助提高识别因素的学习性能。

时间和研究将证明布兰庭是否正确,即 SCALE 这样的方法是否可以识别世界知识产权组织域名以外的案件中的发现、问题和因素。如果属实,它将为法律人工智能研究史上的两个主要方向——基于知识的研究和文本分析——提供联系的手段,正如本期刊三十年来所反映的那样。

八、应用于《意大利民法典》的基于深度预训练语言表示模型的无监督法律条文挖掘——由塞雷娜·维拉塔评论

该论文就法律人工智能提出了一种有趣的实证方法。更确切地说,该论文的

---

① E.g. Grabmair & Matthias, *Modeling purposive legal argumentation and case outcome prediction using argument schemes in the value judgment formalism*, Diss, University of Pittsburgh, 2016. A. Chorley & T. Bench-Capon, *An empirical investigation of reasoning with legal cases through theory construction and application*, Artificial Intelligence and Law, vol. 13, p. 323-371(2005). A. Chorley & T. Bench-Capon, *AGATHA: Using heuristic search to automate the construction of case law theories*, Artificial Intelligence and Law, vol. 13, p. 9-51(2005).

② P.D. Kelley, *Emerging patterns in arbitration under the uniform domain-name dispute-resolution policy*, Berkeley Tech, LJ 17, p. 181(2002).

③ K.D. Ashley & S. Brüninghaus, *Automatically classifying case texts and predicting outcomes*, Artificial Intelligence and Law, vol. 17, p. 125-165(2009).

④ M. Falakmasir & K.D. Ashley, *Utilizing Vector Space Models for Identifying Legal Factors from Text*, JURIX, 2017.

重点是构建一个基于 BERT（来自变换器的双向编码器表征）①的意大利语法律文本解决方案。作者介绍了一种名为 LamBERTa 的新型深度学习框架，该框架以《意大利民法典》为基础进行训练。这项工作有两个特别之处，堪称法律人工智能领域的典范之作。

该论文以流行的 BERT 学习框架②为例，探讨了为法律文本创建深度预训练语言模型的任务。BERT 旨在通过在所有层中对上下文语境进行联合调节，从未标明的文本中预先训练出深度双向表征。粗略地说，BERT 学习的是训练文本中单词的上下文嵌入。在该论文中，作者定义了一个名为 LamBERTa（基于 BERT 架构的法律文章挖掘）的模型，该模型在《意大利民法典》文本上对意大利语预训练 BERT 进行了调优。整个自然语言处理（NLP）任务是文本分类，目标是解决基于民法语料库的法律条文自动检索问题，在给定自然语言查询的情况下，预测《意大利民法典》中最相关的条文。

此外，考虑到上述特点，还存在一些技术挑战。首先，所需处理的任务非常具有挑战性，因为它不仅具有类别数量多的特点，而且由于缺乏意大利法律文章检索任务的测试查询基准，需要建立合适的训练集。其次，鉴于这些神经模型基本上都是黑盒子，其结果很难解释，作者对 LamBERTa 模型的可解释性进行了研究，以了解它们是如何在单词之间形成复杂关系的。

总体而言，LamBERTa 利用了 Transformer 范式，通过一种被称为注意力的机制③在单个元素之间形成直接联系，从而同时处理所有文本标记。注意力通常是作为一种增加神经模型透明度的机制而提出的，它根据输入特征（即文本的部分内容）对某些任务的重要性来为其分配权重。在 LamBERTa 的案例中，注意力机制使模型能够理解单词在句子上下文中的相互关系，并返回模型可以用来进行分类的复合表征。为了训练 LamBERTa 模型，作者采用了将《意大利民法典》中每一条的部分内容结合起来的关键方法来生成模型的训练单元。为了创建 LamBERTa 模型的训练集，作者测试了对国际刑事法院条款进行数据标注的不同无监督方案。由于每篇文章通常只包含几个句子，因此需要进行组合，而该方法需要相对较多的训练单元（此处使用 32 个）。

为了评估 LamBERTa 模型在国际刑事法院（以下简称"ICC"）法律文章检索任务中的有效性，作者对基于深度学习架构的最先进文本分类器进行了比较分析：

---

① BERT 是一种预训练的自然语言处理（NLP）模型。
② J. Devlin et al., *Bert: Pre-training of deep bidirectional transformers for language understanding*, arXiv preprint arXiv:1810.04805(2018).
③ D. Bahdanau et al., *Task loss estimation for sequence prediction*, arXiv preprint arXiv:1511.06456 (2015).

——双向长短期记忆(LSTM)模型作为序列编码器(BiLSTM);

——一种用于文本编码和分类的具有多种滤波器宽度的卷积神经模型(TextCNN);

——双向 LSTM,在最后一个序列输出上有一个池化层(TextRCNN);

——带有注意力机制的 Seq2Seq 模型(Seq2Seq-A);

——用于文本分类的转换器模型。

作者设计的实验环境基于两个主要要求:对竞争方法评估的鲁棒性,以及竞争方法与 LamBERTa 之间的公平比较。为了确保评估的鲁棒性,作者对每种竞争方法都进行了广泛的参数调整阶段,在推荐值范围内改变所有主要参数(如丢弃概率、最大句子长度、批量大小、历时次数)。为确保竞争方法与 LamBERTa 之间的公平比较,作者注意到每个竞争模型(Transformer 除外)都需要词向量初始化。为了满足这一需求,首先为这些模型提供了意大利语维基百科预训练的 Glove 嵌入,其次,按照与 LamBERTa 模型相同的数据标注方案,对每个模型在单个 ICC 文本上进行了微调。

实验结果表明,在被视为分类任务的国际刑事法院判例法检索方面,LamBERTa 模型优于所选的竞争对手。此外,这些结果还为开发人工智能工具以减轻法学家的工作负担带来了希望,而这正是法律人工智能研究领域的重点之一。

九、通过记忆网络检测和解释消费者合同中的不公平条款
——由塞雷娜·维拉塔评论

该论文提出了一种新颖的自然语言处理方法,用于识别一类消费者合同中的不公平条款,为人工智能与法律领域做出了重要贡献。更确切地说,服务条款是规范供应商与用户之间关系的消费合同。在这种情况下,根据《消费者法》,服务条款中导致双方权利和义务严重失衡的条款被视为不公平条款。尽管执法者已采取行动控制服务条款的质量,但在线供应商仍倾向于在这些文件中使用不公平条款。随着《通用数据保护条例》(GDPR)的实施,这已成为一个重大问题。鉴于网络上发布的服务条款数量众多,想通过人工检查来评估这些文件的公平性是不现实的。为此,根据人工智能和自然语言处理的最新发展,作者建议依靠神经网络架构自动解决这一问题。

然而,该论文的贡献并不仅仅是采用新颖的方法来识别和分类 TOS 文档中的不公平条款。该论文的第二个主要成果是定义了一种对机器学习系统的透明预测的方法。鉴于该系统所处理的信息(即法律文本)的性质,这一问题尤为重要。一般来

说，消费者很难理解法律知识，因此不能指望他们从服务条款文件中找出不公平或不合法的行为。然而，只有当自动系统能够"解释"建议背后的理由时，消费者才能依赖该系统，也就是说，该系统不仅要指出服务条款中的某一条款是不公平的，还要说明为什么是不公平的。这就是本文所做工作的主要动机。

该论文基于一个致力于人工智能与法律领域的项目——CLAU—DETTE项目①，该项目旨在通过人工智能增强消费者的能力，研究如何利用自然语言处理技术自动阅读在线消费者合同和隐私政策并对其进行法律评估。最终目标是评估这些合同和隐私政策是否符合欧盟对消费者保护和数据保护的法律要求。本文介绍的成果是在该项目框架内取得的最新成果。

本文有两个主要贡献：第一，创建了一个注释数据集，用于识别和分类 ToS 文档中的不公平条款；第二，设计了一个架构，用于自动完成这项任务。

关于创建一个注释数据集，这是本文的一个重要贡献，因为缺乏现有的注释语言法律资源是人工智能和法律领域的一个关键问题，它延缓了简化和支持法学家活动的自动方法的发展。该数据集由 100 份 ToS 文档组成。这些文件是供应商网站上的标准条款，供潜在和现有消费者查阅。数据集中收集的服务条款由四位法律专家历时 18 个月获取和分析。潜在的不公平条款是根据作者精心制定的准则进行标注的。标注任务旨在识别《服务条款》中的以下条款：

(1) 免责条款和限制；
(2) 卖家单方面从服务中删除消费者内容的权利；
(3) 卖家单方面终止合同的权利；
(4) 卖家方单方面修改合同和服务的权利；
(5) 合同争议仲裁。

在语料库中的 21063 个句子中，有 2346 个句子被标记为包含潜在或明显不公平的条款。仲裁条款是最不常见的（仅出现在 43 篇文档中），而所有其他类别的条款在 100 篇文档中至少出现 83 篇。

关于自动识别和分类 ToS 文档以及在语料库中识别出的五种不公平条款的架构，并关注所提议方法的透明度，作者决定依靠一种有前途的方法，将解释与神经分类器的结果相关联，该模型被称为记忆增强神经网络（MANNs）②，它将机器学习

---

① G. Contissa et al., *Claudette meets GDPR: Automating the evaluation of privacy policies using artificial intelligence*, Available at SSRN 3208596(2018).
② S. Sukhbaatar et al., *End-to-end memory networks*, Advances in neural information processing systems, vol. 28(2015).

文献中为推理开发的学习策略与可读写的记忆组件相结合。然后,解释可以以理由的形式给出,即由注释法律专家编写的临时理由,以激励他们得出将给定条款标记为"不公平"的结论。为此,作者使用不公平标签背后的理由作为事实,训练 MANN 分类器识别不公平条款,然后根据 MANN 分类器使用的理由列表,生成不公平预测的可能解释。然后根据 MANN 使用的理由列表生成不公平预测的可能解释。生成这种解释的巨大优势在于,它能从辩证和交流的角度满足用户的需求,让用户理解所提供的解释。研究结果表明,即使是简单的 MANN 架构也足以显示出比传统知识无关模型(包括之前在 CLAUDETTE 项目中开发的当前最先进的 SVM 解决方案)更高的性能。[1] 这些结果证实了将透明的机器学习方法应用于法律领域,特别是法律文件的信息提取和分类的重要性,向进一步开发可能是多语言的法律自然语言处理系统迈出了重要的第一步。

---

[1] L. Marco et al. , *CLAUDETTE:an automated detector of potentially unfair clauses in online terms of service* , Artificial Intelligence and Law, vol. 27, p. 117-139(2019).

逻辑英语遇见法律英语：以金融掉期与衍生品为例

罗伯特·科瓦尔斯基
阿克伯·达图 著[*]

池骁 译[**]

摘要

在本文中，我们非正式地介绍了逻辑英语（LE），并说明了其在标准化国际掉期及衍生工具协会（ISDA）中的自动提前终止（AET）条款的法律措辞方面的应用。LE 既可以替代用于表达法律文件的传统法律英语，也可以替代用于自动化法律文档的传统计算机语言。LE 是一种受控自然语言（CNL），其既可在计算机上执行，也易于未经专业训练的英语使用者识读。LE 的基本形式是逻辑程序的语法糖，其中所有的句子都有相同的标准形式，既可以是形式为"结论如果条件（conclusion if conditions）"的规则，也可以是形式为"结论（conclusion）"的无条件句子。然而 LE 通过引入其他计算机语言和其他逻辑中存在的特征，扩展了一般逻辑编程。这些特征包括由普通名词标示的类型化变量，以及存在于句子结论部分并由不定冠词标示的存在量化变量。LE 不仅能够自然地转换成逻辑编程语言，如 Prolog 和 ASP，同时还能作为中性标准，被编译成其他低级计算机语言。

---

[*] 罗伯特·科瓦尔斯基（Robert Kowalski），英国帝国理工大学计算系名誉教授、杰出研究员。
阿克伯·达图（Akber Datoo），D2 法律科技公司首席执行官兼创始人。
[**] 池骁，浙江大学光华法学院博士研究生。

关键词

逻辑英语　受控自然语言　逻辑编程　子句分类法　ISDA　终止型净额结算

一、简　介

逻辑英语（LE）的研究工作正在进行中。① LE 旨在作为逻辑程序的语法糖，这些程序由"原子句"组成，例如：

IsdaAgreement is dated as of 03/10/2020.
ISDA 协议日期为 03/10/2020。

以及条件句（或规则），例如②：

A Transaction is governed by IsdaAgreement
if a confirmation of the Transaction states that
the Transaction is governed by IsdaAgreement
and IsdaAgreement is dated as of a time $T1$
and the Transaction commences at a time $T2$
and $T1 \leqslant T2$.
一个交易受 ISDA 协议约束
如果交易的确认信息表明
该交易受 ISDA 协议约束
且 ISDA 协议的日期为时间 $T1$
且交易开始于时间 $T2$
且 $T1 \leqslant T2$。

---

① R. Kowalski, *Logic as a computer language for children*, Proceedings of European Conference on Artificial Intelligence, 1982. R. Kowalski, *English as a logic programming language*, New Generation Computing, vol. 8, p. 91-93(1990). R. Kowalski, *Logical english*, http://www.doc.ic.ac.uk/~rak/papers/Logical%20English.pdf. R. Kowalski, *Logical english*, *logic and practice of programming* (*LPOP*), http://www.doc.ic.ac.uk/~rak/papers/LPOP.pdf.

② 这里使用大写字母并无特殊含义，但体现了 ISDA 协议中的惯例，"具有首字母大写的术语在协议中具有其所赋予的含义"。

上述例子中，最重要的逻辑关键词已用粗体标出。一般来说，LE 中规则的形式如下：

conclusion if conditions.
结论　如果　条件。

其中，*conclusion* 是一个原子句，*conditions* 则是一组原子句或它们否定形式的合取。

LE 是一种图灵完备的多用途计算机语言，涵盖了编程、数据库以及人工智能知识表示等多个应用领域。然而，最近的 LE 原型主要关注法律方面的应用。[①] 其设计的指导原则是：

- 没有接受过计算机科学、逻辑学或者高等数学训练的人也能理解；
- 可高效执行；
- 尽可能清晰明确，以减少人类误解并便于计算机执行。

本文介绍了 LE，并应用 LE 对国际掉期及衍生工具协会（ISDA）主协议中有关自动提前终止（AET）的法律条款进行逻辑分析和表示，旨在为那些希望用 LE 替代传统法律英语以撰写法律文件，或用 LE 替代传统计算机语言以自动化处理法律文件的人提供参考。

ISDA 主协议是用于监管场外（over-the-counter，缩写为 OTC）衍生品交易的复杂法律文件。尽管这些主协议很复杂，我们仍然可以在对其金融市场和法律内容缺乏深刻理解的情况下分析它们的逻辑，就像计算机可以执行程序而无需理解程序的含义一样。正是基于对 ISDA 主协议初步和有限的理解，第一作者开展了本文的第一阶段工作。在第二阶段，第二作者结合金融和法律领域的背景知识，协助完善了逻辑分析并指出了存在的错误。

本文不要求读者具备形式逻辑、计算、金融或法律领域的背景知识。虽然一些读者可能会在阅读时对涉及其专业领域之外的主题感到困惑（作者也曾如此），但可根据自身兴趣来评估其实际应用价值。

在本文的相关工作及结论部分，我们将探讨编写 LE 所面临的挑战。在本文的其余部分，我们将对 ISDA 主协议进行概述，并介绍 LE 及其对规则和异常情况的处

[①] Z. Fu, Imperial college London, *Logical english (LE) for representing legal documents*, MSc thesis, 2020.

理方式；同时，我们将展示 ISDA 主协议中的 Section 6（a），即处理自动提前终止的 LE 表示，以及 AET 附件条款样本的 LE 表示。随后，我们将讨论相关工作，并在结论中提出一些最终想法。

二、ISDA 主协议

在金融领域，两方或多方在进行交易时，通常会受到单一框架交易协议的约束，该协议规定了适用于各方之间所有此类交易的基本信贷和关系级别的条款。这类框架性协议的角色通常由主协议来承担，例如在场外衍生品交易中的 ISDA 主协议。在 Lomas v. JFB Firth Rixson Inc（2010）案中，Justice Briggs 先生将 ISDA 主协议描述为"可能是金融界中使用的最重要的标准市场协议"。

ISDA 主协议包含一份"预印本"①和一份附带的附件。"预印本"是合同的标准部分（不包括合同各方的详细信息、"签署日期"和合同的签名栏）。附件（有一份已发布的示范表格，尽管许多金融机构有它们自己的"特有样式"）详细说明了可选条款（需要合同各方在各种预定义选项中进行选择），以及合同各方寻求进行的任何关于预印本的定制修改。

通过法律合同达成的商业立场是预印本和附件条款的结合产物。ISDA 主协议的谈判人员非常熟悉相关的预印本格式，因此，将预印本和附件分开能够促使谈判双方更为高效地就双方的商业立场进行谈判，还有助于语言的整体标准化（实际上预印本本身在其所涵盖事项的许多方面均未受影响）。预印本的样板条款（boilerplate terms）为市场参与者提供了便利，减少了谈判各方必须签订合同的"交易"点数量，从而降低了合同成本并加快了交易速度。②

相较于协议制定的过程，管理 ISDA 主协议的合同生命周期可能会是耗时并且充满挑战的。这不仅是因为交易双方可能拥有不同的业务目标和优先事项，还因为他们可能使用不同的定制模板和谈判指南来填写附件，并使用不同的系统来管理下游业务流程（如风险管理、资本和流动性）。因此，直到 2006 年，市场参与者才真正认识到合同的法律协议数据对于管理其中包含的合同义务的重要性。2007—2008 年的金融危机，使得人们需要更深入地理解已执行的 ISDA 主协议的一些特定（主要与信用相关的）条款，例如评级下调事件和交叉违约条款。

为了应对这些挑战，ISDA 与法律变革和数据咨询公司 D2 Legal Technology

---

① 值得注意的是，在撰写本文时，存在两种于 1987 年公布的 ISDA 主协议预印本，两种于 1992 年公布的预印本，以及更进一步的 2002 年的预印本（暂不考虑后期发布的爱尔兰和法国法律版本）。在这五种预印本中，其中两种形式，即"1992 年 ISDA 主协议（多货币跨境）"和"ISDA 2002 主协议"，占据了已生效的 ISDA 主协议总数的 99% 以上（这一数据来源于 2019 年针对 26 家领先金融机构进行的 D2LT 法律协议管理调查）。

② S. J. Choi & G. M. Gulati, *Contract as statute*, Mich l Rev 104:1129(2005).

（D2LT）合作，于 2018 年启动了"条款分类与文库项目"，该项目旨在"识别 ISDA 主协议附件中可能需要进一步标准化的条款"。① ISDA 认为加强标准化以及通过推动智能衍生品合同的发展以进一步实现衍生品的自动化是提高法律文件标准的关键。D2LT 指出，通过帮助定义与合同义务相关的标准业务流程（这些合同义务如今在起草过程中更加标准化），措辞的标准化将更好地促进场外衍生品行业中自动化的实现，这些合同义务被包含在 ISDA 主协议附件中（现在这些流程在其起草的过程中更加标准化了）。特别是，条款分类法将整个协议当作一个整体时（即 ISDA 主协议预印本和协商附件），为 ISDA 主协议中的每个条款创建了常见业务结果的枚举。

本文介绍了一个与 D2LT 的"条款分类与文库项目"平行进行的研究工作。② 在报告中，我们分析了一组具有代表性的 ISDA 附件条款样本，以明确 ISDA 主协议中的 AET 条款是否适用及其适用的条件。分析的目标是明确这些条款的底层逻辑，并用逻辑英语的形式重述这些条款。目前，这一过程仍需要人工操作，但未来可以借助计算机辅助以实现效益的提升。作为背景信息，AET 的运作在某些 ISDA 主协议中可能至关重要，因为其能确保 ISDA 主协议中结算净额条款的有效运作（详见 ISDA 主协议的 Section 6 "提前终止"）。

三、作为逻辑程序语法糖③的基础逻辑英语

LE 是一种受控自然语言，④ 本质上类似于 Attempto Controlled English（ACE）、⑤PENG⑥ 和 PENGASP。⑦ ACE 和 PENG 均用于进行通用知识表示和推

---

① ISDA, *What is the ISDA clause library*？, https://www.isda.org/a/DZdEE/ISDA-Clause-Library-Project-Memo.pdf.
② A. Datoo, *Legal data for banking: business optimisation and regulatory compliance*, John Wiley & Sons, 2019, p. 79.
③ 译者注：语法糖（Syntactic sugar），也译为糖衣语法，是由英国计算机科学家彼得·兰丁发明的一个术语，指计算机语言中添加的某种语法，这种语法对语言的功能并没有影响，但是更方便程序员使用。通常来说使用语法糖能够增加进程的可读性，从而减少进程代码出错的机会。
④ T. Kuhn, *A survey and classification of controlled natural languages*, Computational Linguistics, vol. 40, p. 121-170 (2014).
⑤ N. E. Fuchs & R. Schwitter, *Attempto controlled english (ace)*, in EMISA workshop natürlichsprachlicher entwurf von informationssystemen-grundlagen, methoden, Werkzeuge, Anwendungen, Ev. Akademie Tutzing, 1996. N. E. Fuchs et al., *Attempto controlled english for knowledge representation*, Reasoning web, 1996, p. 104-124. N. E. Fuchs, *Attempto project*.
⑥ R. Schwitter, IEEE, *English as a formal specification language*, Proceedings 13th International Workshop on Database and Expert Systems Applications, 2002, p. 228-232.
⑦ S. C. Guy & R. Schwitter, *The PENG ASP system: architecture, language and authoring tool*, Lang Resour Eval, vol. 51, p. 67-92 (2017).

理,并在这方面优于 LE。 相比之下,LE 和 PENGASP 是用作逻辑程序的语法糖。PENGASP 为逻辑编程语言 ASP 提供语法糖,LE 为 LPS 提供语法糖。① LPS 是逻辑编程(LP)的扩展,并在 Prolog 中实现。②

LPS 通过反应规则扩展了 LP,而 Davila 实现的 LE 版本包含了这类反应规则的英语语法。③ 以下是这类反应规则的一个例子,其中鲍勃将转入其账户中的每一笔金额的 10% 转入玛丽的银行账户中:

> **If** an amount A is transferred into Bob's account from another account at a time $T1$
> **and** $B = 0.10 \times A$
> **and** $T2$ is immediately after $T1$
> **then** B is transferred into Mary's account from Bob's account at $T2$.
>
> 如果在时间 $T1$ 有一笔金额 A 从另一个账户转入鲍勃的账户
> 并且 $B = 0.10 \times A$
> 并且 $T2$ 紧随 $T1$ 之后
> 那么在时间 $T2$,B 会从鲍勃的账户转入玛丽的账户。

这类反应规则具有一般形式"如果前件那么后件(if antecedent then consequent)",即只要前件为真,就会生成动作使得后件为真,但 ISDA 应用不需要这种反应规则。因此在本文的其余部分,我们将限制"逻辑英语"(Logical English)和其缩写"LE"的使用范围,只将其应用于没有反应规则的 LPS 系统中的 LP 部分。

尽管 LE 被用作通用计算机语言,但它与诸如 Blawx④、Lexon⑤ 和 Oracle

---

① R. Kowalski & F. Sadri, *Reactive computing as model generation*, New Generation Computing, vol. 33, p. 33-67(2015). R. Kowalski & F. Sadri, *Programming in logic without logic programming*, Theory and Practice of Logic Programming, vol. 16, p. 269-295(2016).
② J. Wielemaker et al., *Using SWISH to realize interactive web-based tutorials for logic-based languages*, Theory and Practice of Logic Programming, vol. 19, p. 229-261(2019).
③ J. Davila, *Rock, paper, scissors*, http://demo.logicalcontracts.com/.example/RockPaperScissorsBaseEN. Pl.
④ J. Morris, *Blawx alpha: user friendly rules as code on the web*, https://www.blawx.com/. J. Morris, *Rules as code: how technology may change the language in which legislation is written, and what it might mean for lawyers of tomorrow*, TECHSHOW 2021, https://s3.amazonaws.com/us.inevent.files.general/6773/68248/1ac865f1698619047027fd22eddbba6e057e990e.pdf.
⑤ H. Diedrich, *Lexon bible: hitchhiker's guide to digital contracts*, Wildfire Publishing, 2020.

Intelligent Advisor[①]等领域特定的类英语语言相似。Blawx 和 Lexon 都致力于将声明性计算机语言技术应用于法律领域，而 Oracle Intelligent Advisor 的目标更为广泛，即为决策的自动化来编码规则。另一方面，LE 在某种程度上受到这种观点的启发，即高质量的法律文件"可以被视为用人类语言表达的、由人类而非计算机执行的程序"。[②]

LE 最基本的形式仅仅是逻辑程序的语法糖且不再编写符号表达式，例如：

$\forall X,Y,A,B1,B2,T1,T2(account\_balance(X,B2,T2) \leftarrow (type(X,account),type(B2,amount),type(T2,time), transfer(Y,X,A,T1),type(Y,account),different(X,Y), type(A,amount),type(T1,time), balance(X,B1,T1),type(B1,amount),sum(B1,A,B2),next(T1,T2)))$

或是编写"受控"英语表达式，例如：

The balance in an account is an amount $B2$ at a time $T2$

if an amount A is transferred into the account from another account at a time $T1$

and the balance in the account is an amount $B1$ at $T1$

and $B2 = B1 + A$

and $T2$ is immediately after $T1$.

账户在时间 $T2$ 时的余额为 $B2$

如果时间 $T1$ 时从另一个账户向该账户转入金额 A

并且账户余额在 $T1$ 时为金额 $B1$

并且 $B2=B1+A$

并且 $T2$ 紧随 $T1$ 之后

本质上，LE 的基本形式保留了逻辑程序的顶层语法，由原子句和条件句组成，并用"原子公式"的符号表示，例如 $transfer(Y,X,A,T1)$ 且 Y、X、A 和 $T1$ 为

---

① J. Lee, *Oracle intelligent advisor—best practice guide for policy modelers*, https://www.oracle.com/technetwork/apps-tech/policy-automation/learnmore/opabestpracticeguidev12-3697709.pdf.

② R. Kowalski, *Legislation as logic programs*, in: G. Comyn et al., Logic programming in action, Springer, Verlag,1992, p. 203-230.

"参数",可替换为一个实例:

an amount *A* is transferred into the account from another account at a time *T*1

金额 *A* 在时间 *T*1 从另一个账户转入该账户

在包含变量(或"占位符")的更通用的"模板"中:
an amount is transferred into **an account** from **another account** at **a time**.
一定数量的金额在某一个时间从另一个账户转入一个账户。

这里的变量(用粗体字标出)由不定冠词"a"或"an"或在普通名词(比如"account")前由限定词"another"引入,普通名词代表了变量的类型。 在符号表示中,这种类型信息必须单独添加。

模板中变量的位置反映了其在模板中的角色。 除了主语和宾语之外,这些角色由变量前面的介词表示(在这个例子中,由"into""from"或"at"之一表示)。 在符号表示中,这种角色的信息完全缺失了。 例如,符号表达式 parent(X, Y) 既没有指明 X 和 Y 的类型,也没有说明 X 和 Y 哪个是父变量,哪个是子变量。 相反,模板如下:

a person is a parent of **another person**
一个人是另一个人的父母

使用粗体字以突出变量,不仅提供了所有这些信息,还表明这两个人是不同的,并且短语"a parent"不是一个变量。 就像形式逻辑中原子公式的每个实例都需要在给定的形式理论中以相同的形式表达一样,我们也可以坚持要求模板的每个实例在 LE 中以相同的形式表达。 然而,这个限制可以通过允许以任意顺序表示由介词指定的参数的角色(甚至在它们不相关时将其省略)得以放宽。 例如,以下两个模板:

an amount is transferred into **an account** from **another account** at **a time**
an amount is transferred from **an account** into **another account** at **a time**
一笔金额在某一时间从另一个账户转入一个账户
一笔金额在某一时间从一个账户转入另一个账户

这两个模板是可互换的。

为模板命名并将它们收集到字典或"词典"①中是很有用的。例如：

transfer：**an amount** is transferred into **an account** from **another account** at a time.
转账：一笔金额在一个时间从一个账户转入另一个账户。

给模板命名不仅可以断言句子，它还可以使用名词化来谈论句子。LE 的这一重要特征在本文中并没有起到任何作用，我们也不会在本文中进一步讨论此特征。

模板为原子句提供了标准的表示形式，还可以标准化动词和名词的语法，例如将所有的名词和动词用单数的形式表示。限制名词为单数形式意味着 LE 不再使用英语量词"all"，因为它需要和复数名词搭配使用。

虽然坚持要求所有动词都以主动语态表达具有诱惑力，但在某些情况下这样并不方便，例如由身份未知或不相关的中介进行银行转账。

更为重要的是，通过明确地谈及时间，似乎可以将动词限制为现在时。例如，与其说某事实已经成立或将会成立，不如说该事实在现在之前或现在之后的某个时间成立。此外，还可以考虑避免使用词语"now"，将其替换为一个随时间变化的变量。然而，这些都是需要进一步研究的问题，因此在本文中不再赘述。

LE 中的句子由模板的实例构建而成。最简单的原子句是用常量实例化模板中所有参数的"事实"，如下所示：

£10 is transferred into Bob's account from Alice's account at 9:00/23/11/2020.
£10 在 9:00/23/11/2020 从爱丽丝的账户转入鲍勃的账户。

原子句中也可以包含变量，如：

An amount is transferred into Bob's account from Alice's account at 9:00/23/11/2020.
一笔金额在 9:00/23/11/2020 从爱丽丝的账户转入鲍勃的账户。

因此，这样的变量被解释为"存在量化的"是很自然的，如：

---

① 字典中还需要包含类型声明，例如指明鲍勃的账户和爱丽丝的账户都属于账户类型。我们在本文中忽略了这个问题，因为它对我们所研究的 ISDA 主协议的示例并不重要。

Some amount is transferred into Bob's account from Alice's account at 9:00/23/11/2020.

一定数量的金额在 9:00/23/11/2020 从爱丽丝的账户转入鲍勃的账户。

这种存在量化的变量的范围很广，其范围超出了引入它们的句子。例如：

The amount is greater than or equal to £10.

该金额大于或等于£10。

LE 中的规则采用条件句的形式：

*conclusion **if** conditions*
结论 **如果** 条件们

当 conclusion 是一个原子句时，conditions 是原子句或其否定的合取；且原子句是模板的一个实例。

通常情况下，参数可以通过常数或变量进行实例化。① 在句子中首次使用给定类型的变量时，通常会在一个普通名词前使用不定冠词"a""an"或限定词"another"来引入这个变量。 这个变量可以被选择性地赋予一个符号名称，如 X、Y、$B1$、$B2$、A、$T1$、$T2$。 如果该变量已经被赋予了一个名称，那么后续在同一句子中引用同一变量时，只需使用该变量的符号名称即可。 否则，后续引用会在相同的普通名词前将不定冠词"a"或"an"替换为定冠词"the"，或将"another"替换为"the other"。

逻辑程序中的所有变量都被默认为是"全称量化"的，即这些变量代表它们所有的实例。 以下是上述句子的一种更接近传统逻辑的表达方式，但仍以受控英语的形式书写：

For all $Acct1, Acct2, B1, B2, T1, T2,$
the balance in an account $Acct2$ is an amount $B2$ at a time $T2$
if an amount A is transferred into $Acct2$ from an account $Acct1$ at a time $T1$
and the balance in $Acct2$ is an amount $B1$ at $T1$

---

① 逻辑程序中的参数也可以由复合术语进行实例化。这种复合术语在 LE 中的表示需要进一步的研究。

and $B2 = B1 + A$

and $T2$ is immediately after $T1$.

对于所有的 $Acct1$、$Acct2$、$B1$、$B2$、$T1$、$T2$，

在时间 $T2$，账户 $Acct2$ 的余额是金额 $B2$

如果在时间 $T1$ 金额 A 从账户 $Acct1$ 转入账户 $Acct2$

且在时间 $T1$ 账户 $Acct2$ 的余额是金额 $B1$

且 $B2 = B1 + A$

且 $T2$ 紧随 $T1$ 之后。

所有全称量化的变量，无论是如何被指定的，都只在其所出现的句子中有效，并可以在其他句子中被重复使用，且不同句子中出现的相同变量之间不存在任何关系。

然而，在一条规则的结论中的变量如果不在规则的条件中，则变量自然会被解释为"存在量化的"，就像原子句中的变量不被包含在规则中一样。① 例如：

An amount is transferred into Bob's account from Alice's account at a time

if the time is the beginning of the first day of a month.

一笔金额会从爱丽丝的账户转入鲍勃的账户

如果时间是一个月第一天的开始。

我们计划将 LE 开发为一系列拓展，并从基本形式开始，这种形式类似于逻辑程序的语法。 例如，在 LE 的拓展形式中我们可以写：

The balance in an account **becomes** $A + B$

when an amount A is transferred into the account from another account

and the balance in the account is an amount B.

账户余额变为 $A + B$

当一笔金额 A 从另一个账户转入该账户时

且账户余额为金额 B。

这些扩展的指导原则之一是它们不应该产生歧义。 特别是，不允许使用代词，

---

① 由于逻辑程序中所有的变量都是全称量化的，所以在一条规则的结论中的任何存在量化的变量都可以用"斯科伦函数"替换，将该变量命名为同一句中的任何全称量化变量的函数。LE 通过将其留给将 LE 转化为 LP 的底层转化来回避这种技术问题。请注意，在这个例子中，爱丽丝转给鲍勃的金额是转账发生月份的函数。因此，不同月份转账的金额可以是不同的。

如"he""she"或"it";在给定的上下文中,每个词只能有一种含义。 例如,尽管在适当的背景下以下句子并无歧义,该句子也是不被允许的:

The balance in an account **becomes** $A + B$
when an amount A is transferred into **it** from another account
and the balance in **it** is an amount B.
账户余额变为$A + B$
当一笔金额A从另一个账户转入它时
且它的余额为金额B。

在概述了 LE 的主要特征之后,有必要指出 LE 中条件句与命令式编程语言以及大多数商业规则和专家系统语言中的条件句之间的主要区别。 命令式编程语言中的条件句通常采用形式 IF conditions THEN do actions ELSE do other actions;而在商业规则和专家系统语言中,条件句则采用形式 IF conditions THEN do actions。 例如, IF the balance in an account is an amount, and the amount is less than 0 THEN stop the account(IF 账户中的余额是一定金额,且金额小于 0 THEN 停止该账户)。 LE 中陈述句和其他语言中祈使句的差别在于语义上的不同,前者有真值而后者没有。 正如弗拉纳斯所言:"命令不能为真或假,因此它们被逻辑学家所回避。"①

LE 基于 LP 的基础部分受到了 LP 规则与法律规则之间相似性的启发。 20 世纪 80 年代,这一相似性首次通过将英国国籍法的主要部分表示为 Prolog 中的逻辑编程而得以展示。② 该演示被描述为"对立法计算表示的发展产生了巨大影响,展示了逻辑编程如何生成直观且吸引人的表示,并且这些表示可直接用于生成自动推理"。③ 这项工作进一步推进了 Prolog 在法律领域的应用,例如 Bench-Capon 团队与 Sergot 团队的研究工作。④ 它在推动使用事件演算(Event Calculus)⑤捕捉法律规

---

① P. B. Vranas, *New foundations for imperative logic* Ⅰ: *logical connectives*, *consistency*, *and quantifiers*, Noûs, vol. 42, p. 529-572(2008).

② M. J. Sergot et al. , *The British nationality act as a logic program*, Commun ACM, vol. 29, p. 370-386 (1986).

③ H. Prakken & G. Sartor, *Law and logic: a review from an argumentation perspective*, Artif Intell, vol. 227, p. 214-245(2015).

④ T. J. Bench-Capon, *Logic programming for large scale applications in law: a formalisation of supplementary benefit legislation*, Proceedings of the 1st International Conference on Artificial Intelligence and Law,1987,p. 190-198. M. J. Sergot et al. , *Indian central civil service pension rules: a case study in logic programming applied to regulations*, Proceedings of the 3rd International Conference on Artificial Intelligence and Law,1991,p. 118-127.

⑤ R. Kowalski & M. Sergot, *A logic-based calculus of events*, New Gener Comput, vol. 4, p. 67-95 (1986).

范和法律事实的时间动态,①以及使用元逻辑模拟法律推理方面具有影响力。② 它还有助于涉及了规则和例外的 LP 方法的发展。③

四、规则和例外

在普通自然语言和法律语言中,人们常常采用以下形式来表达规则和例外:

rule:conclusion **if** main conditions.
exception:**it is not the case that** conclusion **unless** additional conditions.
规则:结论如果主要条件。
例外:并非结论除非附加条件。

我们将这种形式称为规则和例外的常见形式(common form)。 我们将会看到一些附件条款采用了这种形式。 我们可以基于 LP 的扩展形式,④并使用 LE 的扩展形式来表示这些规则和例外,以反映常见形式。 另外,我们也可以用更简单的形式来表示它们:

LE:conclusion **if** main conditions **and** additional conditions.
LE:结论如果主要条件和附加条件。

我们将其称为基本形式(basic form)。 优点在于它可以被高效地实现,因为它是逻辑程序中规则的标准形式。 其基本形式通常比常见形式更容易理解,有时很难确定常见形式中的句子是表达了一般规则还是表达了规则的例外情形。 此外,规则和例外可能会被其他条款分割,就更难将一个句子与另一个句子联系起来。

另一方面,常见形式的优点在于它能够将结论成立的条件分成最重要的主要条件(在规则中表示)和较次要的附加条件(在例外中表示)。

---

① R. H. Marín & G. Sartor, *Time and norms:A formalisation in the event-calculus*, Proceedings of the 7th International Conference on Artificial Intelligence and Law,1999,p. 90-99.
② J. Barklund & A. Hamfeld, *Hierarchical representation of legal knowledge with metaprogramming in logic*,Journal of Logic Programming,vol. 18,p. 55-80(1994).
③ R. A. Kowalski & S. Fariba, *Logic programs with exceptions*,New Generation Computing,vol. 9, p. 387-400(1991).
④ K. Satoh,K. Asai,T. Kogawa,M. Kubota,M. Nakamura,Y. Nishigai,K. Shirakawa & C. Takano, *PROLEG:an implementation of the presupposed ultimate fact theory of Japanese civil code by PROLOG technology*,JSAI international symposium on artificial intelligence,Springer,2010,p. 153-164.

还有其他一些关于规则和例外的常见形式，举例如下：
rule：conclusion **if** common conditions.
exception：**however**，other conclusion **if** uncommon conditions.
规则：结论如果常见条件。
例外：但是，其他结论如果不常见条件。

1992 年和 2002 年 ISDA 主协议预印本的 Section 6(a)以及许多附件条款都采用了这种形式。这种规则和例外的常见形式也可以用 LE 的扩展形式或基本形式来表示。根据具体情境，这些规则和例外可以用基本形式中的多种替代方式来表示。以下介绍两种替代方式：

LE1：conclusion **if** common conditions **and it is not the case that** uncommon conditions.
other conclusion **if** uncommon conditions.
LE2：conclusion **if** common conditions **and it is not the case that** other conclusion.
other conclusion **if** uncommon conditions.
LE1：结论如果常见条件并且并非不常见条件。
其他结论如果不常见条件。
LE2：结论如果常见条件并且并非其他结论。
其他结论如果不常见条件。

在 LP 的底层"非单调"逻辑中，规则和例外的常见形式和基本形式是等价的，该逻辑采用了一种"封闭世界假设"：

it is not the case that a sentence holds
if it cannot be shown that the sentence holds.
一个句子不成立
如果不能证明这个句子成立。

封闭世界的假设类似于我们在实践中解释关系数据库中的信息时常运用的非形

式逻辑，即假设"关系的唯一可能实例是由数据库所隐含的实例"。① 此外，它还将我们理解的许多自然语言条件句以直观方式表达。②

五、自动提前终止

在报告的其余部分，我们研究了 1992 年和 2002 年 ISDA 主协议预印本中的自动提前终止条款，随后是一些描述了用于明确自动提前终止（AET）条款是否适用以及在哪些条件下适用的附件条款的样本。本次研究的目标是探索使用 LE 能够在多大程度上促进重要金融合同（如 ISDA 预印本及其附件）的合同条款的标准化和潜在的自动化。

这份报告所调查的真实协议样本由 D2LT 提供，这些样本代表了在审查不同市场参与者之间签订的数千份 ISDA 主协议过程中所观察到的 AET 附件条款范围，以便做出终止净额结算的可执行决定。③ AET 条款常常会对此类决定产生实质性的影响，进而对审慎监管的金融机构的监管资本计算产生重大影响。实际上，监管资本的优化是修订 AET 条款的主要原因之一。

从财务背景看，ISDA 主协议的违约事件（event of default）条款④或许是整份协议中最为重要的条款，因为它们允许一方在某些特定情况下，通常是在另一方存在不履行协议的重大风险时，终止（或"平仓"）所有受该协议管辖的未结交易。ISDA 主协议预印本的 Section 6（a）规定，当发生违约事件时，非违约方可在该事件持续期间的任何时刻终止协议及协议下所有未完成的交易。非违约方通过向违约方发送通知并指定清算将发生的日期（即"提前终止日期"）来使该清算生效。该通知无须立即送达，但提前终止日期必须在通知送达后的二十天内，不得超过此期限。

ISDA 主协议附件中的一个选项是关于自动提前终止的适用性。如果该选项适用于 ISDA 主协议的一方，则该方（在本案例中称为"违约方"）在发生某些破产违约事件时，即 Section 5（a）（vii）定义的破产违约事件的子集，将自动使所有在 ISDA 主协议下未完成的交易被结清以实现平仓，这一过程无须非违约方发出通知并指明提前终止日期。

应用自动提前终止的目的是确保在破产程序开始前完成清算，因为某些法域的破

---

① R. Reiter, *Towards a logical reconstruction of relational database theory*, *Readings in artificial intelligence and databases Morgan Kaufmann*, Elsevier, 1989, p. 301-327.
② K. Stenning & M. Lambalgen, *Human reasoning and cognitive science*, MIT Press, 2008.
③ A. Datoo, *Legal data for banking: business optimisation and regulatory compliance*, John Wiley & Sons, 2019, p. 102.
④ 本讨论中未定义许多术语，如"event of default"，这些术语均来自 ISDA 主协议预印本的文本。

产法可能规定：尽管合同另有规定，但在破产程序启动后尝试进行的清算是无效的。目前，南非和瑞士等地区正面临这种情况。采用自动提前终止可通过确保在清算仍然有效时进行清算来解决此类问题。

这些问题凸现了对破产法存顾虑的法域里实施自动提前终止条款的优势。然而，自动终止在商业上确实也存在弊端。特别是，非违约方可能要在终止发生的一段时间后，才会意识到协议及协议下的交易已经被终止。这可能导致双方面临无法规避的市场波动所带来的重大风险。

六、主协议 Section 6（a）的提前终止

在分析附件条款的逻辑之前，我们需要分析预印本表格中 Section 6（a）本身的逻辑。为了减轻理解的负担，我们移除了预印本本身的格式，增加了间距，并且用粗体字强调了逻辑上最重要的关键词。请注意，Section 6（a）采用了一种常见的规则和例外的表示形式：

6(a) Right to Terminate Following Event of Default. **If** at any time an Event of Default with respect to a party（the "Defaulting Party"）has occurred **and** is then continuing, the other party（the "Non-defaulting Party"）may, by not more than 20 days notice to the Defaulting Party specifying the relevant Event of Default, designate a day not earlier than the day such notice is effective as an Early Termination Date in respect of all outstanding Transactions.

If, however, "Automatic Early Termination" is specified in the Schedule as applying to a party, **then** an Early Termination Date in respect of all outstanding Transactions will occur immediately upon the occurrence with respect to such party of an Event of Default specified in Section 5(a)(vii)(1),(3),(5),(6) or, to the extent analogous thereto,(8), **and** as of the time immediately preceding the institution of the relevant proceeding or the presentation of the relevant petition upon the occurrence with respect to such party of an Event of Default specified in Section 5(a)(vii)(4) or, to the extent analogous thereto,(8).

6(a)违约事件后的终止权。如果任何时候发生了某一方（"违约方"）的违约事件并且该事件仍在继续，另一方（"非违约方"）可在 20 天内向违约方发出通知，指明相关违约事件，并指定一个不早于该通知生效日的日期，作为所有未结交易的提前终止日期。

如果，然而，附件中规定某一方适用"自动提前终止"，那么一旦该方出现 Section 5(a)(vii)(1),(3),(5),(6)或在类似情况下的(8)所规定的违约事件时，所有未了结交易的提前终止日期将立即生效，并且，在该方发生 Section 5(a)(vii)(4)或在类似情况下的(8)规定的违约事件时，在提起相关诉讼或提交相关请愿书之前的时间点即为提前终止日期。

6(a)中第一句逻辑的 LE 表示展示了 LE 基本形式的许多最重要的特征：

> LE: **It is permitted that** a party designates by a notice at a time $T2$ to another party that an Early Termination Date in respect of a Transaction①occurs at a time $T3$ **if** the Transaction is outstanding at $T3$
> **and** an Event of Default occurs with respect to the other party at a time $T1$
> **and** the Event of Default is continuing at $T2$
> **and** the notice specifies the Event of Default
> **and** $T2 \leqslant T3$ and $T3 - T2 \leqslant 20$ days
> **and** it is not the case that the Schedule specifies that Automatic Early Termination applies to the other party for the Event of Default.
>
> LE: 允许一方在时间 $T2$ 向另一方发出关于某交易的提前终止日期为时间 $T3$ 的通知
> 如果该交易在 $T3$ 时仍未了结
> 并且在时间 $T1$ 另一方发生了违约事件
> 并且该违约事件在 $T2$ 时仍在继续
> 并且该通知指明了该违约事件
> 并且 $T2 \leqslant T3$ 且 $T3 - T2 \leqslant 20$ 天
> 并且附件未规定自动提前终止适用于违约事件的另一方。

这里，粗体标出的关键词划分了不同的模板实例，这些模板及其参数将在独立的字典中明确规定。

请注意，在 LE 句子的结论中，短语"一方（a party）"和"另一方（another

---

① 该表述在结论部分使用"一项交易（a Transaction）"，并且条件为"该交易在 $T3$ 时仍未了结（the Transaction is outstanding at $T3$）"，在逻辑上与结论中使用"每一项未完成的交易（each outstanding Transaction）"等同，更贴近英语原文"所有未完成的交易（all outstanding Transactions）"。

party)"所指的当事人与 Section 6(a)英文原句中所指的当事人相反。 然而，这两个句子具有相同的含义。

如果 Section 6（a）第二句描述的特殊情况成立，则规则的最后一项条件将阻止该规则的应用。 为了标准化的目的，LE 模板如下：

the Schedule specifies that Automatic Early Termination applies to **a party** for **an Event of Default**
附件规定自动提前终止适用于**违约事件**的**一方**

LE 模板在描述异常情况时使用动词"指定（specifies）"的现在时的主动语态，而非原本的被动语态的动词"被指定（is specified）"。 与 Section 6（a）英文原文相比，它还增加了一个额外参数"违约事件"。 我们将在后续探讨附件条款的表现形式时了解为何要添加这个额外参数。 同时，值得注意的是，AET 仅适用于所有违约事件中的一个子集，即仅适用于某些破产违约事件。

倒数第二个条件用数学不等式表示。 它也可以用更详细的方式表达，如：

$T3$ is at the same time or after $T2$
and $T3$ is at the same time or before $T2 + 20$ days.
$T3$ 与 $T2$ 同时或在其之后
并且$T3$ 与 $T2+20$ 天同时或在其之前。

结论中的短语"关于（in respect of）"和第一个条件中的短语"关于（with respect of）"都是介词短语，用于确定其后面的参数的角色。

该句子中的第二个和第三个条件承认了 Section 6（a）英文句子中"违约事件已发生"与"违约事件持续进行中"这两个条件之间的区别。 然而，在 LE 中，事件并非字面上的持续。 相反，LE 采用了事件演算（event calculus，EC）的本体论，①其中事件在特定时间发生，并且事件会启动或终止"流体（fluents）"。 流体是随时间流动而变化的事实。 根据 LE 的 EC 本体论，句子的第三个条件"违约事件在时间 $T2$ 仍在持续"涉及一个流体，这个流体既代表了违约状态的持续存在，又标识了触发该违约状态的早期违约事件。 例如，通过"纠正"违约行为，可以终止该流体，此时违约事件将不再"持续"。

---

① R. Kowalski & M. Sergot, *A logic-based calculus of events*, New Generation Computing, vol. 4, p. 67-95(1986).

Section 6(a) 的第二句明确了提前终止的发生和时间，如果在附件中规定了 AET（适用于一方），在发生特定破产违约事件时，提前终止日期将会自动生效。相比之下，第一句仅允许非违约方在发生任何违约事件时指定提前终止日期。

许可，连同义务和禁止，是一种道义概念，通常通过专门的道义逻辑得以形式化。然而，LP 的元逻辑（或"高阶"）能力被 LE 所继承，这些能力强大到足以表示这种道义关系，例如 Sergot 和 Lokhorst 的研究工作。① 对于 Section 6(a) 及类似情况，一方被允许通过某个行动指定一个事件的发生与该事件实际发生之间的道义关系，可以用 LE 表示为②：

> An event occurs at a time $T2$
> **if it is permitted that** a party designates by an action at a time $T1$
> that the event occurs at $T2$
> **and** the party performs the action at $T1$.
> 事件发生的时间为 $T2$
> 如果允许一方在时间 $T1$ 通过某个行动指定
> 事件在 $T2$ 发生
> 并且该方在 $T1$ 时执行该行动。

第二句的 LE 表示包括了两种情况的两条规则：

> LE：An Early Termination Date occurs in respect of a Transaction at a time T
> **if** the Transaction is outstanding at T
> **and** an Event of Default of type Section 5(a)(vii)(1),(3),(5),(6) or, to the extent analogous thereto, (8) occurs for a party at T
> **and** the Schedule specifies that Automatic Early Termination applies to the party for the Event of Default.
>
> An Early Termination Date occurs in respect of a Transaction at a time T

---

① M. Sergot, *Prospects for representing the law as logic programs*, Logic Programming, Academic Press, 1982, p. 33-42. Lokhorst, *Reasoning about actions and obligations in first-order logic*, Studia Logica, vol. 57, p. 221-237 (1996).

② 这个句子可以用 Prolog 子句进行简单的表示：happens(Event, $T2$) :- permitted(Agent, designate(Action, $T1$, Event, $T2$)), happens(Action, $T1$)。

if the Transaction is outstanding at T

and an Event of Default of type Section 5(a)(vii)(4) or, to the extent analogous thereto, (8) occurs for a party at a time $T1$

and the institution of the relevant proceeding or the presentation of the relevant petition for the Event of Default occurs at a time $T2$

and the Schedule specifies that Automatic Early Termination applies to the party for the Event of Default

and T is immediately before $T2$.

LE:交易的提前终止日期于时间 T 生效

如果交易在时间 T 未完成

且在时间 T,某一方发生了 Section 5(a)(vii)(1),(3),(5),(6)或在类似情况下的(8)所述的违约事件

且附件规定,对于该违约事件,自动提前适用于该方。

某一交易的提前终止日期在时间 T 生效

如果交易在时间 T 未完成

且在时间 $T1$,某一方发生了 Section5(a)(vii)(4)或在类似情况下的(8)所述的违约事件

且针对该违约事件,在时间 $T2$ 提起相关诉讼或提交相关请愿书

且附件规定,对于该违约事件,自动提前终止适用于该方

且 T 紧接在 $T2$ 之前。

第一条规则处理 Section 5(a)(vii)(1),(3),(5),(6)或在类似情况下的(8)规定的破产违约事件;第二条规则处理 Section 5(a)(vii)(4)[①]或在类似情况下的(8)规定的破产违约事件。 第一种情况的条件可以通过五种不同的方式得以满足;对于第二种情况,其第二个和第三个条件都有两种不同的满足方式。 将这两条规则拆解成九条不同的规则并不困难,可以通过标准的 LP 元编程技术轻松解决,在此不予考虑。

对"模糊"条件的处理,如某一类型时间与另一类型时间"相似"的条件,也同样被较为充分地理解。 这类模糊条件可以通过几种不同的方式进行评估:① 通过自然人判断条件是否成立;② 通过法律文件本身指定的附加规则判断条件是否成立;③ 通过专家顾问制定的规则判断条件是否成立;④ 通过机器学习从案例训练集中生

---

① 第二种破产类型是指一方启动或已对其启动了破产程序或申请。

成的规则判断条件是否成立。

但在较低层次上无论如何评估这些模糊条件，这种从上到下、从高层次到低层次将问题分解为子问题的方法是标准的 LP 方法。它的优势在于，你可以推迟处理子问题，直到你已解决了更高层次上的重要问题。本文采用自上而下的策略，将所探讨规则中若干复杂条件的逻辑分析留待其他场合进一步研究。

我们还推迟了对某些规则的的结论的考量，如上述两条规则的结论"交易的提前终止日期于时间 T 生效（An Early Termination Date occurs in respect of a Transaction at a time T）"。提前终止的后果由预印本中的其他规则详细规定。

另一个问题，在 LP 领域中不太常见，是关于变量（由"a"或"an"表示）在规则的结论中的逻辑地位，而该变量并未出现在规则的条件中（在那里它由"the"表示）。上述两条 LE 规则的结论中的变量"一个提前终止日期（an Early Termination Date）"就是这样的情形。

在传统 LP 语言中，所有的变量，无论是在规则的结论还是条件中，都被隐含地普遍量化了，并代表它们所有的实例。按照这种传统 LP 的方式理解，上述两条 LE 规则的结论意味着：

> **each** Early Termination Date occurs in respect of a Transaction at a time T.
> 关于一个交易的**每个**提前终止日期会在时间 T 生效。

这不是对两条规则中的变量"一个提前终止日期（an Early Termination Date）"的自然解释。正如我们在类似例子中所论述的，将变量以存在的方式解释更为自然，也是我们在 LE 中所做的。

最后一条 LE 规则的最后一个条件"T 紧接在 $T2$ 之前（T is immediately before $T2$）"可能会引起混淆，因为它字面上的意思是每个紧接在 $T2$ 之前的时间 T 都会对应一个提前终止日期。当然，在这种情况下，只有一个这样的时间 T，且它的确定是一个法律解释的问题。此外，时间 T 是 $T2$ 的函数。在一个函数式编程语言、混合函数-关系语言或 LE 语言的扩展版本中，该条件将会被插入结论中。由此产生的表述将更接近于自然语言，并且更易于阅读。以下展示了在此类扩展 LE 中句子的可能形式，该形式使用了限制性关系从句将条件句插入句子的结论中，并使用"the"来表示只有一个相关类型的变量：

> An Early Termination Date occurs in respect of a Transaction
> at **the time T that** is immediately before a time $T2$
> **if** the Transaction is outstanding at T

and an Event of Default of type Section 5(a)(vii)(4) or, to the extent analogous thereto, (8) occurs for a party at a time $T1$

and the institution of the relevant proceeding or the presentation of the relevant petition for the Event of Default occurs at $T2$

and the Schedule specifies that Automatic Early Termination applies to the party for the Event of Default.

关于某一交易的提前终止日期在时间 T 生效

该时间紧接在时间 $T2$ 之前

如果该交易在时间 T 未完成

且在时间 $T1$，某一方发生了 Section 5(a)(vii)(4) 或在类似情况下的(8)所述的违约事件

且针对该违约事件，在时间 $T2$ 提起相关诉讼或提交相关请愿书

且附件规定，对于该违约事件，自动提前终止适用于该方。

需要注意的是，违约事件的实际发生时间 $T1$ 并不重要。真正决定 AET 发生的时间 T 的是相关程序启动或相关请愿提交的时间 $T2$。在扩展的 LE 中，时间参数 $T1$ 可以被省略，而第二个条件可以被简化为：

an Event of Default of type Section 5(a)(vii)(4) or, to the extent analogous thereto, (8) occurs for a party.

某一方发生了 Section 5(a)(vii)(4) 或在类似情况下的(8)所述的违约事件。

七、附件中的自动提前终止

在此，我们考虑了一些条款样本，这些样本规定了在各种 ISDA 附件中 AET 的适用（或不适用）。这些条款按照复杂程度递增的顺序呈现。为便于理解，本文已在原英文文本中增加了间距，并且将最重要的逻辑关键词以粗体突显。此外，原英文文本中隐含的逻辑关键词已被明确化，并通过粗斜体字的形式加以强调。

值得注意的是 ISDA 主协议的起草方式是将协议的两个交易方定义为"甲方（Party A）"或"乙方（Party B）"。尽管一些金融机构更倾向于担任"甲方"的角色而非"乙方"，但实际上这样做并没有任何实际的优势或劣势。

合同中的两方被定义为甲方和乙方这一事实可以用 LE 的原子句表示：

Party A is a party. ①
Party B is a party.
甲方是一个当事方。
乙方是一个当事方。

这些 LE 条款是类型声明。在封闭世界假设的语境下，这意味着仅存在两个交易方，即甲方和乙方。

示例条款 1

English：The "Automatic Early Termination" provision of Section 6(a) will apply to Party A **and** will apply to Party B.
英文：Section 6(a)的"自动提前终止"条款将适用于甲方，也适用于乙方。

这是最简单的情形之一。然而，为了能够被计算机处理，该条款需要与 Section 6(a) 的 LE 表示中相对应的模板相匹配，其形式为：

the Schedule specifies that Automatic Early Termination applies to **a party** for **an Event of Default**.
附件规定，在发生一个违约事件时，自动提前终止适用于一方。

在我们分析示例条款 8 时将会体会到额外参数"一个违约事件"的必要性。同时，我们注意到，这种对于参数的需求类似于我们对于更加准确的表达的需求，例如，大象 Jumbo 很大，因为 Jumbo 相较于一般的动物而言可能算是大的，但是对于大象而言可能算小的。就 AET 而言，我们同样需要明确它是仅适用于 Section 5(a)(vii)(1),(3),(5),(6) 或在类似情况下的(8)规定的违约事件的第一种情形，还是仅适用于 Section 5(a)(vii)(4) 或在类似情况下的(8)规定的违约事件的第二种情形，还是两种情形均适用。

在条款 1 的情况下，AET 适用于两种情形，我们可以使用一个简化模板（类似于简单地说 Jumbo 很大而不加任何的限定）来表示 AET 的应用：

the Schedule specifies that Automatic Early Termination applies to **a party**.

---

① 在"is a"的语境中，"a"并不标识变量的出现，而是用于标识"is a"之前所指的个体的类型。

附件规定,自动提前终止适用于一方。

简化模板与预印本更为精确的版本之间的差距可以通过 LE 中的一个连接规则来弥补:

> LE: The Schedule specifies that Automatic Early Termination applies to
> a party for an Event of Default
> **if** Automatic Early Termination applies to the party
> **and** the Event of Default of type Section 5(a)(vii)(1),(3),(4),(5),(6)or, to
> the extent analogous thereto,(8)occurs for the party at a time.
> LE: 附件规定,在发生一个违约事件时,自动提前终止适用于一方
> 如果提前终止条款适用于该方
> 并且该方在某一时间发生了 Section 5(a)(vii)(1),(3),(4),(5),(6)或在
> 类似情况下的(8)规定的违约事件。

连接规则的最后一个条件确保了规则结论中的变量"一个违约事件"得到适当的限定,因此它既非存在量化(意味着它适用于某些违约事件),也非无限制地全称量化(意味着它适用于每一个违约事件,没有限制)。需要注意,附件的简化 LE 语言使用了现在时态的"适用(applies)",而非原英文中的"将会适用(will apply)"。

连接规则中的变量"a/the party"一次只能被实例化为一个实例。因此,为了表示条款 1,除了连接规则之外,我们需要两个独立的 LE 句子:

> LE: Automatic Early Termination applies to Party A.
> Automatic Early Termination applies to Party B.
> LE: 自动提前终止适用于甲方。
> 自动提前终止适用于乙方。

一个更紧凑的方式(我们将在后续的一些例子中使用)是用一个更通用的 LE 句子来表述条款 1:

> LE: Automatic Early Termination applies to each party.
> LE: 自动提前终止适用于每一方。

该 LE 句子意味着 AET 适用于所有当事方，但避免了使用名词复数形式 "parties"。如果将 "each party" 替换为 "a party"，它将以存在的方式被将 LE 转化成 LP 的翻译器解释为 AET 适用于某一方，但这与原英文句子不符。

示例条款 2

> English: The "Automatic Early Termination" provision of Section 6(a) will **not** apply to Party A **and** will **not** apply to Party B.
>
> 英语：Section 6(a)的"自动提前终止"条款将不适用于甲方,也不适用于乙方。

理论上，这个不适用条款是完全多余的。逻辑上，附件无须对 AET 是否适用于甲方和乙方作任何说明。这是因为 Section 6（a）英文句子及其 LE 都表示仅要求附件指定，如适用 AET 条款，则需指明适用 AET 条款。封闭世界假设意味着，如果附件没有指明适用 AET 条款，则不适用 AET 条款。

然而，如果 Section 6（a）中的第一个英文句子中隐含的相关条件如下，则有必要在附件中指明不适用 AET 条款：

> the Schedule specifies that Automatic Early Termination **does not apply** to the other party for the Event of Default
>
> 附件规定,在发生一件违约事件时,自动提前终止**不适用于另一方**

而不是：

> **it is not the case that**
> the Schedule specifies that Automatic Early Termination **applies** to the other party for the Event of Default.
>
> **并不是这样的情况,即**
> 附件规定,在发生一件违约事件时,自动提前终止**适用于另一方**。

这类似于相信没有圣诞老人和不相信有圣诞老人之间的区别。或者是"本文假设没有形式逻辑、计算、金融或法律的背景知识"和"本文不假设有任何形式逻辑、计算、金融或法律的背景知识"之间的区别。这很容易引起混淆。

尽管在附件中加入不适用条款在逻辑上是不必要的，但它是无害的，除非考虑到处理这些不必要的句子所需要的额外的、不必要的计算工作。然而，将其包括在内表明当事方已经考虑到了应用 AET 所带来的商业影响,并因此决定不采用 AET。

示例条款 3

> English:The "Automatic Early Termination" provision of Section 6(a) of this Agreement will **not** apply to Party A **and** will apply to a Party B **if** identified as applicable on Appendix Ⅰ(as periodically amended).
>
> 英文:本协议 Section 6(a)的"自动提前终止"条款不适用于甲方,并且适用于乙方,如果其在附录Ⅰ中(定期修改)被确认适用。

在我们探讨该条款的 LE 表示之前,让我们先了解其背景。 背景信息来源于一种特别的 ISDA 主协议,通常称为伞式 ISDA 主协议(umbrella ISDA master agreement)。这种协议被认为(通常如此)在一个甲方和若干个乙方之间创建了多份相同的 ISDA 主协议,并在附录中提供了乙方的名单。

就示例条款 3 而言,附录Ⅰ不仅列出了乙方的名单,还详细说明了 AET 是否适用于每个乙方。 这很可能由乙方注册地的司法管辖区及该管辖区的破产法决定,因此,可能需要 AET 来确保在乙方破产(或发生与破产相关的事件)情况下,ISDA 主协议中的清算条款的可执行性。

如上所述,条款的第一部分指出 AET 不适用于甲方,这在逻辑上不是必要的,但无害。 条款的第二部分说明了 AET 适用于乙方的条件,该表述已接近于 LE 的表示。 只需要补充该条款中缺失的隐含部分即可:

> LE:The Schedule specifies that Automatic Early Termination applies to Party B for an Event of Default
> **if** Appendix Ⅰ(as periodically amended)specifies that Automatic Early Termination applies to Party B for the Event of Default.
>
> LE:附件明确指出,对于违约事件,自动提前终止适用于乙方,
> 如果附录Ⅰ(定期修改)指定,
> 对于违约事件,自动提前终止适用于乙方。

需要注意在此表述中,规则的结论直接与 Section 6(a)的 LE 表示中使用的模板相匹配。 因此,没有必要使用条款 1 的连接规则。

在这里，"定期修改"的限定可以被省略，因为若修订是有效的，就没有必要这么说。然而，这确实强调了附录可能会因商业原因而不时更新。

示例条款 4

English：The "Automatic Early Termination" provision of Section 6(a) will **not** apply to Party A **and** will, **depending** on netting opinions, apply to Party B.

英文：Section 6(a)的"自动提前终止"条款不适用于甲方，并将根据清算意见适用于乙方。

再次强调，涉及甲方的第一部分是不必要但无害的。涉及乙方的条款第二部分，已经接近于 LE 的表示。例如：

LE：The Schedule specifies that Automatic Early Termination applies to Party B for an Event of Default **if** netting opinions advise that Automatic Early Termination applies to Party B for the Event of Default.

LE：附件规定，对于违约事件，如果净额结算意见指出，对于违约事件，建议自动提前终止适用于乙方，那么自动提前终止适用于乙方。

净额结算意见是对相关司法管辖区的破产法律进行分析，并指导各方是否适用自动提前终止，以尽量确保法院认为终止净额结算条款是可执行的。这种指导是在协议谈判过程中向各方提供建议，[①]而不是将其作为最终协议中的一个条件。因此，这个例子很可能是被错误地纳入了真正的协议样本中。

另外需要注意，短语"净额结算意见建议（netting opinions advise）"中的名词复数形式和动词与我们规范使用名词单数形式和动词的初衷相违背。此外，使用复数形式比使用单数形式更加含糊。用单数表示条件的含义如下：

a netting opinion advises that Automatic Early Termination applies to Party B for the Event of Default.

一个净额结算意见建议，对于违约事件，自动提前终止适用于乙方。

[①] 有学者正在按照法律意见对终止净额确定过程中特定操作方面的标准化和自动化进行研究，参见 A. Datoo & C. D. Clack, *Smart close-out netting*, J Secur Oper 13(2021)。

该表达拥有更明确的含义（无论是否是预期的含义），相比之下，用复数表示的相同条件则没有明确的含义。

示例条款 5

English: The "Automatic Early Termination" provision of Section 6(a) will **only** apply to Party A and to Party B **if** the laws of a jurisdiction other than the laws of the United States applies to this Master Agreement, the Credit Support Annex, or the collateral under the Credit Support Annex.

英文：如果适用于本主协议、信用支持附件或信贷支持附件下的抵押品的法律为美国以外的司法管辖区的法律，那么 Section 6(a) 中的"自动提前终止"规定仅适用于甲方和乙方。

这是 ISDA 附件中自动提前终止条款的一个罕见措辞形式。各方似乎非常希望将美国的法律作为唯一可适用的法律，并且这种措辞很可能反映了双方的身份和地理位置，以及其只与美国法律有关系的情况。① 他们在起草过程中的态度十分懒散，仅仅将"自动提前终止"作为一种商业上的防御步骤，以防需要处理美国以外地区的破产法。

在传统的形式逻辑论述中，形式为"p only if q"的英语表达意味着，p 不能成立除非 q 成立，并且如果 p 成立，则 q 成立必定为真。因此，在形式逻辑的传统论述中，我们通常将"p only if q"转换为逻辑表达式"q if p"（或等价转换为"if p then q"）。但是，单从语句"q if p"来看，它只提供了假设信息，即如果 p 成立情况会怎样，而不是 p 是否真的成立。因此，如果将这种翻译应用于条款 5，它将只会提供假设信息，即如果适用 AET，情况会怎样。至于实际上是否适用 AET，它完全不提供任何信息。

相比之下，LE 的基础非单调逻辑将英语表达式"p only if q"在此类情境下转化为"p if q"，并进一步作出封闭世界的假设，即"p if q"是证明 p 是这种情况的唯一方法，因为没有其他以 p 为结论的规则。根据这种对"p only if q"的理解，可以得出如下形式的 LE 句子：

LE: Automatic Early Termination applies to each party
  if the laws of a jurisdiction other than the laws of the United States

---

① 另外需要注意，本文提及的美国法律并非相关的州法律，出于本文的目的我们选择忽略这点。

apply to this Master Agreement, the Credit Support Annex, or the collateral under the Credit Support Annex.

LE：如果美国法律以外的司法管辖区的法律适用于本主协议、信用支持附件或信贷支持附件下的抵押品，那么自动提前终止适用于每一方。

这里使用简化模板来说明规则的结论，该模板需要使用条款 1 的连接规则。

示例条款 6

English：The "Automatic Early Termination" provision of Section 6(a) will **not** apply to Party A and will **not** apply to Party B, **provided, however**, that **where** the Event of Default specified in Section 5(a)(vii)(1), (3),(4),(5),(6), or to an analogous extent, (8), is governed by a system of law which does not permit close-out netting to take place after the occurrence of the relevant Event of Default, **then** the Automatic Early Termination provisions of Section 6(a) shall apply.

英文：Section 6(a)中的"自动提前终止"条款将不适用于甲方也不适用于乙方，但是，如果 Section 5(a)(vii)(1),(3),(4),(5),(6)或在类似情况下的(8)规定的违约事件受到不允许在相关违约事件发生后进行终止型净额结算的法律体系管辖，那么 Section 6(a)的自动提前终止条款将适用。

此示例条款 6 在某种意义上是对条款 5 的概括延伸，因为条款 5 排除了美国的管辖权，而条款 6 没有对管辖权进行排除。不过，条款 6 也比条款 5 更为详细，因为它对可能导致自动提前终止的合理适用的破产法进行了分析，而不是像条款 5 那样，假定美国以外的《破产法》要求自动提前终止适用于各方以进行终止型净额结算。

然而，这句话存在歧义。目前尚不清楚该条款是适用于甲方和乙方，还是仅适用于乙方。但是，如果它只想适用于乙方，那么最好在"不适用于甲方"和"不适用于乙方"之间添加一个逗号或者分号。无论如何，最好避免提及不适用 AET 的情况，而应侧重于说明适用 AET 的情况。假设对该条款的解释适用于双方，则该条款可表述为如下形式：

LE：The Schedule specifies that Automatic Early Termination applies to a party for an Event of Default

if the Event of Default of type Section 5(a)(vii)(1),(3),(4),(5),(6)or,to the extent analogous thereto,(8)occurs for the party at a time $T1$

and the Event of Default is governed by a system of law which does not permit close-out netting to take place at a time $T2$

and $T2$ is after $T1$.

LE:附件规定,对于一个违约事件,自动提前终止适用一方,

如果某方在时间 $T1$ 发生了 Section 5(a)(vii)(1),(3),(4),(5),(6)或在类似情况下的(8)项规定的违约事件,

并且该违约事件受到不允许在时间 $T2$ 进行终止型净额结算的法律体系管辖,

并且 $T2$ 在 $T1$ 之后。

需要注意的是,规则的结论使用了含有"违约事件"限定条件的关于 AET 适用性的完整模板。或者,结论可以使用不带限定条件的简化模板,并与连接这两个模板的规则一起使用。在这个例子中,这两种选择在逻辑上是等价的。

示例条款 7

English:The "Automatic Early Termination" provision of Section 6(a) will **not** apply to Party A **or** Party B,**provided**,**however**,that **if** at any time an Event of Default specified in Section 5(a)(vii)(1),(3),(4),(5),(6)or,to the extent analogous thereto,(8),with respect to a party has occurred **and** is then continuing, **and** any court,tribunal or regulatory authority with competent jurisdiction acting pursuant to any bankruptcy or insolvency law or other similar law affecting such party makes an order which has or purports to have the effect of prohibiting the other party from designating an Early Termination Date in respect of all outstanding Transactions at any time after such Event of Default has occurred and is then continuing,in accordance with Section 6(a),**then** the "Automatic Early Termination" provision of 6(a) will apply to such party.

英文:Section 6(a)中的"自动提前终止"条款将不适用于甲方或乙方,但是,如果在任何时候某方发生 Section 5(a)(vii)(1),(3),(4),(5),(6)或在类似情况下的(8)规定的违约事件并持续存在,并且任何具

有管辖权的法院、法庭或监管机构根据影响该方的任何破产法、无力偿债法或其他类似法律发布命令,依照 Section 6(a),该命令具有或意图具有在此类违约事件发生后并持续存在的任何时间禁止另一方指定所有未了结交易的提前终止日期的效力,那么 Section 6(a) 中的"自动提前终止"条款将适用于该方。

本条款的目的是在法律试图阻止任意解除时触发自动提前终止。 其效果与示例条款 6 非常相似,只是它不仅要求相关法律在某些破产事件发生后作出防止此类终止的规定,还要求这些法律实际生效。 因此,如果在时间 $T1$ 发生一个可能导致适用 AET 的违约事件,并且该事件在时间 $T2$ 仍在持续,但法律阻止非违约方指定提前终止日期,那么提前终止将在 $T1$ 或在 $T1$ 之前立即触发,具体取决于适用的 AET 余款部分。 需要注意,阻止行使自由量裁权的命令的时间可能在时间 $T1$ 发生的违约事件之后。 因此,该条款可以具有"时间追溯"的效力。

忽略不必要的不适用性说明以及条款的复杂条件的内部结构,该条款具有一个简单的顶层结构。

> LE: The Schedule specifies that Automatic Early Termination applies to a party for an Event of Default
> **if** the Event of Default of type Section 5(a)(vii)(1),(3),(4),(5),(6) or, to
> the extent analogous thereto, (8) occurs for the party at a time $T1$
> **and** the Event of Default is continuing at a time $T2$
> **and** a court, tribunal or regulatory authority with competent jurisdiction acting pursuant to any bankruptcy or insolvency law or other similar law affecting the party makes an order which has or purports to have the effect of prohibiting another party from designating an Early Termination Date for the Event of Default in respect of all outstanding Transactions at $T2$.

> LE: 附件规定,自动提前终止适用于发生违约事件的一方,
> 如果 Section 5(a)(vii)(1),(3),(4),(5),(6) 或在类似情况下的 (8) 规定的违约事件在时间 $T1$ 发生,
> 且违约事件在时间 $T2$ 仍在继续,
> 且具备管辖权的法院、法庭或监管机构,根据任何破产法或无力偿债法或影响该方的其他类似法律发布命令,该命令具有或意图具有禁

止另一方在时间 $T2$ 指定所有未完成交易的违约事件的提前终止日期的效力。

理论上，可以使用支撑 LE 逻辑的元逻辑和元编程特征将复杂条件的内部逻辑结构进行拆解并明确地表示出来，但实际上，这可能不是必要的，因为对于条件成立的判断很可能是由人工输入的，并被记录为一个独立的事实陈述。

示例条款 8

English：The "Automatic Early Termination" provision of Section 6(a) will apply to both parties **subject to adding** at the end thereof the following words："**provided, however**, that with respect to an Event of Default specified in Section 5(a)(vii)(4) or, to the extent analogous thereto, (8), **the second sentence of this** Section 6(a) **shall only apply if** the relevant proceeding is instituted by, or the relevant petition is presented to, a court or authority in the jurisdiction where the Defaulting Party is incorporated."

英语：Section 6(a)的"自动提前终止"条款将适用于双方，但需在其末尾添加以下词句："但是，对于在 Section 5(a)(vii)(4) 或在类似情况下的(8)指定的违约事件，这个 Section 6(a) 的第二句仅适用于由违约方注册地所在辖区的法院或权威机构启动相关程序或向其提交相关申请的情况。"

需要注意这种起草方式和其他方式的不同之处在于，它没有具体说明 AET 适用的逻辑条件，而是试图修改预印本中的措辞，尽管是在附件中而不是在预印本中进行修改。不同的起草方式缺乏一致性本身就是一个问题。这可能会让谈判附件的双方更难达成协议（即使他们在业务结果上是一致的），并且使得此类协议的自动化处理变得更加困难。

为说明预印本和这个特定的附件的综合净效应，如果附件条款仅仅规定了如下内容，也会达成相同的业务结果：

The "Automatic Early Termination" provision of Section 6(a) will apply to both parties.
Section 6(a)的"自动提前终止"条款将适用于双方。

预印本 Section 6(a)中的第二句被重写了（下文加粗显示了和之前标准形式不同的地方）：

6(a)Right to Terminate Following Event of Default...

......

If, however, "Automatic Early Termination" is specified in the Schedule as applying to a party, then an Early Termination Date in respect of all outstanding Transactions will occur immediately upon the occurrence with respect to such party of an Event of Default specified in Section 5(a)(vii)(1),(3),(5),(6) or, to the extent analogous thereto, (8), and as of the time immediately pre-ceding the institution of the relevant proceeding or the presentation of the relevant petition upon the occurrence with respect to such party of an Event of Default specified in Section 5(a)(vii)(4) or, to the extent analogous thereto, (8) provided, however, that with respect to an Event of Default specified in Section 5(a)(vii)(4) or, to the extent analogous thereto, (8), **the second sentence of this Section 6(a) shall only apply if the relevant proceeding is instituted by, or the relevant petition is presented to, a court or authority in the jurisdiction where the Defaulting Party is incorporated.**①

6(a)违约事件后的终止权。……

……

然而，如果附件中规定"自动提前终止"适用于一方，则在发生与该方有关的 Section 5(a)(vii)(1),(3),(5),(6)或在类似情况下的(8)所规定的违约事件时，所有未了结交易的提前终止日期将立即生效，同样的，在发生与该方有关的 Section 5(a)(vii)(4)或在类似情况下的(8)规定的违约事件时，并且相关诉讼程序启动或相关请愿书被提交给违约方所在管辖地的法院或权力机关的那一刻起，所有未结交易的提前终止日期也将追溯至该时间生效。但需要明确的是，对于发生在 Section 5(a)(vii)(4)或在类似情况下的(8)规定的违约事件，Section 6(a)的第二句只有在相关程序是由法院或权力机构提起的或相关申请是提交给法院或权力机构时才适用。

---

① 请注意，这种措辞形式相当奇怪(尽管其意图明确)。它添加了对第二句的引用，而没有考虑到引用本身出现在第二句中。

从这个改写中，我们可以注意到示例条款 8 只是进一步限定了适用于 AET 的破产违约事件的子类型。 在以下 LE 表示中，只需要在表述 6（a）的第三个 LE 条款中添加一个额外的条件，就可以得到所需要的修改。 同时需要注意，这里与条款 5 类似，"p only...if q" 意味着 q 是得出结论 p 的必要条件：

LE：Automatic Early Termination applies to each party.
LE：自动提前终止（AET）适用于每一方。

修正代表第 6（a）条的第三个 LE 条款：

LE：An Early Termination Date occurs in respect of a Transaction at a time T
if the Transaction is outstanding at T
and an Event of Default of type Section 5（a）（vii）（4）or, to the extent analogous thereto,（8）occurs for a party at a time $T1$
and the institution of the relevant proceeding or the presentation of the relevant petition for the Event of Default occurs at a time $T2$
and the Schedule specifies that Automatic Early Termination applies to the party for the Event of Default
and T is immediately before $T2$
and the institution of the relevant proceeding by or the presentation of the relevant petition to a court or authority occurs in the jurisdiction where the party is incorporated.
LE：交易提前终止的日期在时间 T 生效，
如果交易在时间 T 时未完成，
并且在时间 $T1$ 发生了与某方有关的 Section 5(a)(vii)(4) 或在类似情况下的(8)所规定的违约事件，
并且与违约事件相关程序的设立或相关申请的提交发生的时间为 $T2$，
并且附件规定，对于特定违约事件，自动提前终止适用于该方，
并且 T 紧接在 $T2$ 之前，
并且在该方注册成立的司法管辖区内设立相关程序或提交相关请愿书给法院或权威机构。

这种修改预印本的 LE 表示方法的迂回较少，但却违背了预印本样式协议和标准格式的初衷。存在一种无需修改的替代方法，并且更接近于条款 1—6 在 LE 表示中使用的方法。替代方法将额外的条件纳入附件中的 AET 适用性的定义中，而不是将额外、必要的条件纳入修订中。为此，我们需要将定义分为两条规则，分别对应 Section 6（a）第二句中提到的两种破产违约事件类型：

> LE: The Schedule specifies that Automatic Early Termination applies to a party for an Event of Default
> **if** the Event of Default of type Section 5(a)(vii)(1),(3),(5),(6)or, to the extent analogous thereto,(8)occurs for the party at a time T.
> The Schedule specifies that Automatic Early Termination applies to a party for an Event of Default
> **if** the Event of Default of type Section 5(a)(vii)(4)or, to the extent analogous thereto,(8)occurs for the party at a time $T1$
> **and** the institution of the relevant proceeding or the presentation of the relevant petition for the Event of Default occurs at a time $T2$
> **and the institution of the relevant proceeding by or the presentation of the relevant petition to a court or authority occurs in the jurisdiction where the party is incorporated.**
> LE: 附件规定，自动提前终止适用于发生违约事件的一方，
> 如果 Section 5(a)(vii)(1),(3),(5),(6) 或在类似情况下的(8)规定的违约事件在时间 T 发生在该方身上。
> 附件规定，自动提前终止适用于发生违约事件的一方，
> 如果 Section 5(a)(vii)(4) 或在类似情况下的(8)规定的违约事件在时间 $T1$ 发生在该方身上，
> 并且与违约事件相关程序的设立或相关申请的提交发生的时间为 $T2$，
> **并且在该方注册成立的司法管辖区内设立相关程序或提交相关请愿书给法院或权威机构。**

该表述说明了在代表 AET 适用性的模板中使用"对于违约事件（for an Event of Default）"这一限定词能够将两条规则的结论与规则条件中的违约事件类型连接起来。为了理解限定词的必要性，请考虑以下不包含限定词的简化表述：

LE: A Case 1 Early Termination Date occurs
if a Case 1 Event of Default occurs **and** the Schedule specifies AET.
A Case 2 Early Termination Date occurs
if a Case 2 Event of Default occurs **and** the Schedule specifies AET.
The Schedule specifies AET **if** a Case 1 Event of Default occurs.
The Schedule specifies AET **if** a Case 2 Event of Default occurs **and other conditions.**

LE:案例 1 提前终止日期生效,

如果案例 1 发生违约事件并且附件规定了 AET。

案例 2 提前终止日期生效,

如果案例 2 发生违约事件并且附件规定了 AET。

附件规定了 AET 如果案例 1 的违约事件发生。

附件规定了 AET 如果案例 2 的违约事件发生和其他条件。

假设发生了两个违约事件:一个是案例 1 的违约事件,另一个是案例 2 的违约事件,但是缺少将 AET 适用于案例 2 的其他条件。 那么,案例 1 的违约事件的发生不仅意味着案例 1 的提前终止日期的生效,还意味着案例 2 的提前终止日期的意外生效。 将违约事件的额外参数添加到 AET 规范模板中可以防止这种意外后果的发生。

示例条款 9

English: The "Automatic Early Termination" provisions of Section 6(a) will apply to Party A **and** will **not** apply to Party B;**provided, however**, that with respect to a party, where the Event of Default is specified in Section 5(a)(vii)(1),(3),(5),(6)or, to the extent analogous thereto,(8),is governed by a system of law which does not permit termination to take place after the occurrence of the relevant Event of Default, **then** the Automatic Early Termination provisions of Section 6(a) will apply to such party. **Notwithstanding the foregoing**, with respect to any Insured Transaction, the "Automatic Early Termination" provision of Section 6(a) shall **not** apply to Party B **unless** an Additional Termination Event set forth in Part 1(j)(ix)(a)of this Schedule has occurred. ①

英文：Section 6(a)的"自动提前终止"规定将适用于甲方且不适用于乙方；然而，对于一方而言，如果违约事件在 Section 5(a)(vii)(1)，(3)，(5)，(6)或在类似情况下的(8)中有明确定义，并且受不允许在相关违约事件发生后终止的法律体系的管辖，那么 Section 6(a)的"自动提前终止"(AET)规定将适用于该方。尽管有上述规定，但对于任何被保险的交易，除非发生本附件 Part 1(j)(ix)(a)规定的额外终止事件，否则 Section 6(a)的"自动提前终止"(AET)规定不适用于乙方。

这无疑是示例条款中问题最多的一条。第一个问题是初始声明与接下来的一般声明之间存在冲突，即 AET 适用于甲方但不适用于乙方，而随后的一般声明的形式是"然而，对于一方而言（provided, however, that with respect to a party）"，该方的某些条件成立。存在两种逻辑解释（需要注意的是，根据商业现实情况，解释 2 很可能占上风）：

1. AET applies to a party if certain conditions hold for the party.
2. AET applies to Party A.
    AET applies to Party B if certain conditions hold for Party B.
1. AET 适用于一方如果该方满足特定条件。
2. AET 适用于甲方。
    AET 适用于乙方如果乙方满足特定条件。

在第一种解释中，最初声明"AET 适用于甲方但不适用于乙方"是不必要的、无益的且具有误导性的。在这种情况下，条款 9 的 LE 表示包括两个条款，一个适用于甲方，一个适用于乙方。乙方的 LE 表示将被单独考虑。但是只要条款 9 涉及甲方，整个条款就可以表述为：

---

① ISDA 主协议规定了两种可能终止交易的事件。第一种是违约事件，严重到足以导致双方之间所有的交易终止，如果非违约方决定指定一个提前终止日期（或者由于 AET 的应用而达成该日期）。第二种是"终止事件"。这种事件通常被认为不如违约事件严重（或者，引发终止事件的相关方对其发生所承担的责任小于违约事件的责任，例如违法行为）。因此，这两种情况的后果不同。与违约事件相关的提前终止日期的生效会导致所有交易终止，而在终止事件的情况下，只有某些"受影响的交易"可能会受到影响。

LE: The Schedule specifies that Automatic Early Termination applies to
　　Party A for an Event of Default
　　if the Event of Default of type Section 5(a)(vii)(1),(3),(5),(6)or,
　　to the extent analogous thereto,(8)occurs for Party A at a time $T1$
　　and the Event of Default is governed by a system of law
　　which does not permit termination to take place at a time $T2$
　　and $T2$ is after $T1$.
LE：附件规定自动提前终止（AET）适用于违约事件的甲方
　　如果Section 5(a)(vii)(1),(3),(5),(6)或在类似情况下的(8)所述
　　的违约事件在时间 $T1$ 发生在甲方身上
　　且该违约事件受不允许在时间 $T2$ 终止的法律体系所管辖
　　且 $T2$ 在 $T1$ 之后。

在第二种解释中，限定语中的"一方（a party）"这个短语过于宽泛，应改为"乙方"。此外，短语"那么Section 6(a)的自动提前终止条款将适用于该方（then the Automatic Early Termination provisions of Section 6a will apply to such party）"也应改为"那么Section 6(a)的自动提前终止条款将适用于乙方（then the Automatic Early Termination provisions of Section 6(a) will apply to Party B）"。在这种情况下，就甲方而言，整个条款可以简单地表述为：

LE: The Schedule specifies that Automatic Early Termination applies to
　　Party A.
LE：附件规定自动提前终止（AET）适用于甲方。

第二个问题更为严重。它是众所周知问题的一个特殊情况，即确定介词短语的语气含义，比如在"男孩用一个望远镜看女孩（the boy sees the girl with a telescope）"句子中的"用一个望远镜（with a telescope）"。就条款9而言，问题在于明确介词短语"关于任何被保险交易（with respect to any Insured Transaction）"的含义，至少存在两种解释，其短语可以修改为以下任意一种：

1. an Additional Termination Event set forth in Part 1(j)(ix)(a) of this
　　Schedule occurs;or
2. the "Automatic Early Termination" provision of Section 6(a).
1. 发生了本附件 Part 1(j)(ix)(a)所述的额外终止事件；或
2. Section 6(a)中的"自动提前终止"（AET）条款。

在第一种解释中，就乙方而言，整个条款可以表述为：

> LE：The Schedule specifies that Automatic Early Termination applies to Party B for an Event of Default.
> **if** the Event of Default of type Section 5(a)(vii)(1),(3),(5),(6)or, to the extent analogous thereto,(8)occurs for Party B at a time $T1$
> **and** the Event of Default is governed by a system of law which does not permit termination to take place at a time $T2$
> **and** $T2$ is after $T1$
> **and** with respect to any Insured Transaction an Additional Termination Event set forth in Part 1(j)(ix)(a)of this Schedule occurs at a time $T3$
> **and** $T3$ is before $T2$.
> LE：附件规定自动提前终止（AET）适用于违约事件的乙方。
> 如果第 Section 5(a)(vii)(1),(3),(5),(6)或在类似情况下的(8)所述的违约事件在时间 $T1$ 发生在乙方身上，
> 且该违约事件受不允许在时间 $T2$ 终止的法律体系所管辖，
> 且 $T2$ 在 $T1$ 之后，
> 且就任何被保险交易而言，本附件 Part 1(j)(ix)(a)规定的额外终止事件在时间 $T3$ 发生，
> 且 $T3$ 在 $T2$ 之前。

变量"任何受保交易（any Insured Transaction）"的量化存在歧义。如果忽略上下文，最自然的做法是将此处的"任何（any）"解释为"一些（some）"，但这在给定的上下文中完全说不通。更有意义的解释是，对于每一个被保交易，都会发生一个额外的终止事件。这可以通过使用 forall 元谓词轻松地转化成 Prolog，此处不再深入讨论。第二种解释的问题更大：

> LE：The Schedule specifies that Automatic Early Termination applies to Party B for an Event of Default with respect to a Transaction
> **if** the Event of Default of type Section 5(a)(vii)(1),(3),(5),(6)or, to the extent analogous thereto,(8)occurs for Party B at a time $T1$
> **and** the Event of Default is governed by a system of law which does not permit termination to take place at a time $T2$

  and $T2$ is after $T1$

  and it is not the case that the Transaction is an Insured Transaction.
The Schedule specifies that Automatic Early Termination applies to
Party B for an Event of Default with respect to a Transaction
if the Event of Default of type Section 5(a)(vii)(1),(3),(5),(6)or,
to the extent analogous thereto,(8)occurs for Party B at a time $T1$
and the Event of Default is governed by a system of law
which does not permit termination to take place at a time $T2$
and $T2$ is after $T1$
and the Transaction is an Insured Transaction
and an Additional Termination Event set forth in Part 1(j)(ix)(a) of
this Schedule has occurred at a time $T3$
and $T3$ is before $T2$.

LE:附件规定自动提前终止（AET）适用于发生交易违约事件的乙方，

  如果 Section 5(a)(vii)(1),(3),(5),(6)或在类似情况下的(8)所述的违约事件在时间 $T1$ 发生在乙方身上，

  且该违约事件受不允许在时间 $T2$ 终止的法律体系所管辖，

  且 $T2$ 在 $T1$ 之后，

  且交易并非受保交易。

  附件规定自动提前终止适用于发生交易违约事件的乙方，

  如果 Section 5(a)(vii)(1),(3),(5),(6)或在类似情况下的(8)所述的违约事件在时间 $T1$ 发生在乙方身上，

  且该违约事件受不允许在时间 $T2$ 终止的法律体系所管辖，

  且 $T2$ 在 $T1$ 之后，

  且交易是受保交易，

  且本附件 Part 1(j)(ix)(a)规定的额外终止事件在时间 $T3$ 发生，

  且 $T3$ 在 $T2$ 之前。

  这种解释有两个问题：首先，它通过增加另一个参数打破了指定 AET 的模板，这使得必须修改 6(a)的 LE 表示以考虑这个额外的参数。其次，更严重的是，从业务建模角度来看，它破坏了任何一种合理的 ISDA 主协议模型。

  ISDA 主协议的核心概念是，违约事件（如一方破产）的发生将会导致由该主协议管辖的所有交易在非违约方指定的提前终止日期终止。这种终止通过将所有单一交易的价值替换为单一的平仓金额，即终止型净额结算来完成。其重要性在于它常

被视为各方使用 ISDA 主协议来记录他们的衍生品交易关系的关键原因。

继而，如果某司法管辖区的破产法导致这种终止操作存在困难（产生这种单一净平仓金额是有问题的），各方通常同意使用自动提前终止条款，因为该条款处理了一个问题，即适用的破产法可能在发生此类破产事件后不允许进行终止型净额结算机制。

条款 9 的这种解释的风险贯穿整个 ISDA 主协议，本质上是在违约事件（例如破产）发生时，将某个特定交易，即受保交易的终止从交易的终止中剔除（因此也从单一平仓金额中剔除）。

尽管第 9 条这种解释可以在 LE 中表述，但其影响实际上相当于合同的"心脏手术"。因此，我们建议在 LE 中对这一条款的合同措辞的任何表述都仔细考虑，尤其是当该表述旨在进一步协助合同义务履行的后续自动化。在这种情况下，将 LE 的表示视为表示合同义务的一般模型的例外情况来处理是合理的，建议采用适当的例外管理技术来管理该表述。

八、相 关 工 作

如前所述，最为相关的工作是关于控制自然语言规范的研究。[1] 与这些工作相比，LE 更接近逻辑编程语法。例如，ACE 和 PENG 使用特定领域的词典来识别一个词是名字、动词还是形容词，而 LE 使用的模板能够直接转化为 Prolog 中的谓词和论点。

ACE 和 PENG 更接近于普通的、含糊的英语，它们有消除歧义的约定，但这有时可能不直观。[2] LE 的基本形式仅仅是 LP 扩展版本的一种替代语法，因而规避了这些歧义。尽管如此，在很大程度上，本文所探讨的示例也能够通过 ACE 或 PENG 的受限版本得到适当的表达。

LE 与 LP 一样，对变量进行隐式量化。然而，LE 中变量的自然解读扩展了基础的 LP，使其拥有存在量化的事实和规则。LE 的这个特征及其通过斯科伦化（skolemization）实现的方式与 ACE 和 PENG 类似。[3] 它还与 LP 的其他扩展有共

---

[1] N. E. Fuchs & R. Schwitter, Edinburgh, *Specifying logic programs in controlled natural language*, in CLNLP 95, workshop on computational logic for natural language processing, 1995. N. E. Fuchs & R. Schwitter, Attempto controlled english (ace), in EMISA workshop natürlichsprachlicher entwurf von informationssystemen-grundlagen, methoden, Werkzeuge, Anwendungen, Ev. Akademie Tutzing, 1996. N. E. Fuchs, Attempto project, http://attempto.ifi.uzh.ch/site/.

[2] N. E. Fuchs, *Understanding texts in attempto controlled english*, CNL, 2018, p. 75-84.

[3] N. E. Fuchs & R. Schwitter, *Specifying logic programs in controlled natural language*, in CLNLP 95, workshop on computational logic for natural language processing, Edinburgh, 1995.

同之处，例如存在性规则（existential rules）①和∀∃-rules②。

尽管 LE 可以作为通用计算机语言使用，但在本文中，我们还是将重点放在其在法律语言标准化方面的应用。这一应用受到了 LP 中的语法规则与写得好的立法风格之间相似性的启发。③ 因此，LE 可以被视为法律应用的特定领域语言（domain-specific language, DSL）。从这个角度看，它可以与其他类似英语的 DSL 进行比较，例如 Blawx④、Lexon⑤、Oracle Intelligent Advisor⑥ 和 SBVR Structured English（SBVRSE）⑦。关于智能可计算合同的语言的最新调查与比较可以在 Clack 的文章中找到。⑧

Blawx 结合了逻辑编程语言 Flora-2 和视觉编程环境 Blockly，Blockly 是 Scratch 的后代，专为教授儿童编程而开发。另一方面，Lexon 结合了逻辑程序的语法糖和高阶逻辑，并编译成 Solidity，这是为以太坊区块链开发的编程语言。Idelberger 比较了 Solidity、Prolog 和 Lexon 在软件许可合同上的应用，并认为 Lexon 是此类应用中最有前景的 DSL。⑨

由于 Oracle Intelligent Advisor 的商业导向以及其缺乏学术出版物的情况，LE 与它的关系更难以确定。它最初是基于生产规则技术，但随着时间的推移，逐渐演变成了一种使用 LP 风格的规则和类似英语的语法的系统。另一方面，SBVRSE 为一种商业规则语言提供了类似英语的语法，这种商业规则语言的基础融合了真势和道义模态逻辑。

法律语言的一个重要特征是其对规则和例外的使用。在本文中，我们用 LE 的

---

① A. Calì et al., *Datalog +/−: A family of logical knowledge representation and query languages for new applications*, in 2010 25th annual IEEE symposium on logic in computer science, 2010, p. 228-242.
② J. F. Baget, *On rules with existential variables: walking the decidability line*, Artif Intell, vol. 175, p. 1620-1654(2011).
③ R. Kowalski, *Legislation as logic programs*, in: Comyn G, Fuchs NE, Ratcliffe MJ (eds) Logic programming in action, Springer, Verlag, 1992, p. 203-230.
④ J. Morris, *Blawx alpha: user friendly rules as code on the web*, https://www.blawx.com/. J. Morris, *Rules as code: how technology may change the language in which legislation is written, and what it might mean for lawyers of tomorrow*, TECHSHOW 2021, https://s3.amazonaws.com/us.inevent.files.general/6773/68248/1ac865f1698619047027fd22eddbba6e057e990e.pdf.
⑤ H. Diedrich, *Lexon bible: hitchhiker's guide to digital contracts*, Wildfire Publishing, 2020.
⑥ J. Lee, *Oracle intelligent advisor—best practice guide for policy modelers*, https://www.oracle.com/technetwork/apps-tech/policy-automation/learnmore/opabestpracticeguidev12-3697709.pdf.
⑦ OMG, *Semantics of business vocabulary and business rules (SBVR)*, v1.3, https://www.omg.org/spec/SBVR/1.3/PDF.
⑧ C. D. Clack, *Languages for smart and computable contracts*, https://arxiv.org/abs/2104.03764.
⑨ F. Idelberger, *Merging traditional contracts (or law) and (smart) e-contracts-a novel approach*, MLR 2020, The 1st workshop on models of legal reasoning, 2020.

基本形式来表达规则和例外，该形式可以直接映射到 LP 中。我们还可以对 LE 进行扩展，使其能够以更常见的形式表述规则和例外。我们可以通过扩展 LE 来以一种更常见的形式表述规则和例外，这将通过复制 LP 的扩展来实现，这些扩展能够将常见形式转换为基本形式。① 类似的转换已被用于将可废止逻辑（其以普通形式表示规则和例外）转化成 LP。②

将 LP 应用于法律领域的主要争议之一是它不直接支持道义模态的表示，例如义务、禁止和允许。例如，Antoniou 等人认为，就 ASP 而言，定义 LP 中道义谓词所需要的规则数量可能过于庞大。③ 这与我们自身的经验相矛盾，我们的经验表明，模态谓词可以在 LP 形式中被紧凑且清晰地定义，正如第六节中的规则所示，该规则将指定事件的许可与事件的实际发生联系起来。

然而，LE 对道义模态的表述，使用诸如"it is permitted that（允许）"和"it is obligatory that（必须）"这样的短语能够使其解决对模态逻辑基础的普遍担忧。它既与模态逻辑的使用兼容，也与道义谓词的使用兼容。因此，它有潜力成为符合法律知识交换格式（Legal Knowledge Interchange Format）④和 LegalRuleML⑤ 精神的更高级别规则交换语言的英语语法。

LE 的灵感不仅来源于精心编写的法律语言的风格，还来源于指导书写清晰简洁英语的通用指南。⑥ 它遵循清晰写作的指导原则：句子的语法越接近句子的含义，人或机器就越容易理解和处理该句子。

尽管 LE 由计算机处理，但它也可以仅用于阐明和简化人类交流，这与航空航天和国防工业在技术文件中使用简化技术英语（Simplified Technical English，STE）的方式类似（ASD-STE100 2017）。LE 与 STE 相似的特征包括"一个词对应一个意义，一个词属于一种词性（one word for one meaning and one part of speech for one

---

① R. A. Kowalski & F. Sadri, *Logic programs with exceptions*, New Generation Computing, vol. 9, p. 387-400(1991). K. Satoh et al., *PROLEG: an implementation of the presupposed ultimate fact theory of Japanese civil code by PROLOG technology*, JSAI International Symposium on Artificial Intelligence, Springer, 2010, p. 153-164.
② G. Antoniou et al., *Embedding defeasible logic into logic programming*, Theory and Practice of Logic Programming, vol. 6, p. 703-735(2006).
③ G. Antoniou et al., *Embedding defeasible logic into logic programming*, Theory and Practice of Logic Programming, vol. 6, p. 703-735(2006).
④ T. F. Gordon et al., Springer, *Rules and norms: requirements for rule interchange languages in the legal domain*, in G. Governatori et al., Rule Representation, Interchange and Reasoning on the Web, 2009, p. 282-296.
⑤ T. Athan et al., *Oasis LegalRuleMl*, Proceedings of the 14th International Conference on Artificial Intelligence and Law, 2013, p. 3-12.
⑥ J. Williams, *Toward clarity and grace*, The University of Chicago, Chicago, 1990. J. Williams, J. Bizup, *Lessons in clarity and grace*, Twelfth, Pearson, 2017.

word)"。LE 还与 STE 一样,"是为最大化读者的利益而创造的,但这并不意味着它易于书写"。除其他要求外,要正确写作 LE 或 STE,你必须"能够有逻辑地组织思想和观点,并了解读者的需求"。

九、结　　论

因此,在最高层面上,可以用 LE 来表示有代表性的 AET 附件条款的整个样本。而且在某些情况下,LE 表示比原始英语条款更易于理解。此外,由此产生的 LE 表示是计算机可理解的,而原始英语则不可被计算机理解。

另一方面,用 LE 重新表述原始英语条款的过程是一个巨大挑战。部分困难是由两阶段方法的低效率造成的,即第一作者首先分析了英语的逻辑,第二作者随后对分析进行了细化并指出错误。如果两位作者从一开始就共同合作,那么效率会更高,就像在标准方法论中那样,一位知识工程师和一位领域专家作为一个团队共同开发。

其他困难源于原始英文的复杂性,以及需要在重新表述同样的英文条款的不同方法之间进行选择。通常情况下,用 LE 表示文本没有唯一或最好的方法,就像编写英文文本或计算机程序没有唯一或最好的方法一样。此外,目前仍缺乏足够的 LE 示例来指导写作风格。

尽管如此,正如 Genesereth 所说,"当前构建计算法律系统最流行的方法是基于计算逻辑的",[1]这实际上是逻辑编程的另一种说法。这种广泛使用 LP 来构建法律应用的情况表明,在 LE 中实现法律文本需要采用一种双管齐下的双向策略:直接将法律文本转化为 LE,正如我们在本文中所做的;或间接地将法律文本转化成诸如 Prolog 或 ASP 这样的 LP 语言,随后再将 LP 语言转化成 LE。每个方向都能为另一个方向提供指导。此外,无论在 LE 中实现是在原始法律文本中直接进行还是通过 LP 语言间接进行,都可以通过为作者提供相关系统所附带的各种编写工具来促进其实现,如 ACE、PENG、Blaux、Lexon 和 Oracle Intelligent Advisor。

另一种可能性是使用自然语言处理(NLP)来帮助识别法律文本的底层逻辑。例如,Wyner[2] 研究了开源工具 C&C/Boxer[3] 的使用情况,该工具能够对文本进行

---

[1] M. Genesereth, *Computational law: the cop in the backseat*, in the 3rd Annual Futurelaw Conference, 2015.

[2] A. Wyner, *From the language of legislation to executable logic programs*, Logic in the Theory and Practice of Lawmaking, Springer, 2015, p. 409-434.

[3] J. Bos, *Wide-coverage semantic analysis with boxer*, In J. Bos, and R. Delmonte(eds) Semantics in text processing, STEP 2008 Conference Proceedings, Research in Computational Semantics, 2008, p. 277-286.

解析和语义上的表述，而 Holzenberger 等人①将机器阅读工具（包括 BERT②）应用于大量的美国税法文件。这两项研究都表明，NLP 工具生成的含义和 Prolog 中表示的预期含义之间存在着较大差距。不过，在无限制法律文本和 LP 表示之间插入一个类似于 LE 这样的受控自然语言，或许可以缩小差距。

在任何情况下，无论是纯手工还是借助 NLP 工具将法律英语文本转化为 LE 表示，在目前的发展阶段，转化过程无疑是具有挑战性的。此外，如今学校所教授的用于编写命令式程序的技巧可能会干扰编写逻辑程序所需的技能。有助于编写逻辑英语的逻辑学和自然语言写作技巧在教育课程中几乎没有位置。假设有一天情况发生了逆转，某种逻辑英语被作为儿童的计算机语言来教授，③并通过后门帮助儿童接触逻辑和写作技巧，那将是一种讽刺。

致谢：第一作者感谢 D2LT 对这项工作的初步支持。还要感谢 Miguel Calejo, Stuart Camplin, Norbert Fuchs, Jeffrey Golden, Robert Peat 和 Luis Pereira 对早期论文草案的评论。特别感谢 Christopher Clack, Jacinto Davila 和 Rolf Schwitter 的详细评论，这促使本论文进行了更广泛的修改。

资助：Akber Datoo 和 Robert Kowalski 分别得到了 D2 法律科技公司的全力资助和部分资助。

---

① N. Holzenberger et al., *A dataset for statutory reasoning in tax law entailment and question answering*, arXiv Preprint, arXiv: 2005.05257.
② J. Devlin et al., *Bert: pre-training of deep bidirectional transformers for language understanding*, arXiv preprint, arXiv: 1810.04805.
③ R. Kowalski, *Logic as a computer language for children*, Proceedings of European Conference on Artificial Intelligence, Orsay, 1982.

论坛实录

法律与人工智能

2024年卷
· 第 1 期 ·

2014, No.1

Forum Records

数智化时代的机遇与挑战
/ 孙富春

面向量化交易的深度强化学习
/ 安波

从数字文明的视点看自然人·机器人·数字人协同共舞
/ 任福继

人工智能进步：前沿、经验与机遇
/ 葛树志

健康医疗数据的确权与流通
/ 高阳

地理空间实体表征学习和城市基础模型
/ 丛高

圆桌对话：大模型技术发展和产业应用

数智化时代的机遇与挑战

孙富春[*]

2024年在北京举办的第十八届北京国际汽车展览会反响很大，大多体现在做手机的公司做汽车了，那么为什么做手机的公司开始做汽车？我思考了一下，那就是自然人、机器人与数字人的组合。我们一生中离不开两件事情，第一件事是交互交流，第二件事是房子，房子代表空间，我们要在这个空间中工作和生活。

汽车就是一个空间，它可以到处移动，可以随着我们的工作活动而移动，例如我们可以在车里开会，可以通过网络进行交互。所以大家看到，把手机跟汽车结合在一起，正好和每个人一生中所要面对的交流和空间相结合。当然我们用了很多网络技术，远端的创新小组、科研小组可以通过网络视频交流，比如在路况行驶中如何保证安全，这包括网络本身信息系统的安全问题；我们还需要AI技术，所以这是一个把数字化和智能化有机结合的过程，这个过程叫数智化。

将数字的智慧化和智慧的数字化有机地结合在一起，会用到很多技术，那么数字化带来了哪些变革？变革可以分为四个部分。第一部分是如何通过数字化和AI技术使得我们的产品更加智慧。第二部分是如何使我们的企业更加智慧，比如我们今天看到的家居、教育、助老、医疗、安防等，我觉得这是比较重要的部分，这一部分在中国才刚刚起步。第三部分是数字城市，如何使我们的城市更加智慧。数字城市的试点城市是上海，比如同济大学城市规划系专门研究如何使城市更加智慧。

---

[*] 孙富春，中国人工智能学会副理事长、清华大学计算机科学与技术系教授。

目前数字城市的发展经历了大概四个重要阶段,第一阶段是智慧城市1.0版本,主要是数字化、网络化和信息化,这是基础。第二阶段是电子政务系统和惠民政策。第三阶段是系统性的城市智慧。第四阶段是把数字化和智能化用于发展,即城市4.0版本。通过智能化、网络化和数字化使得我们的城市更加智慧。第四部分就是如何使人类更加聪明,即如何通过数字技术,比如将芯片技术植入大脑中,使大脑在思考过程中能够关联到各种信息,使人类的思维变得快捷。这部分是把计算机的快速性,包括把网络技术的信息属性跟大脑认知有机结合,使得人类更加聪明。所以有人表明未来的人可能要信息化,我想也是反映了这一趋势。

在此,我来介绍一下数字化的机遇。即我们要构建一个数字系统,它要跟物理世界联系为一体。所谓的一体就是物理世界的事物,数字世界也要有。数字系统从我们的工厂扩展到社区,再到整个城市,所以未来非常重要的一部分就是数字化和智慧化。这其中要应用很多技术,比如通信技术、网络技术(5G以及正在发展的6G)、物联网技术、传感器技术、AI技术、大数据、区块链等。我们要构建一个虚实结合的社会空间,大量的AI运行和实验都在虚拟世界里做。其实大家也知道我们当中有一部分人可以做思维实验,某些人说爱因斯坦就具有思维实验的能力,他能在大脑里面很好地建模物理世界。那么如何构建一个虚实一体的世界,有三个问题:第一是如何做到自主地沉浸,即虚拟世界沉浸在物理世界中,也就是从第三人称要转变第一人称;第二是要去中心化;第三是双向连接,使得数字世界能紧紧地随着物理世界的更新而不断地更新。

所以数字化一定是未来,当然数字化的手段也在不断地变化,大家看到我们过去人工智能的第二次浪潮更多是深度学习,后来我们进入了大模型时代,大模型是一个重要的概念。其实我们看到的具身智能,同样需要虚实一体。另外还有几何深度学习,深度学习在过去都是面向平面的,现在需要面向三维、多维和高维的深度学习。所以有人提出业务的运营数字化、运维数字化和基础设施的智能化,这些是实现智能化的基础。

下面我介绍一些关键技术,第一个是数字城市,数字城市的关键技术是AI技术,包括机器人技术。数字城市的重要部分就是要打造一个平台,包括数字中心,从感知层、社会层、网络层到平台层、应用层。应用层包含数字的城管、医疗、交通、物流等等,在数字城市中相关部门都在统一平台上进行调度和管理。比如AI大数据创造的城市大脑,以及家居、教育、交通等方面,包括安防、快递以及机器的分解。我觉得,未来数字城市很重要的一点就是治理思路的改变;第二个是阶段重点的改变,从建设数字城市到运营数字城市;第三个是人与人的连接要步入万物互联的阶段。

工业互联网技术深刻影响中国的变化。工业互联网阶段包含了很多层面,第一部分是边缘层，比如我们的车间；第二部分是平台层，包括应用开发和工业数据的建模分析等等；第三部分是应用层，包括从业务运行到应用创新，构建一套工业平台。这其中比较重要的就是从云数据中心到边缘计算中心再接入到车间，像黑灯工厂、无人化工厂等。这样就形成了"从行业到运营管理，再到车间"的完整流程。而中国作为制造大国，可以通过工业互联网技术把中国的制造业从目前的中低端提升到高端。

再就是大模型技术，将大模型用在机器人的任务规划端是目前大模型能做到的。然而当意外事件发生时，大模型就会无能为力。如今就有人提及该如何使用大模型，提到数据量只要达到100亿的参数以上就能出现涌现，涌现能够帮助我们进行多模态的感知以及知识学习。就此谈谈我个人的观点。一方面是机器人，大家现在能看到各种类型的机器人并且每一个机器人还不一样，有的摄像机放在这个位置，有的放在那个位置。那么实现具身的第一步是什么，是统一。要把所有的感觉投影到一个空间去，最后在立体空间里做多模态的数据，找到多模态的特征，然后通过神经符号系统得到概念空间，通过知识推理得到知识空间。第二个方面是要用知识，把机器人做具身，必须要建立大量的知识库，比如把苹果放在桌子上，首先你要找到苹果在哪里，这个是感知技能；其次就是抓物，即伸手、加速和把苹果握住这三个技能，包括再放置。因为它的运行过程就是一个数据和知识的延长过程，所以我们要建立大量的知识库。

人有大量的社会活动，比如说有的人做手机装配，那么我能不能把他的动作行为通过摄像机、处理传感器、声音记下来，然后通过 AI 算法把它解析出来，我认为这是一个非常好的思路。有一个非常重要的方向，叫动作解析。动作解析不仅体现在工业生产制造，还可以通过动作解析观察运动员的动作是否规范。又比如视觉中主要是图谱，触觉和听觉主要是事件，这三者如何有效地融合？现在我将单模块和多模态做一个比较，多模态就是把事情融合在一起，解析度可以达到95%，大量的知识可以通过传感器把它解析出来。接下来就是如何去优化，我有知识之后，还要把知识嵌入到场景中，可以适配以后再用强化学习。

讲一个有趣的问题，具有物理交通特性的数字环境的构建。比如我在数字系统里面大概能知道这个话筒它有多重，它表面的粗糙程度是多少，我们称之为物理属性。然后是两个物体相互作用的力，包括声音如何把它模拟出来，这个就是我们讲到的具有物理交互特性的数字系统。另外还有高斯多模态融合技术，这里有两个问题，第一是触觉的建模，如何利用数据训练这个模型，让它不断地产生触觉信号。第二是将触觉和听觉相结合，一般来讲是要把物理与虚拟进行结合，并不断修正虚拟系统。接下来是在虚拟场景下，虚拟的策略跟物理世界策略之间存在什么样的关系。传统的方法像迁移学习是有效果的，但是提高多少并不知道，最近我们研究虚拟场景的策略误差跟物理世界生态环境究竟存在什么样的关系。我们找到了上限，就能知道误差最大是多少。如果让末端物理世界的策略误差在某个范围里面，那么如何优化虚拟场景里的参数，包括各种分辨率。接下来用大模型做规划，建立知识库并适配到产品库中，然后进行强化学习。强化学习大家都在用，但是如果序列太长，强化学习效果并不好，一定要把它适配到产品库中不断地强化学习，最后再进行动作虚拟的生成。

最后是数智化时代的挑战。中国的中小企业比较多，这些企业在接受新事物方面存在滞后性，包括大模型技术，许多中小企业以及高校的老师和学生根本用不起算力。在数字化方面，如何利用数字化工具，比如我们对中小企业提供帮助，作为合作伙伴协助创业、人才培养、专业化咨询等。在高等教育方面，人们如何面对数智化时代的改变，我们的教育又如何顺利转变，我觉得第一是个性化的转变，第二是教师交流模式的转变，第三是学校管理由粗放型向精准化的转变，第四是教育要从单一向多元化的转变等等，这就是教育应顺应数智化时代而改变。

（此文系作者在第二届中新数字经济与人工智能高峰论坛上的演讲稿，由方豪根据现场录音整理并经报告人审订。本届论坛于 2024 年 4 月 29 日在新加坡召开，由中国人工智能学会和新加坡南洋理工大学共同主办。）

面向量化交易的深度强化学习

安波*

    这些年我们做了许多强化学习的研究以及落地工作,包括最近也做了很多 RLHF 以及 AI Agent 的工作,今天我跟大家分享我们最近在强化学习(RL)领域的工作。这些工作的目的就是将基于 RL 的量化技术真正应用到工业界。量化领域有很多数据,尤其是早期很多基于传统机器学习的方法,比如传统的树模型,这些模型是可解释的,或是后面基于深度学习的方法来做资产价格的预测。

    这些年,强化学习是人工智能领域一个特别活跃的方向。DeepMind 90% 以上的工作都是关于强化学习。包括大模型,例如 GPT 也跟强化学习紧密相关。GPT3.5 跟前面的 GPT3.0 最大的区别来自于 RLHF,即通过获取人类的数据,并运用强化学习技术使大模型的回答更趋近于人类的回答,从而在人的感官方面取得巨大的成功。

    传统方法跟强化学习方法最大的区别是什么? 就是传统方法是基于预测的方法,该方法会把整个过程分为两个阶段:第一阶段,我们先构建预测模型;第二阶段,基于这个预测结果决定如何进行交易。 直觉上来讲,一个好的预测模型可能也会带来好的决策结果。 但是我们也能找到相反的例子,比如说当你在做预测的时候,你会去最小化某些损失函数(loss function)。 有时想要最大化某些优化目标,但是这些目标不见得与你最后决策的目标完全一致。 传统方法将一个问题拆分成很多阶段,每个阶段都有单独的优化目标。 我们不想再进行中间那些不同阶段的优

---

* 安波,新加坡南洋理工大学人工智能研究院联席院长、校长讲席教授。

化，而是直接从最开始的数据学，一个最后用于决策的策略。这样可以避免在中间阶段人为设置其他的目标，而这些目标可能会导致一些偏差，因为中间的优化可能不是朝着你最关心的目标方向进行的。

目前我们做强化学习量化的研究工作不是特别多，并且工业界距离实际落地也有很大差距。二十世纪八、九十年代的研究主要集中在一些规模较小的问题上。随着深度学习时代的到来，出现了很多深度学习的工作，但这些工作基本上很少被真实应用或是经过了足够的测试。因此，我们希望推动强化学习的发展。我们开始做量化大约是在2020年，当时一个金融公司的基金部门希望做一些尝试，他们是基于随机森林这类传统方法来做量化的。基金决策实际上就是一个投资组合的管理问题。比如他们有一笔大额基金并需要不断地调仓，调仓的频率大概是两周一次。我们尝试使用强化学习来进行调仓，也就是做投资组合管理。我们最初的工作是用深度分层强化学习的思路来做调仓，然后底层做高频的交易来实现调仓的目的。最终这一工作取得了成功，从公司内部的测试结果来看这种调仓方法会带来20%—30%的额外收益。在基金方面取得成功之后，我们又做了关于期货的尝试，并且也取得了成功。

最近两年，我们拿了新加坡相对大一点的项目继续在做强化学习量化研究。我们使用的是大家都能获取的公开数据，并且已经将所用的数据全部公布在网站上，因此所有人都可以去重复我们的实验。我们的基本思路是使用早期的数据来训练模型，比如使用2022年之前的数据来训练一个模型，然后在2023年使用年初几个月的数据进行验证，接着在后面的一两年来做测试。尽管测试阶段实际上也是过去已经发生的，但唯一的假设就是我们的交易不会对市场价格产生影响。这一假设在交易额度相对比较小的时候是完全合理的。后续我们又开展了一些工作，其中一项工作是基于预测的。直觉上我们希望训练一个能够面对所有情况的模型，无论是熊市、牛市或者震荡的市场，还是不同类型的熊市或者牛市。但这在实践中通常是做不到的。因此，我们的一个思路是训练很多不同的智能体，每个智能体可能对某些风格的市场表现特别好。同时，还要训练一个控制器，它会评估当前的市场状态，并依据市场状态决定应该调用哪一个智能体。这个思路与2024年在大模型领域特别流行的MOE架构相似。之后我们对于高频交易，比如虚拟货币的高频交易基本是在毫秒级的空间，也用了这样的核心思想——训练许多相应的智能体。当然在这之前我们会对市场的数据进行一个适当的分析，比如找出熊市、牛市或不同类型的熊市和牛市的那一段数据，然后会训练出针对该市场最好的一个强化学习智能体。此外，我们还有一个高层的控制器，它会决定在当前的情况下，应该用哪个智能体来做交易。我们还在之前的工作上进行了一些拓展，加入一些记忆机制。另外，还有一个相对比较新的工作是关于资产组合管理的，每个用户有自己的偏好，比如相对保守的用户只想投资偏传统的资产。过去，我们会根据股票池来训练一个决策策略进行推荐和做高频交易，但这显然是不太现实的，因为这个公司每天要面对 10 万用户，他们每个人都有不同的股票池，所以不大可能针对不同股票池来单独训练。因此，我们构建了一个基础的模型，该模型能够针对不同的股票池，并为他们提供比较好的推荐。

除了之前提到的基金和高频交易，我们还开发了评估量化交易策略的一些工具，同时也有一个叫作 TradeMaster 的平台，该平台是目前最好的用来做强化学习量化的平台。我们的平台提供了很多功能，包括无论是从数据、训练算法、评估体系还是后面我们所提供的元强化学习（Meta-RL）的模块。我们把代码都放在网站上，无论是底层数据的处理，以及不同的交易任务，还是稍微粗粒度一些，或者稍微更多细粒度一些，这平台上面都有。另外我们也做了一个工具箱用于全面评估交易策略。因为我们觉得一个策略在去做交易之前，用户肯定需要做非常全面的评估。可能需要评估这个决策在不同风格的市场上的性能，包括不同的熊市、牛市或者震荡市场。所以我们把这些数据的窗口分类成不同的风格。

与我们之前处理的其他落地问题相比，强化学习用于量化的主要挑战可能来自几个方面。首先，金融市场是一个极度竞争的市场，所有人都想在金融市场上挣钱，而他们的决策都会不断地变化，这与电商或者社交媒体用强化学习来做推荐的情况很不一样，电商的模式不会经常变化，但在金融市场上会极度竞争。其次，我们的训练数据是很少的，因为如果要做稍微低频的交易，只有这种天级别的数据或者小时级别的数据是有用的，而秒级的数据对于做稍微偏宏观的投资是完全没有用的。很多年以前的数据对于现在的投资而言是没有太多借鉴意义的，因为市场受很多其他因素的影响，过去的数据对现在没有意义，比如说国际环境变化或者是经济政策变化会给所有交易带来很大影响。

另外一个挑战就是量化受太多复杂因素的影响。量化是个特别复杂的事情，而且数据也很少，所以我们想做一个市场模拟器。市场模拟器有两个优势：一方面是用于评估，当你作出一个决策后，市场模拟器可以帮助你全面评估现实并没有发生的状况，例如可能能够用于评估你决策的鲁棒性以及收益率；另一方面，市场模拟器产生了更多数据，能够对下游的训练任务起到很好的帮助。最近大模型领域也有 Meta 推动，即基于原有的模型产生一些附加的数据，把这些数据叠加到原来的模型上面去训练，并取得了特别好的效果。我们希望，尽管这些数据和模拟器分别是由原来的历史数据和市场数据产生的，但是它们放在一起可能会对下游任务产生更好的效果。所以我们做了金融市场数据生成器（Market-GAN），该市场模拟器能够根据输入模拟不同类型的市场。

现在基本所有的领域都在做大模型。我们也做了一个金融多模态大模型（FinAgent），用大模型来加持投资决策。其中有一些不同的模块，比如智能模块用来分析市场当前的数据；记忆模块用于存储现在所有的相关信息，以及存在不同水平的反思，比如 Low-Level 反思以及 High-Level 反思。我们会参考过去所有的无论成功与否的投资决策，从过去的这些经验来进行反思。以及决策模块，该模块能根据不同的任务来产生决策，我们跟现在的特定领域拥有最佳性能的模型（SOTA Model）进行了比较，应该来说是提升蛮大的。但目前大语言模型不太能适用于高频交易，真正高频的东西还得用强化学习或者其他传统的方法来做。这个模型可能更多地适用于相对低频的交易决策，比如，你想让它告诉你今天这支股票是值得买还是卖，或者这一堆股票里面到底哪些可以买，是相对低频交易的决策。

未来，我们真切希望把这些工作落地。未来的挑战有很多方向，比如强化学习的算法，利润如何做到极大化并且又能更好地控制风险。还有很多其他环节，比如我们在探索外汇市场的交易以及市场模拟器。所有的数据都开源在网上可获取，目的就是真正让强化学习能够在工业界落地，我们很愿意跟高校老师以及同学们来探讨任何可能的合作。

（此文系作者在第二届中新数字经济与人工智能高峰论坛上的演讲稿，由方豪根据现场录音整理并经报告人审订。本届论坛于 2024 年 4 月 29 日在新加坡召开，由中国人工智能学会和新加坡南洋理工大学共同主办。）

从数字文明的视点看自然人·机器人·数字人协同共舞

任福继[*]

谢谢主席！女士们、先生们，上午好！

很高兴应邀到南洋理工大学美丽的校园，在第二届中新数字经济与人工智能高峰论坛做大会报告。我今天讲的主题是《从数字文明的视点看自然人·机器人·数字人协同共舞》。

开宗明义，数字经济直指数字文明。我们认为数字化的内涵，已经从原来传统的信息化逐步演进到了智能化、智慧化。大家都知道智能和智慧是有根本的区别，这也是最近二十多年来人工智能一直在追求的。特别是社会 5.0，主要是追求智慧化。但是我们认为数字经济的作用最终是用来支持数字文明的。

数字经济的重点产业在哪里，我主要列出七个方面。

云计算。加快云操作系统迭代升级，推动超大规模分布式存储、弹性计算、数据虚拟隔离等技术创新，提高云安全水平。以混合云为重点培育行业解决方案、系统集成、运维管理等云服务产业。

大数据。推动大数据采集、清洗、存储、挖掘、分析、可视化算法等技术创新，培育数据采集、标注、存储、传输、管理、应用等全生命周期产业体系，完善大数据标准体系。

---

[*] 任福继，日本工程院院士、欧盟科学院院士电子科技大学教授。

物联网。推动传感器、网络切片、高精度定位等技术创新，协同发展云服务与边缘计算服务，培育车联网、医疗物联网、家居物联网产业。

工业互联网。打造自主可控的标识解析体系、标准体系、安全管理体系，加强工业软件研发应用，培育形成具有国际影响力的工业互联网平台，推进"工业互联网＋智能制造"产业生态建设。

区块链。推动智能合约、共识算法、加密算法、分布式系统等区块链技术创新，以联盟链为重点发展区块链服务平台和金融科技、供应链管理、政务服务等领域应用方案，完善监管机制。

人工智能。建设重点行业人工智能数据集，发展算法推理训练场景，推进智能医疗装备、智能运载工具、智能识别系统等智能产品设计与制造，推动通用化和行业性人工智能开放平台建设。

元宇宙。推动三维图形生成、动态环境建模、实时动作捕捉、快速渲染处理等技术创新，发展虚拟现实整机、感知交互、内容采集制作等设备和开发工具软件、行业解决方案。元宇宙，也是我们数字经济中的重点产业，包括虚拟现实、增强现实。我们在2023年也提出来一个超世界模型，它们归根到底都意味着数字经济将直指数字文明。

在讨论了这些之后，我们认为人工智能是数字文明的加速器。数字经济已经谈了这么久，为什么会谈到人工智能呢？我们认为真正达到人类社会从原来的农业文明到工业文明，再到未来的数字文明，人工智能在这里起到重要作用。

2018年，人工智能学会邀请我在中国人工智能学会通讯写了一篇卷首文。在此拿出来讨论是因为我们认为当初的预测还是比较正确的，即人工智能由于背后挺立着云计算、大数据、深度学习、脑认知及认知脑，它将不以人类意志为转移地发展，突飞猛进，具备超强的核爆力。当时我们对认知脑和脑认知也做了一些报告，它是两种根本不同的方法论和研究范式。未来人工智能为什么这么厉害，包括大数据驱动，就因为它具有核爆力，但现在还不到它最终能力发挥的时候。前几年人工智能学会讨论一级学科的时候，我们就认为人工智能大概分6个范畴，即机器视觉、语言理解与交流、认知与推理、机器人学、博弈与伦理、机器学习，但是现在可能还有一些新的内容。当时我们就说人工智能有三个层次，计算智能、感知智能和认知智能。在计算智能方面，人工智能远远超过了人类。我们认为2018年时的感知智能，人工智能和人类是不相上下的，直到现在我们也只能说不相上下，为什么呢？因为在机器AI观察医学图片方面，实际上AI比医生看得更准确，但是在需要经验的方面，人类还是占优势的，所以现在还是在感知智能方面，人类和机器AI是不相上下，这个时间将持续10—15年。但是在认知智能方面，人工智能现在还是没有多少建树，远远达不到人类的水准。正因为如此，我们需要总览整个人工智能技术。我们今天讲数字经济，为什么上升到一个更高的高度，就在于第三条曲线——和社会的关系。前面两条曲线是理论的革新和应用的革新，这是大家都已经很清楚的。到了2000年以后，和社会的关系是我们人工智能最主要关注的点，特别是在大模型出来后。

现在我们认为人工智能最缺乏的就有人类的算计。在中文语境中，算计往往被认为是一个贬义词，实际上算计是个中性词，因为人类最主要擅长的就是算计。人工智能是一种无意向性的功能，以计算为主；人类智能是一种有意识性的能力，以算计为主。那么这也是我们未来如何判断人工智能具有意识性能力的标准。基于以上，我们认为在人工智能前面30年的研究是对人工智能本质问题进行的挑战性研究，用关键词来说，就是逻辑·推理·规则。大家都知道，虽然三大学派彼此争论，即结构模拟（人工神经网络）、功能模拟（物理符号系统）、行为模拟（感知动作系统），但是他们争论的目标始终盯住人工智能的本质问题。二十世纪八十年代后期，专家系统遭遇瓶颈的时候，就引出了数据驱动，数据驱动也就是大数据驱动。基于实例的方法论在1984年提出来后，基于数据驱动的方法在世界范围内就展开了。在这种方法上我们这30年取得了很多的成功，用关键词来说，就是数据、概率、随机。我一直在说基于数据驱动的方法，包括我们现在的大模型等等，回避了人工智能的本质问题，当然在应用层面是没问题的。所以我们认为后面30年或后面60年的人工智能，可能要基于理解，包括脑智、心智和意识。为什么要理解？关键点在于我们不仅要去学习客观数据，另外还可以基于主观创造。我们原来一味只是靠大数据驱动，但实际上人类在主观创造方面是有特点的，人的用处是主观创造，这个主观不是指唯心。另外我们还有情感和价值观以及超世界模型，这是我们认为的后面60年人工智能的研究方向。

我们看一下智能的阶层：感知、记忆、计算、思维、决策、学习、自适应、进化、情感、意识。原来从感知计算到记忆再到思维，越浅层的智能方面越是IQ占主动，到了后面包括学习自适应进化情感和意识，越后期的智能方面越是EQ起重要作用。

EQ是我们这几年的主要研究方向。为什么说人工智能里面要把EQ加进去。实际上我们一直认为情感是我们的刚需，养老陪护、幼儿陪伴、健康医疗、科技文教、公共服务等诸多国计民生领域急迫需求"情感计算+先进智能机器"共性技术。具有情感交互能力的先进智能机器人是机器人产品走进家庭、进入社会，真正实现人机共融的必然。生活好多方面都是需要情感计算加先进智能。这里的先进智能是我们提出来一个新的研究范式，即人工智能加上具有上亿年进化史的生物智能，也就是自然智能，再加上情感计算的研究新范式，这叫作先进智能。先进智能可以助推我们很多方面，包括怎么样让机器人真正走进家庭，走进社会，并实现人机交互，这就需要发展有情感的人工智能。

那么我们的情感是不是可以被计算？我们认为是可以计算的并提出了一个方法，使得在心理学上和认知学上，也就是在软科学上，情感在工程当中被实现。关于我们的研究进程。20年前，我们第一次做校园机器人，并研究怎么样让它进化，也就是具身智能。这是现在比较火的一个概念。但是具身智能这个概念实际上在人工智能概念提出来之前就有了。较早的比如图灵，在1948年，图灵提出"具身智能"（Embodied Intelligence）。从字面意思来讲，具身智能即意为具有身体的人工智能，智能体与真实世界（生活在现实世界）进行多模态交互（可触碰、可交互），通过反馈，进一步让智能体学习并使其更"智能"乃至"进化"。具身智能是一条致力于通向通用人工智能（Artificial General Intelligence）的研究道路。通用人工智能道阻且长。多模态的、具身的、主动交互式的、可进化的人工智能体也许是通用型的人工智能必由之路。

20年前研发的智能机器人是卡通形式。我们认为卡通形式不好，既然说是具身智能，自然是要像人一样的形状的机器人。于是我们就要构建情感机器人。让谁来做模特呢？于是我就自我牺牲，用自身作为模特，头发、化妆全都与真人一致。目的就是让学生了解，如果机器人真正像人一样具有情感会产生什么现象？也就是说我们现在在座的各位以后旁边都存在一些机器人，社会形态会是什么样子。最主要还是关注机器人是不是能够产生一些情感交互，我们当时提出来情感交互，感知环境和执行交互一体化。主要的目标就是想从原来的单模态过渡到多模态，从原来研究的静态过渡到动态，从被动到主动。主动是什么概念？原来机器的情感是要人类调动它，但是现在要让机器人去主动调动。比如机器人要护理老人时，让"他"去调动情感状况，让老人家高兴起来，这就是主动。

什么是机器人的自我进化？就是给机器人做了一个大脑，通过大模型构成，原来叫作多元大数据库，在这里面包括它的内在的具身智能和心状态转移网络用来进行"他"的情感交互，在这里进行协作，就是具身智能加情感交互，然后人机协作通过人机环共融来进行自我进化，使它达到自我进化的状态过后，我们再把机器人载体应用到各个方面。我们现在最关心的是大健康、大教育、大安全和大文旅。

我们的目标是研究机器人具有情感会产生什么现象。虽然机器数量太少，但是我们也得到了一些有益的见解。比如，准备研究具身智能驱动的情感机器人，我们认为未来机器人跟现在汽车一样普遍。在汽车成本方面，目前35%是软件，我们认为一定要高于70%，实际上前几年比较智能的汽车软件的成本已经超过了90%，有的是95%，未来的情感机器人在软件这方面它的成本也会超过90%。但不是说硬件不重要，我们现在攻关的主要还是包括硬件在内的方向。

我们的目标是要让它跨越机械式人机交互的鸿沟，即实现自然和谐的人机交互。

我们正在准备建立一个情感交互的平台，这个平台的目的第一就是情感服务，第二是构建人机情感交互系统，然后确定个性化人机情感管理体系。为什么要个性化？因为以后产品到社会流通的时候，它必须完全是个性化，这样才有生命价值。

再讲大模型是不是通用人工智能，我们认为不是。大模型是自然人、机器人、数字人的集合体，它是焦点，但真正了解数字经济，它是要数字人、机器人、自然人同场共舞，这就是我们对大模型的理解。主要看它局限性，大模型可以翻江倒海，但是它不能改天换地，这是前年我们的报告提出来的，它确实可能推动人工智能再前进 20—25 年。我们对人工智能预测是到 2022 年，本来是 2021 年第三次就该走下坡路了。人工智能是三起三落，为什么现在又重新走上坡路？正是因为大模型的出现。但是这个上升期是有局限性，必须要有一批善于攻克人工智能本质问题的人。

为什么说 ChatGPT 等就是大模型，但是在理论上没有任何创新。举个例子，前年我在哈佛的团队把 1999 年的一篇文章给找出来①，因为几个外语系的留学生不会编程序，很难拿到工学博士学位，我们就想用自然语言描述把程序编出来。在当时我们这个模型已经出来了，而且取得很大效果，最后为什么无法进行，其一是大数据，其二是算力不足。2000 年，我们就提出了多模态，当时叫作多语言多功能多媒体智能系统，这个系统是有机地把事件知识分成静态知识和动态知识体系。这是论文的摘要："大量的信息处理应用程序处理自然语言文本。许多此类应用程序除了处理自然语言文本的语法形式外，还需要提取和处理其含义。为了从文本中提取意义并对其进行操作，自然语言处理系统必须具有大量关于世界和话语领域的知识。然而，对于不同的语言、不同的功能和不同的媒体，需要不同的知识。本文设计了一种基于通用本体的自然语言处理系统，即多语言多功能多媒体智能系统（MMM-IS）。MMM-IS 是一个复杂的系统，具有多种功能，可以处理多种语言和多种媒体。通用本体由静态层和动态层组成，为自然语言处理系统提供了真实世界的知识模型。本文介绍了 MMM-IS 的概念以及如何在实际应用中构建 MMM-IS。"

我举这个例子是想说大模型在理论上没有任何创新，但为什么在 2021 年又引起轰动？因为大模型出现了涌现，这是在单体少量的样本里面不可能出现的。大模型展示的以下五点颇具爆破的潜在能力应引起重视：① 为人类提供多语言、多功能、多媒体智能工具；② 为人类提供世界知识以及创造 TA 认为对人类有用的内容；

---

① 题目：《从自然语言描述自动推导程序》。作者：任福继，财满康道。发表时间：1999 年 10 月 7 日。摘要："在本文中，我们描述了 AIDPG，一种交互式原型系统，它从自然语言描述中派生出计算机程序。AIDPG 展示了如何分析自然语言、使用知识解决歧义并生成程序。AIDPG 由自然语言输入模型、自然语言分析模型、程序生成模型（PGG-Model）和人机界面控制模型组成。PGG 模型有三个子模型，程序结构管理子模型，数据结构和类型管理子模型，程序库管理子模型。我们使用了一个用日语描述的算术问题，该问题被传递给 AIDPG 并获得了可运行的 C 程序。虽然 AIDPG 目前是基本的，但我们得到了显著的结果。"

③ 为人类与大语言模型之间提供了符合人类习惯的交互方式；④ 具备了自我学习以及自我进化的能力；⑤ 即将具备察言观色并可能给人类洗脑的潜能。

近年来，好多学生专家也都问我们，人类是不是没什么用处了，既然大模型都可以写诗、画画、下棋以及写报告。我认为人有人的用处，回过头来看看我们提出未来社会是自然人、机器人和数字人三者的有机共舞，认为有六种类型的交互方式。那么未来就要未来自然人、机器人、数字人三者将实现互融共享、协同共生，智能大脑共享、操作平台共享、知识体系共享、虚实自然交互、虚实融合共生。

这三种人之间必须要有一个共同的平台，我们叫作 AI 大脑，AI 大脑不仅仅是给我们机器人的，也要给我们的数字人，包括我们各位以后都有数字的化身，这就是未来社会的生产模式。那么未来社会的分工是什么样子的？第一，我们认为自然人在分工里面占 5%—10%，我们现在如果工作 100 个小时的话，未来我们只工作 5—10 个小时就足够了。那么机器人占比多少？机器人是 15%—20%，剩下的 70%—80% 的社会工作都是由数字人来完成。

在未来，三者共舞的数字经济可以推广到各行各业，每一个行业里面都存在数字代理的概念，从而推动我们的数字经济奔腾发展，谢谢各位！

（此文系作者在第二届中新数字经济与人工智能高峰论坛上的演讲稿，由方豪根据现场录音整理并经报告人审订。本届论坛于 2024 年 4 月 29 日在新加坡召开，由中国人工智能学会和新加坡南洋理工大学共同主办。）

人工智能进步：前沿、经验与机遇

葛树志[*]

很荣幸受邀参加第二届中新数字经济与人工智能高峰论坛。今天汇报的题目是《人工智能进步：前沿、经验与机遇》。我有几项工作要与大家汇报，其中一项内容是人脑与人工智能进步、人工智能技术应用的前景及机遇：人工智能与机器人融合。我是研究控制和机器人的，人工智能和机器人是互为支撑的螺旋式发展，我们努力为人工智能的发展做出贡献。

首先，我分享一下人脑与人工智能的进步。在0—2岁的婴儿期，大量突触开始形成。我不知道各位是否用过机械计算机，我是用过打卡计算机的。随后是模拟计算机，再慢慢变成单片机。单片机和我们0—2岁的婴儿期差不多。之后在儿童期时要强化神经元之间的重要连接和减少无效连接，我们第二代的嵌入式系统就像儿童期。接下来是青春期，大脑网络开始发生动态变化，我们现在的具身系统就是这样的情况。最后是壮年期，大脑开始成熟，也就到了我们第四代的人工智能。实际上，大家现在讲的人工智能是由于算力的提高，使得过去不能对大脑进行的模拟现在能模拟了。那么随着算力的提高，能处理的东西就更多了。现在，大家把神经网络大语言模型等同于"人工智能"，真的把"人工智能"说得太低了。仔细思考您会发现，开发知识库、优化决策的神经网络大语言模型只是一个能解决很多问题的工具。随着时间的推移，人工智能会更丰富，逻辑推理更缜密。人工智能从CNN、RNN、LSTM演变到Transformer再到GPT。Transformer这个名称

---

[*] 葛树志，新加坡工程院院士、新加坡国立大学电气与计算机工程系教授。

从电传输的变压器,到现在的语言 Transformer,以及大家都知道有个叫 Transformer,即变形金刚的机器人。一切都在变。现在的发展里程碑是长短期记忆神经网络能够解决一系列问题。但最后您真正深度思考的话,会发现它没有带来新的东西或机理,而只是另外一个逻辑表达、链接、拓扑或映射及其应用。

阿尔法围棋(Alpha GO)能够评估围棋棋局的可能发展并且决定最佳行动就是由算力造成的,能够解决一些规则性的东西。再然后是注意力机制,注意力函数可以描述为将查询和一组键值对映射到输出,其中查询、键、值和输出都是向量。输出被计算为值的加权和,其中分配给每个值的权重是由查询与相应键的关联函数计算的。

再者是扩散模型(Diffusion Model),很多大学阶段学的数学大家觉得派不上用场。但是现在有了 GPU,有了 ChatGPT,老师当时讲的数学也都能用上了。我对我的学生说,我们控制这边有很多东西没地方用,现在可以用在人工智能的发展上了。去噪扩散概率模型(Denoising Diffusion Probability Model,DDPM)目的就是通过逐步对随机噪声数据进行去噪来生成新数据。再讲到大语言模型的演变,2019 年以后大语言模型层出不穷,谷歌、微软、OpenAI 等公司、高校百家争鸣。大语言模型不做模型简化,这个模型的建立是有多大就建多大。我在推动社会机器人学(Social Robotics)的研究,让社会机器人走进家庭、走上社会,成为社会的一部分。我认为社会机器人翻译比社交机器人更好,因为它们是社会的一部分,我对人工智能语言的成果非常期待,因为本质上它就是一个大模型,把我们人脑中的想法全都用机器去表达。讲到轻量化模型微调(Parameter-Efficient Fine-Tuning),即通过更新部分参数或引入可训练模块以实现大语言模型微调。包括适配器微调(Adapter tuning)、提示词微调(Prompt tuning)、侧向微调(Side tuning)、前缀微调(Prefix tuning)以及重参数微调(Reparameterization tuning)。再然后是大语言模型的文本生成,大语言模型旨在通过构建大规模神经网络架构并利用大量文本数据进行模型训练来理解和生成类人文本。

讲到人工智能技术与应用前沿,就要讲到 ChatGPT,ChatGPT 提高了理解人类思维的准确性,它基于 GPT-3.5 和 GPT-4.0 模型,并使用人类强化学习(RLHF)进行微调反馈。GPT-3 衍生出了编程、推理以及更好地理解人类;GPT-3.5 衍生出了编程、推理、理解以及更好地理解人类。大语言模型训练过程涉及有帮助、无害和诚实多个目标的平衡。社会智能机器人系统都应具备上述的特征。当下 GPT 也有大致三点局限性:第一,缺乏特定主题上的专业领域知识;第二,有时可能会导致无意义或不相关的回答;第三,可能被恶意用途滥用,例如生成误导性或对用户有害的回答。

大家会发现我们大脑想呈现的,现在机器基本都能呈现,只是有时还不稳定,慢慢会变得稳定。 也就是选择状态空间模型，增加变量实现状态选择并将之前的时不变系统扩展为时变系统。 那么硬件加速就是通过并行扫描和重计算实现高效计算。 然后就是混合架构大模型（Jamba），这是基于全新 SSM-Transformer 混合架构的首个生产级 Mamba 模型，让长文本处理的吞吐量提高了 3 倍，并且实现了 256 K 超长上下文窗口。 除此之外它还是同等规模中唯一能在单张 GPU 上处理 140 K 上下文的模型。

当下人工智能时代的机遇有很多，首先，就像我年轻的时候在业余时间学习脑科学，现在我可以天天研究认知科学、人工智能、人工智能和机器人的结合。 社会机器人能够在与其角色相关的社会和文化结构内与人类以及环境进行智能交互和交流，还可以借助人类反馈强化学习方法。 一些重要而抽象的基本原理，如法律、道德、习惯、常识等要素，可以被以样本和语言描述的形式融入智能机器人系统中。 现在人类语言为什么不能编程？ 是因为歧义性太多，所以只能使用计算机语言。 随着时间的推移，我相信自然语言也是一定能够被理解的。 其次，动态场景的显著性就是用机器的眼睛去跟踪重要目标。 再次，是人工智能进行多模态融合信息文本，越来越多的模态被集成到大模型中，使机器人系统能够实现以语言为中心的多模态数据理解、推理和决策。 过去只是视觉和动作，现在语言和文本都加进来了。 最后，当下情感需求也是非常重要的，包括情感理解与表达以及情感干预。 情感理解与表达即机器人从多种模态判断人类的情感状态，并在交互过程中合成适当的情感反应模式。 情感干预即在规则的约束下，对人的交往过程中的情感进行干预。

此外我们在新加坡还有一个项目，就是致力于开发自动驾驶汽车的稳定、鲁棒和安全（SRS）智能系统。 这个内容是基于自适应控制对抗防御，保证人工智能模型的稳定和鲁棒性。 再加上用于人工智能模型评估的模型。 根据这个项目，我们已经做了一些自动驾驶的工作，其中还有基于 Barrier Lyapunov 函数的安全强化学习（BLF-SRL），这是基于强化学习的动态系统控制优化，通过学习过程保障安全性以及通过随机不确定性降低控制性能的方差。 在这项工作中我们就把控制和强化学习结合在一起。 尽管已经取得了一些成就，但还有很长的路要走。

用于 AI 鲁棒性评估的数字仿真系统，研究动机是收集大量的现实世界攻击样本来评估人工智能的鲁棒性是非常昂贵和危险的。 目标是开发用于评估 AI 鲁棒性的 2D-3D 传感器数据仿真器，构建一个基于数字孪生的自动驾驶模拟器。 此外还做了面向真实场景的多模态对抗攻击，我们将若干个对抗图像块添加到原始图像中，导致分类器对其进行错误分类，并且对每个目标分配一个图像块。

目前 AI 产品得到广泛的应用，也就是说人工智能开启新一轮产业革命，这场新工业革命关心的不是能源和粮食，而是智能的产生。 在未来，人工智能基础的东西做好了，那么传统的工业可能会消失，但是我们还有更多的东西要做，比如 ChatGPT、Midjourney、Alpha Fold 等计算机和人工智能正在给教学、研究和开发以及创新和创造力带来范式转变。谢谢大家！

（此文系作者在第二届中新数字经济与人工智能高峰论坛上的演讲稿，由方豪根据现场录音整理并经报告人审订。本届论坛于 2024 年 4 月 29 日在新加坡召开，由中国人工智能学会和新加坡南洋理工大学共同主办。）

健康医疗数据的确权与流通

高 阳*

很有幸再次来到南洋理工大学。我并不是研究数字经济的,我是南京大学健康医疗大数据国家研究院的负责人,在江苏地区做一些健康医疗大数据的工作,所以今天我跟大家分享,我们在健康医疗领域里面对数据确权和数据流通的思考和行动。

整体上来看,我们要去构建数字经济时代,最重要的就是个人信息保护法。世界各国从2017年开始逐步提出立法的建议,在2021—2022年落地实施法案。在这个过程中有一些巨头公司,因为违反了个人信息保护法而被处以巨额罚款。国内主要有两套规范体系,一个是《中共中央 国务院关于构建数据基础制度更好发挥数据要素作用的意见》("数据二十条"),另一个是《中华人民共和国个人信息保护法》(以下简称《个人信息保护法》),这两套规范体系为中国数字经济的发展奠定了坚实的基础。

如今我们又提到了数据要素+。它在医疗领域还是很明确的,包括电子病历的数据共享、检验结果的互认、基于信用数据的先预诊后付费就医、依法推进医保与商业健康保险数据融合应用、提高保险水平,等等。法律已经指明了具体方向,我们要做的就是具体技术的实践。下面我再进一步给大家介绍关于数据要素的一个基本概念。数据要素就是根据特定要素产生的数据,基本上它是一种计算机数据的形态,可以包括各类的数据产品,以及以数据为产品的系统。以前我们交易的是加工后的标准化的数据,但是现在有很多数据产品以及以数据为基础产生的系统,例如大

---

* 高阳,南京大学智能科学与技术学院教授,中国人工智能学会智能服务专业委员会副主任。

模型，它在数据要素市场里是非常重要的，涉及两类不同的数据产品，而这两大类在交易流通的定价上有非常大的差异性，所以这些都是应该包含在要讨论的范畴内。

数据要素和其他生产要素有五个不同点：第一，易复制；第二，确权困难；第三，非排他性；第四，传播迅速；第五，难以估值。我们看健康医疗数据的特点是什么。例如一名病患去问诊，到医院做检查，检查完医生给他开药，有可能还要再做其他的一些诊疗、手术治疗等等，之后可能还要回访，这些就构成了该病患的一套数据要素。从这个例子可以看到多种数据交织在一起，从而产生了三个数据主体，即个体、机构、部门。个体即病患个人，机构即医院，部门即政府医疗保健等相应部门。个人数据就是做检查得到的自身健康状况，机构数据是机构为病患做检查得到的数据，部门数据是已经汇总后得到的数据。所以这样的一套数据涉及三个主体，其特点是非常不明确的：个体对所拥有的数据隐私性要求特别强；机构所拥有的数据与成本关联，因为机构获得这一数据消耗了许多资源；部门所拥有的数据一定要受到法律法规的约束。

大家都知道这样的一套数据具有非常大的价值，但我们要解决的问题是这些数据谁能够使用。如何提供给第三方合法使用，无论是科研机构还是商业机构，数据如何进行定价是第一要解决的难题。另外一个难题就是三个数据主体的权属边界是什么？怎么去界定？怎样让数据能够交易流通起来？在把隐私问题交给了《个人信息保护法》之后就要涉及技术问题了，即我们怎么做才能让数据流通起来。第一个问题，即数据确权。在数据和技术的层面上如何确定数据的所有权、使用权、处分权等等，难点在于这些权利应该由哪种法律规制，是知识产权法还是经济法？只有把确权问题解决之后才能让数据顺利流通。大家可以看到个体数据作为独立自然人的数据，有社会属性，机构数据是通过仪器或者专家知识整理出来的，因此这两种数据是完全不一样的。但它们又处于同一个数据库里面，一旦分开，这套数据就没有意义了。因此有人提出可以进行数据脱敏，但是数据脱敏之后怎样让人有将它公开并提供给公众的意愿。目前数据资产交易首先需要个体和机构之间的委托确权和授权，它不是采用现金交易，现在提倡的方法是通过虚拟权益来代偿个体。什么叫虚拟权益？某种意义上就像买机票有积分之后，我用积分做其他事情。在医疗领域，虚拟权益主要是指商业保险或者医疗保险，也就是说如果个体愿意提供自身的数据，就会给他在保险上有优惠。其次，在机构之间或者机构和部门之间，更多是一个合约的问题，即如何通过合法方式进行交易，以及政府如何将收益回馈给人民，如何促进社会的发展。

假设我们已经解决了数据确权的问题。可以预测全球能达到 7500 亿元的市场规模，这也是为什么各国政府要进入这一领域。在这一背景下我们再谈流通的问题。流通的原始方式就是数据买卖，通过光盘的方式进行交易。现在需要网上的传输机制。除此之外，我们更多还是聚焦于政策面上，政策面上我们可以将交易市场分为三类：场内交易、场外交易、跨域交易。

数据流通有三个模式，即数据开放、数据共享、数据交易。医院的数据共享必须要通过市场去建构机制，才能通过交易的方式解决。在交易中主要有三个问题，定价难、互信难、控制难，传统定价方法有成本法、收益法、市场法。目前来看，这三大类都存在一定问题。成本法也就是机构获得数据付出了多少成本，但这是难以计算的。收益法则根据数据交易后产生的收益，也是难以评估的。而由于无相同数据产品的成熟定价，因此市场法也难以奏效。所以现今的方法应该有一个整合，首先由数据的卖方进行报价，卖方先评估大概的价格，然后再找专业第三方进行估价，双方有了估价之后就进入议价环节，当然这三个环节都要在政府监管下进行。刚刚我们提及的两种数据产品，一种是原始数据集，只不过是透明化、标准化的，另一种就是被模型化的数据。这两种数据的侧重点是不一样的，前者侧重于质量和成本，后者侧重于收益。那么在第三方估价的时候，当然也可以通过成本维度、质量维度、应用维度、品牌维度来对数据进行一个相应的参考定价。

当价格确定下来之后，就涉及具体流通。过去我们过于强调数据的隐私安全问题。在实际操作中，我们会根据数据的重要性和敏感性，采用不同的加密机制来减少技术上的门槛。因为我们没法在整个交易市场进行精密计算，并且对于那些不必要的数据，就不需要给予高等级的安全机制。从2023年上半年到2024年，国内交易所已经开始尝试关于健康医疗的数据产品。我认为在2025年、2026年会到达第一个高峰，包括北京的糖尿病筛查模型等。

最后，我想讲一下关于大模型流通的问题。为什么大模型的流通是一个问题？大模型需要大量数据以及算力，它的成本非常高，该怎样对它进行定价是非常困难的，所以我们提到了模型即服务（MaaS）。模型即服务会存在两种不同的定价方法，一种是以服务来定价，另一种是将模型当作数据元件来定价。除此之外，现在还有通过AI进行定价的方法，但是国家对于这一定价方式的监管非常严格。

两年前我们叫野蛮交易时代，直接去找医生拷贝数据；现在是一个平台主导式时代，通过政府监管交易平台开展数据流通；未来，我们会进入产业协同时代。谢谢大家。

（此文系作者在第二届中新数字经济与人工智能高峰论坛上的演讲稿，由方豪根据现场录音整理并经报告人审订。本届论坛于2024年4月29日在新加坡召开，由中国人工智能学会和新加坡南洋理工大学共同主办。）

地理空间实体表征学习和城市基础模型

丛 高*

今天的主题是地理空间上的实体怎么做表征学习，如何从表征学习出发构建城市的基础模型。我们课题组还是从数据驱动出发，主要是包括了时空以及其他属性的数据，主要的工作是怎么在这些数据的基础上去构建数据系统，去支持查询管理数据。另一方面我们做的是如何对数据进行挖掘以及如何支持下游的其他任务。根据空间实体的不同，把数据分成了点、线、面三种类型。基于每种类型的实体我们有不同的研究问题，然后针对每种研究问题我们会去设计一个机器学习或者数据挖掘的模型来解决问题。但是最近几年随着基础模型和大模型的兴起，我们期望能把各种不同层次的空间实体放在一起进行表征学习，从而更好地支持下游任务。

我以点作为空间实体选了三个任务来给大家做一个简单的介绍。我们之前围绕点的空间数据，构建了知识图谱，然后针对这个问题，做了一些数据集成，包括不同的数据源的数据，然后也做了一些关系的抽取，尤其是当数据来源于不同的数据源，如何把它们集成在一起，这里我选了三个问题来简单介绍。

第一种是空间关系抽取，我们有一个地理空间信息数据库，数据库里有地理空间信息实体的信息以及其他属性。我们想做的事是从这样的数据中抽取更多的空间关系，并作了几种定义。对于两个从两个不同数据源来的实体，但它们其实是一样的东西，我们想抽取这种相同的关系。第二种抽取的关系是一个实体属于另外一个实体，比如说一个餐馆可能是在一个商场里面的。第三种抽取的关系，比如说一个博

---

* 丛高，新加坡南洋理工大学计算机科学与工程学院教授。

物馆边上有一个公交车站，车站是服务于这个博物馆的。我们通过设计机器学习的方法来做训练。如果有两个空间实体，应该如何做才能推测它们的关系。我们需要有训练的数据，然后通过训练的数据去学习它的表征，然后通过具体的表征来判断这两个实体之间的关系到底属于哪一类。第二个例子，我们选的是地理空间信息检索。一般用户有一个位置或者一些关键字表示的需求，如果是从搜索引擎的角度来说，它返回的就是一些有空间位置的文档。为此，我们从公司拿到一些查询以及相应的返回结果作为训练数据，然后根据训练的模型去得到查询和文档的表征，根据表征去计算关联性，再根据关联性进行文档排序。还有个例子是兴趣点的推荐（Points-of-Interest recommendation）。我们是做这项工作最早的团队之一，在2012年就发表了一篇关于兴趣点推荐的文章。这个问题的输入是个用户和POI矩阵，通过矩阵学习用户和兴趣点（POI）的表征，归根结底还是做表征学习。归纳地看，我们之前的每个任务都要去收集训练数据，根据训练数据不同的任务去学习表征学习。比如我要去学文档的表征或者兴趣点的表征，然后根据表征去计算关联性。关于推荐也是去学习用户以及兴趣点的表征然后计算。关于地理空间信息的抽取，我为两个地理空间信息实体创建表征，然后基于这两个表征再构建分类去决定它们的关系。

基本上之前我们做研究的模式就是这样的，这几年看到研究方法论的转变，我们希望不依赖训练数据，而是通过数据进行自监督学习，在得到表征之后，再对每个任务需要的额外的训练数据，去建轻量级的机器模型来进行下一步任务。这是我们看到的一种研究方法的转变。在那之前，我们有些工作也是沿着这个思路进行的。比如对于路网的表征。我们做一个道路网络，每一个道路网络有一些其他的属性。将每一段都获取一个表征。当然做表征的时候也会做自监督的任务。有了表征之后，我们希望能用表征支持不同的下游的任务，但是也需要一些额外的内部的标签化数据去支持下游的任务。针对这样的问题，去学路网的表征，然后基于表征，解决不同的下游任务。有两个下游任务，一个是交通推断。比如说在路段上布置了传感器，它可以测量路段的速度或者人流量，但是对于没有布置传感器的道路，就没有这样的数据。对于一个城市，有的路段有传感器而有的路段没有，想基于有传感器路段的数据来推测没有传感器路段的车速及人流量。也就是说，基于之前的路网的表征，再用一点标签化数据去构建一个轻量级的模型，就可以更好地解决这件事情。

另一个下游任务是，我们学习完路网的表征之后，如果说给一个路径，我想去估计出行时间，我也可以用之前学过的路网表征去更好地估计出行时间。是想表明我们对路网表征做一个自监督的学习，通过自监督学习的路网表征可以用来支持各种各样的下游任务。

另外，我选择区域来做表征，也是做自监督的表征学习。针对区域，包括异常区域的检测，区域的研究或者是区域的建模分析。第一个任务是我们对这个区域进行表征，在表征之后，我希望支持一些基于区域的下游任务。我们输入针对城市空间的兴趣点的数据，比如说轨迹的数据或者是卫星以下的数据或者街景的数据。通过这些数据想去学习区域的表征，但是这个表征应该是一种自监督学习的表征。在有了区域的表征之后，希望它能支持一些区域级别的应用，比如说社会经济指数的估计、人口密度的估计、房价的估计、犯罪率的估计以及土地使用情况的估计。在工作中，我们尝试着去用开放街道地图（OpenStreetMap）里面一种新的数据源。优势在于这个数据可以公开拿到，另外一个数据本身对于很多下游任务都是有效的。从地图上可以看出，工业区和居民区的建筑足迹模式完全是不一样的，所以通过这个数据可以去提供一些有用的知识。大概的方法就是说把这个城市先按照路网分成不同的小区域，再对于每个区域先学习它的表征，然后再用一个多层次的对比学习，能更好地学习区域的表征。基于此框架，用来解决一些下游的任务。一个下游任务就是去推测城市的功能，比如推测这片区域是工业区、商业区还是居民区。在与其他的方法进行了比较之后，可以发现我们的方法有更好的效果。

第二个任务我们想评估区域人口。这也需要一些训练数据来建立一个轻量级的模型，我们的方法和之前的方法相比更加准确，尽管还有很大的上升空间。我们也把生成的表征做了一个简单的聚类。对比新加坡官方发布的区域功能，我们发现区域表征比 Transformer 模型生成出来的要好很多。

关于城市基础模型方面的研究。基础模型也是自监督的，能针对多个任务。基础模型在其他领域正在蓬勃发展，我们研究人员也都会问，大模型来势这么迅猛，对于地理空间信息的研究会有什么样的冲击。我们选了较有代表性的应用。第一个是地理空间语义学中地理位置的抽取，第二个是城市地理学，第三个是健康地理学，第四个是有关遥感的东西。每一个任务下我们选了四个子任务，看看大模型在这些任务下能发挥的作用。例如，第一个任务是从文本里面抽取地理名词。一个是抽取大的地名，另一个是抽取更细致的地名。然后我们对这两个任务运用 GPT-3 以及早期的 ChatGPT 进行评测。我们发现之前那些方案还没有大模型做得好。第二个任务是时间序列的预测。以美国的一个州为区域，预测老年痴呆。时间序列的预测问题就是基于过去的数字来预测未来的数字。对于这一经典任务我们发现大模型也比经典方式要有更好的效果。第三个任务是我们通过一个街区的图片来判断该街区是安静还是吵闹。对于这一问题我们发现之前专门设计的方法效果要好于大模型。然后我们也做了一个定位的任务，即给大家一个地点，能不能找出该地点的坐标。对于这个任务，大模型做得还是很差的。

虽现有大模型对于单模态的地理空间信息任务完成得更好，但对于多模态它可能做得不是很好，所以我们希望利用多模态的城市数据构建一个更好的基础模型，包括轨迹数据、兴趣点数据、图像数据等等。在基础模型后，我们希望它能够解决关于城市的不同问题。其难点是基础模型包含了各种各样的数据，针对这些数据我们如何能够集合起来去构建基础模型。另一个挑战是数据的问题，虽然城市的数据可能没有大模型的数据量那么大，但是城市的数据分布在不同的公司手中，我们很难拿到所有的数据。当然还有一个计算力的挑战问题。我们课题组也沿着这个方向进行了一些尝试。我们做了三个尝试：第一，我们能不能从头到尾建立一个基础模型；第二，利用已有的大模型，用提示工程（Prompt Engineering）的方法加上专业知识去更好地解决问题；第三，我们 Fine tune 一个已有的大模型做一个有空间感知能力的大模型，因为现在的大模型没有空间感知能力。但到底什么样的尝试是对的，我觉得还是一个开放的问题，也欢迎有兴趣的老师、同学们一起来探索。在这里我想感谢我的团队，是他们做的这些工作。谢谢大家！

（此文系作者在第二届中新数字经济与人工智能高峰论坛上的演讲稿，由方豪根据现场录音整理并经报告人审订。本届论坛于 2024 年 4 月 29 日在新加坡召开，由中国人工智能学会和新加坡南洋理工大学共同主办。）

圆桌对话：大模型技术发展和产业应用

主持人：熊明辉（中国逻辑学会副会长、中国人工智能学人工智能逻辑专业委员会副主任、浙江大学教授）

与谈嘉宾：孙富春（中国人工智能学会副理事长、清华大学计算机科学与技术系教授）

任福继（日本工程院院士、欧盟科学院院士电子科技大学教授）

安波（新加坡南洋理工大学人工智能研究院联席院长、校长讲席教授）

高阳（南京大学智能科学与技术学院教授、中国人工智能学会智能服务专业委员会副主任）

郎君（腾讯杰出科学家、高级总监）

熊明辉：我有一个问题想请教孙富春教授。大模型出现以后，有很多说法，有人认为大模型就是通用人工智能，甚至有人认为大模型代表了强人工智能。请问孙老师您怎么看？

孙富春：当下最新的大模型是 Sora，它甚至能生成一段视频。当初 Sora 出现之后，电视台给我做了一个采访，当时主持人问我既然 Sora 已经出现，那么是不是未来的电影制作就不再需要演员了，因为 Sora 制作的视频又快又好。这又回到了我们经常谈及的问题，即机器不知道自己生成的内容正确与否，我们只能去评判机器生成内容的质量高低，但是机器并没有灵魂。这是一个很重要的问题，比如生成一段一分钟的视频，机器想要塑造什么样的价值观我们是不清楚的。所以我们拍电影要有剧本、有导演，是为了宣扬某种特定的价值观。因此大模型是迈向通用人工智能的第一步。另外，我认为大模型还仅仅是一个文科生，它只能做任务规划，而无法自己建立大量的知识，所以它作为工科生还差得很远。也就是说我们现在看到的大模型仅仅是一角，后面还会在方方面面持续推进。再者，我想说的是大模型并不代表强人工智能，强人工智能最核心的部分就是要有自我意识，但是机器至今还没有自我意识。

熊明辉：我有一个问题想请教任福继教授。在您的报告中提及了自然人、机器人和数字人协同共舞。这也许就是我们社会的未来。您认为在这样一个"三'人'共舞"的世界里，大模型将扮演一个什么角色呢？

任福继：未来的社会形态是我们自然人、机器人、数字人的有机协同共舞。在这个共舞当中，最重要的就是开发 AI 大脑，原本我们认为 AI 大脑就是机器，实则不然。既然是"三人"共舞，那么 AI 大脑也是要给自然人、机器人、数字人共用，三者要有共有的平台。不仅是知识共享，最重要的是情感共享。情感共享就是数字人和机器人要像我们自然人一样有情感交互，包括意识和价值观。那么，大模型能发挥什么作用呢？首先，我们必须要明确大模型仅仅是一个工具，我们把它看得太重就是其表现出科学领域从未见过的涌现能力，也是大模型出来之后让我们感到吃惊的地方。但是大模型在理论上没有任何吃惊之处，它都是基于曾经的概率模型、语言模型，而正是涌现让大模型如此强大。大模型也能推动"三人共舞"的有机交互。第一，大模型能帮助"三人"连贯成系统。第二，大模型给我们提供了模仿人类交互的工具，那就是自然语言。后期出现的 GPT-5 已经能够进行多媒体交互，就和我们一样，可能拥有眼神交互、四肢交互，这就是大模型的优势。大模型是有智能，但是和我们的智能并不一样，我们是要让 AI 为我们服务，则需要看如何把它有机结合起来，让大模型加上知识双驱动，只有在大知识的储备之下，我们才能出现大智能。当然路程还很遥远，但是希望我们的青年工作者、企业能够协同创新，从而克服难题。总之大模型能够促进"三人"共舞、奔腾向前。

熊明辉：我知道高阳教授是当代中国最火的一款游戏算法的研发者，我在此想问，游戏与大模型之间有无联系呢？

高阳：刚开始我们还是从博弈的角度研究游戏的。在上一轮的重点研发计划立项时，国家是立了有关不完全博弈策略学习的题目。当时主要对标的是在 AlphaGo 之后，美国人做的德州扑克的博弈。所以，我们也希望中国去复现博弈的技术，并在这个基础上继续发展，因此，五年前我们就想到了麻将等博弈类游戏，大家还是将德州扑克作为一个主要的研究对象，但是在研究过程中我们也发现了某游戏和其他游戏都是不一样的。第一，它是两队分组，既有合作又有竞争。第二，它的牌数远比德州扑克要多，它的组合也非常多，所以问题的难度要远比德州扑克大。我们在做的时候主要还是采用了一些深度强化学习技术。当然最初的方案并没有引入语言类的大模型。之后，我们也会再把大语言模型引进来做规划决策。从学术角度来讲，实际上和现在非常流行的 AI Agent 技术，包括具身智能相似，只不过具身智能操控的是一个实体的机器人。从软件的角度来讲，我们把机器人有关控制的部分，即不太智能的部分屏蔽掉，只做软件，只关心它的决策部分。所以，我认为大模型在 AI Agent 等等一些新的技术上面是有非常重要的作用的。我们最近也一直在推动语言大模型、图像大模型、视觉大模型、多模态大模型等。而我现在也是在推动决策大模型、博弈大模型。博弈有对抗交互，在这个时候，博弈类游戏是一个非常好的用来衡量技术发展的实验场景。

熊明辉：安波教授的报告涉及的是面向量化交易的深度强化学习，而且具体领域就是股票交易。然而，我们知道，大模型出现之前股票交易就已经存在了。这意味着此前的股票交易与大模型无关。因此，我想请教安波教授，您认为在大模型出现之后，股票交易市场会不会发生一些变化呢？

安波：我们早期没有用大模型，因为早期基本上只看数据。当然早期我们完全忽略了常用的情感分析、新闻等其他的一些因素，因为大家觉得直接处理数据的话会相对容易一些，如果加入更多的数据，可能处理难度会变大。另外一个就是我们觉得数据不会撒谎。当然我们早期更追求一些偏高频的东西，后期因为大模型的出现，其能够提供更多的支持，能够提供框架处理各种模态的数据，所以我觉得两者是一个互补的关系，大模型更适合处理一些偏低频的交易，这些决策更利于不做频繁交易的人。但是如果要去处理高频的任务，我觉得大模型是没有办法处理的。因为大模型的问题就是无法接入现在所有的信息，也许有些机制能够改善，但是想要真正做到高频交易还是很难的。

熊明辉：接下来，我有个问题想请教郎总。您今天给大家分享的主题是人工智能技术在游戏全球发展中的应用。毫无疑问，游戏也并不与大模型直接相关，因为大模型出现之前就已经有游戏了。因此，您认为大模型的出现会给游戏推广带来什么挑战呢？

郎君：我觉得大模型是一种工具，随着数据越来越多，参数越来越多，模型越来越多，算力越来越强大，大模型自然而然就涌现了出来。游戏本身就在不停地采集各种各样的数据。大模型出来之后，其实对游戏的研发带来了很大的帮助，研发的周期变短了，效率变快了，并且产生了一种新的游戏研发模式，就是快速推出概念版让用户试玩，如果游戏不行我们可以做快速调整。而且还有一种开放世界的游戏模式，即游戏的内容由玩家来创建。有大模型支撑的话内容演化速度就会非常快，电影《头号玩家》，其中把虚拟现实做到了极致，在电影中我相信已经使用了大模型技术。再讲到游戏的本土化以及推广，就像刚才讲到的，大模型出来之后，我们本土化的速度就会非常快，翻译、图像处理、视频切换等任务的效率都大幅提高且成本大幅下降。我觉得大模型是一种革命，现在只是一个开端。十年前最热门的技术是知识图谱，各行各业都在做知识图谱，由于算力数据没有跟上，知识图谱又沉寂了下去，但是如今随着大模型的出现，知识图谱的工作又可以继续开展了。我觉得这个时代非常好，让我们有许多新的机遇。

熊明辉： 会务组也传来了在线观众提出的问题。接下来，我将挑选几个问题，请嘉宾们予以解答。第一个问题是：大模型未来是否会像人类一样有明确的分工？

孙富春： 我觉得会存在分工。比如我们现在讲到的基座大模型，还有我们的行业上有垂直方向，其实垂直方向就是分工，所以不同的方向上有专门的大模型，就像我们大脑和小脑的分工。

任福继： 我也认为大模型存在分工，但是大家要明确一点，大模型只是一个工具，我们不能把它过分夸大。因为不同类型的大模型数学基础是一样的，但是通用大模型在这个时代还不太可能出现，因此在应用赛道上大模型有所不同。

安波： 我补充一点，从另外一个维度解决问题可能会给我们带来不同的思路。比如我们用一个大模型去求解一个问题，它可能将这个问题分解成若干个小问题，在这个过程中大模型扮演不同的角色去辩论、反思、指责，通过这样的形式让最终效果更好，现在有蛮多的大模型就是用来解决这些特别复杂的问题的。

郎君： 我觉得大模型之间不单是分工的问题，还有竞争乃至协作的问题。所以我觉得顶层还需要一个宏观的决策层去做更大更全局的优化，从而达到最佳的效果，以及人与机器之间、人与大模型之间的关系问题，就像任院士报告中提及的"三人"共舞。

熊明辉： 在未来，大模型是否存在像人类一样的明确分工这个问题，嘉宾的意见是高度一致的。下面我们开放一个问题给现场的观众朋友。现场观众：新加坡有来自东西方不同文化的学者，新加坡该如何引领人工智能的未来发展，为全世界人民谋利益？

孙富春： 人工智能发展存在两方面的问题，一方面是如何促进人工智能推动科技进步和社会发展，另一方面是如何防范人工智能带来的安全问题。这两个问题都牵涉全球每一个人的切身利益，所以我觉得这个问题问得非常好，我们需要全球的大协作。第二个很重要的方面，我觉得就是治理。人工智能可能会给人类带来很多问题，包括隐私、伦理等等。而且随着人工智能技术的不断深入，还会有更多的问题暴露出来，比如机器伴侣。随着人工智能技术的发展，无论是伴侣的物理形态还是它的大脑，都会引发非常大的道德伦理问题。所以确实需要全世界的人工智能科技工作者以及各国之间的通力协作，共同推动人工智能的发展。

高阳： 我补充孙老师说的，我之前在南京大学的一个论坛上谈到关于未来人工智能的发展，讲了几件事情，一个是关于人工智能与科学的关系。有"AI for science""science for AI"，还有"AI is science"。但是我们在看问题的时候只看到了其中的一面，而忽视了其他方面。本身关于人工智能到底是什么已经有很多人做了多方面的思考。2024年上半年就有人曾抨击大模型，认为大模型产生的语言全都是垃圾，它完全丧失了人类对于语言的智慧。我们当下主要还是在讨论人工智能的应用问题，而没有谈及它的科学问题，也就是本质问题。在此陈薇老师实际上已经谈到了算法安全的问题，但是从哲学层面上我觉得还需要全世界不管是哲学家还是科学家，应该共同交流探讨人工智能的未来发展走向。

（此文系第二届中新数字经济与人工智能高峰论坛的圆桌对话实录，由方豪根据现场录音整理并经相关嘉宾审订。本届论坛于 2024 年 4 月 29 日在新加坡召开，由中国人工智能学会和新加坡南洋理工大学共同主办。）